예제로 배우는 SAS 데이터 분석 입문

개정판

김기영•강현철•한상태•최병진 공저

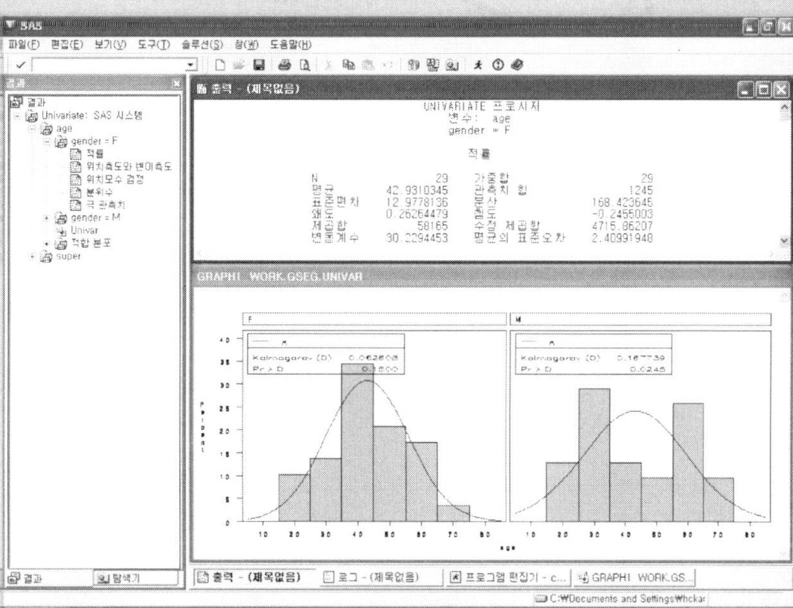

자유아카데미

머리말

이 책은 SAS를 이용하여 데이터 분석을 수행하고자 하는 다양한 분야의 독자들을 위한 통계분석 입문서로써, 기존에 출판되었던 'SAS 기초통계분석'의 통계적 이론 부분을 대폭 추가하고 최근 버전의 SAS에 맞추어 다양한 예제를 보완함으로서 새롭게 꾸민 것이다. 이 책의 전편이라 할 수 있는 "(예제로 배우는) SAS 입문 및 기초 프로그래밍 (자유아카데미, 2003)"에서는 데이터-단계에서의 데이터 생성 및 가공과 기본적인 프로시저의 사용법에 대해서 설명한 바 있으며, 이 책에서는 Base SAS 및 SAS/STAT 소프트웨어에 포함되어 있는 프로시저들 중에서 기초통계분석과 관련된 프로시저들을 이용하여 통계분석을 수행하는 과정을 다루고 이에 필요한 기본적인 이론들을 설명하고 있다.

실제로 데이터 분석을 수행함에 있어서 일반적으로는 특정 데이터 처리 및 분석기법의 일부만을 이용하는 경우가 많으므로, 먼저 이 책의 범위 내에서 필요한 분석방법의 기본개념 및 데이터 구조를 이해한 후 실제 작업의 필요에 따라 점차 기법이용의 범위를 확충시켜 나가는 것이 바람직하다. 따라서 통계적 이론이나 SAS 사용법에 초보적인 독자들은 먼저 각 장의 예제들을 중심으로 해당 분석기법의 상황 및 처리과정을 개괄적으로 이해한 후, 이에 필요한 통계적 이론을 충분히 숙지하는 것이 좋을 것으로 생각된다.

이 책은 총 10개의 장으로 구성되어 있다. 제1장에서는 SAS 프로시저의 기본적인 사용법을 설명하였고, 제2장에서는 데이터의 요약 및 표현에 필요한 기술통계량과 다양한 도표에 대해서 자세히 서술하였다. 제3장과 제4장에서는 통계적 추론의 기초라 할 수 있는 확률과 기대값, 확률분포 및 표본분포, 추정과 검정의 기본 개념들을 소개하였다. 제5장부터 제10장까지는 실제 데이터 분석에서 활용도가 높은 t-검정, 분산분석, 상관분석, 회귀분석, 범주형 데이터 분석, 비모수적 분석 등의 분석기법에 대해서 다양한 사례를 이용하여 현실감 있게 다루고 있다. 그리고 각 장에는 적절하게 선택된 연습문제들을 제시하여 심화학습이 가능하도록 하였다.

이 책의 내용을 보다 효율적으로 학습하기 위해서는 각 장에서 제시된 실제 사례의 분석과정을 직접 수행해 보면서 자신감을 갖는 것이 중요하다. 또한, 보다 다양한 분석기법을 활용하여 고급 사용자가 되기를 원하는 독자들은 다른 참고문헌 및 SAS Institute에서 발간하는 매뉴얼 등을 활용하기를 권한다.

이 책이 SAS를 이용하여 실제 데이터를 분석하고자 하는 연구자들에게 유용하게 사용되기를 바라며, 이 책의 출판을 위해 힘써주신 자유아카데미 주정희 사장님과 임철석 상무님께 깊은 감사를 드린다.

2009년 3월

저자들

차례

제 1 장
들어가며

SAS를 이용하여 자료를 분석하는 과정은 크게 데이터-단계와 프로시저-단계로 구분된다. 데이터-단계(data-step)는 분석에 사용할 자료를 불러들여서 SAS 데이터세트를 생성하고 분석의 목적에 맞도록 자료를 가공하는 단계이며, 프로시저-단계(procedure-step)는 생성된 SAS 데이터세트를 이용하여 원하는 분석을 수행하는 단계이다.

1.1 SAS 프로시저의 일반적 사용형식

아래 <예 1.1>은 데이터-단계와 프로시저-단계를 이용하여 기초통계량을 구하는 간단한 예인데, 이와 같이 특정한 프로시저를 이용하여 분석을 수행하기 위해서는 먼저 데이터-단계에 의해서 분석에 사용할 자료를 SAS 데이터세트로 만들어 저장한 후 해당 프로시저에서 문법에 맞게 데이터세트를 호출하여야 한다.

<예 1.1> 데이터-단계와 프로시저-단계

```
LIBNAME exam 'c:\examdata';

DATA exam.htwt;
    INPUT name $ sex $ dept $ age height weight;
    LABEL name='이름' sex='성별' dept='학과'
          age='나이' height='키' weight='몸무게';
CARDS;
김철수 M Stat 25 170 67
강민호 M Stat 20 169 70
최병호 M Math 28 177 62
이영희 F Math 19 160 58
박지수 F Econ 21 160 59
;
RUN;

PROC SORT DATA=exam.htwt;
    BY sex;
RUN;

OPTIONS LINESIZE=80 PAGESIZE=50 NODATE PAGENO=1;

PROC MEANS DATA=exam.htwt MAXDEC=2 MEAN STD CV RANGE;
    BY sex;
    VAR age height weight;
    TITLE '>>>>> 성별 기초통계량 <<<<<';
RUN;
```

이 책의 전편이라 할 수 있는 "(예제로 배우는) SAS 입문 및 기초 프로그래밍(자유아카데미, 2003)"에서는 데이터-단계에서의 자료 생성 및 가공에 대해서 자세히 설명하였으며, SORT, FORMAT, RANK, STANDARD 등 데이터 관리와 관련된 기본적인 프로시저의 사용법에 대해서도 일부 다루고 있으니 이를 참조하기 바란다.

이 책에서는 Base SAS 및 SAS/STAT 소프트웨어에 포함되어 있는 프로시저들 중에서 기초통계분석과 관련된 프로시저들을 이용하여 통계분석을 수행하는 과정을 다루고 이에 필요한 기초적인 이론들을 설명할 것이다. 먼저 이 장에서는 SAS 프로시저의 일반적 사용형식과 기본적으로 알아두어야 할 몇 가지 사항에 대해서 살펴보도록 하자.

앞의 <예 1.1>에서 볼 수 있듯이 프로시저-단계는 이미 생성되어 있는 SAS 데이터세트에 대해 필요한 연산과 분석을 담당하는 프로시저를 호출하여 사용자가 원하는 작업을 수행하는 단계이다. 프로시저-단계는 데이터-단계와 서로 결합하여 SAS 작업수행의 어느 위치에서도 이미 생성된 SAS 데이터세트에 대해 적용할 수 있다.

이와 같은 프로시저-단계는 PROC 명령문으로 시작되며 호출하고자 하는 프로시저 이름과 처리대상이 되는 SAS 데이터세트를 지정하여 사용되는데, 일반적인 사용형식은 다음과 같다.

> PROC *procedure-name* DATA=*SAS-data-set options* ;
>
> ...
>
> RUN;

위 사용형식에서 DATA= 옵션은 분석에 사용할 SAS 데이터세트를 지정하는 것으로, 이 옵션이 생략되면 가장 마지막으로 생성되었거나 사용된 SAS 데이터세트가 처리대상이 된다. 또한 각 프로시저들은 특정한 통계분석이나 그래프 그리기 등의 기능을 담당하고 있으며 일정한 문법형식을 가지고 있는데, 먼저 이 책에서 다루고 있는 프로시저들의 기능에 대해서 간단히 설명하면 다음과 같다.

- ANOVA : 분산분석(analysis of variance)을 수행한다(제6장).
- BOXPLOT : 그래픽(graphic) 형식의 상자그림을 출력한다(제2장).
- CORR : 상관분석(correlation analysis)을 수행한다(제7장).
- FREQ : 다양한 형식의 빈도표 및 분할표와 범주형 자료에 대한 연관성의 측도들을 출력한다(제9장).

- MEANS/SUMMARY : 평균, 최대값, 최소값, 분산 등 연속형 변수에 대한 요약통계량을 출력한다(제2장).
- NPAR1WAY : 비모수적(nonparametric) 통계분석을 수행한다(제10장).
- REG : 회귀분석(regression analysis)을 수행한다(제8장).
- TTEST : 단일표본, 독립표본, 대응표본 t-검정을 수행한다(제5장).
- UNIVARIATE : 다양한 기술통계량(descriptive statistic)과 확률그림(probability plot) 및 상자그림(box plot) 등 분포에 대한 그림을 출력한다(제2장).

또한, 제3장에서는 PDF(probability density function)와 CDF(cumulative density function) 함수를 이용하여 다양한 분포함수에 대한 확률을 계산하는 방법을 설명하고 있다.

한편, <예 1.1>에서와 같이 대부분의 프로시저에는 BY, FOOTNOTE, FORMAT, FREQ, LABEL, OPTIONS, TITLE, WEIGHT, WHERE 등의 명령문을 함께 사용하여 출력결과를 보기 좋게 가공하거나 특정 조건에 부합되는 데이터만으로 분석을 수행할 수도 있다. 이들 명령문의 기능과 사용형식에 대해서는 "(예제로 배우는) SAS 입문 및 기초 프로그래밍(자유아카데미, 2003)"의 제6장을 참조하기 바란다.

1.2 메뉴 방식의 통계분석

이 책의 대부분의 내용은 <예 1.1>에서와 같이 특정 프로시저를 호출하여 프로그램 방식에 의해 통계분석을 수행하는 과정을 다루고 있다. 그러나 윈도우즈용 SAS에는 메뉴 방식에 의해서 대화식으로 분석을 수행할 수 있는 일부 기능들이 포함되어 있는데, 이러한 기능들만으로도 웬만한 분석들을 수행할 수 있다. 여기서는 이들 중 몇 가지를 간단히 소개할 것이다.

1.2.1 Analyst Application(데이터 분석) 윈도우

"솔루션(Solutions) → 분석(Analysis)" 메뉴를 클릭하면 <그림 1.1>과 같이 메뉴 방식으로 분석을 수행할 수 있는 부메뉴들을 볼 수 있다. 특히 이들 중 Analyst Application(데이터 분석) 메뉴에서는 다양한 통계분석 및 그래프 작성 등을 대화식으로 수행할 수 있다.[1]

[1]이 기능을 제대로 활용하기 위해서는 Base SAS, SAS/STAT, SAS/GRAPH, SAS/ASSIST, SAS/ACCESS, SAS/IML 등이 설치되어 있어야 한다.

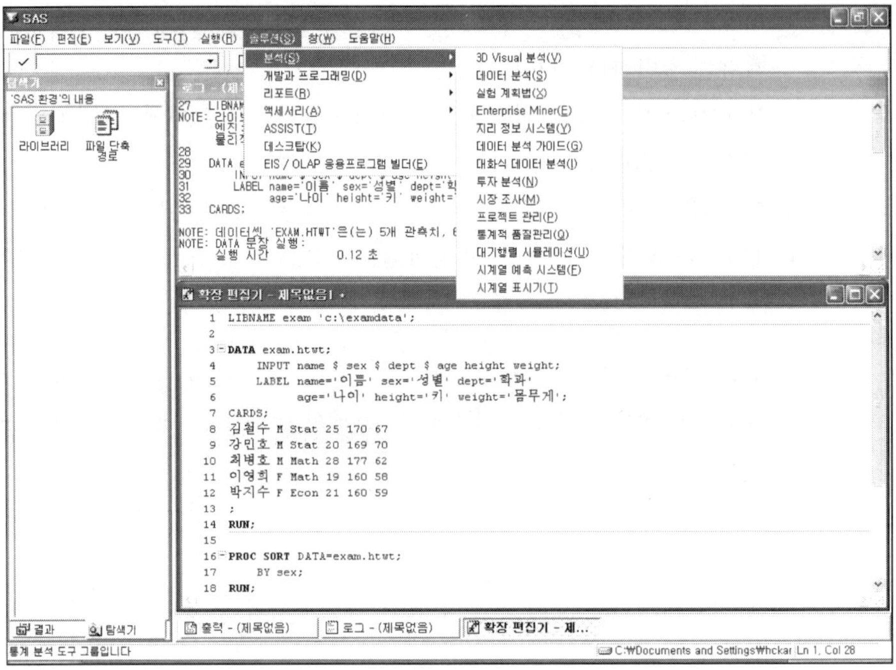

<그림 1.1> 솔루션(Solutions) → 분석(Analysis) 메뉴

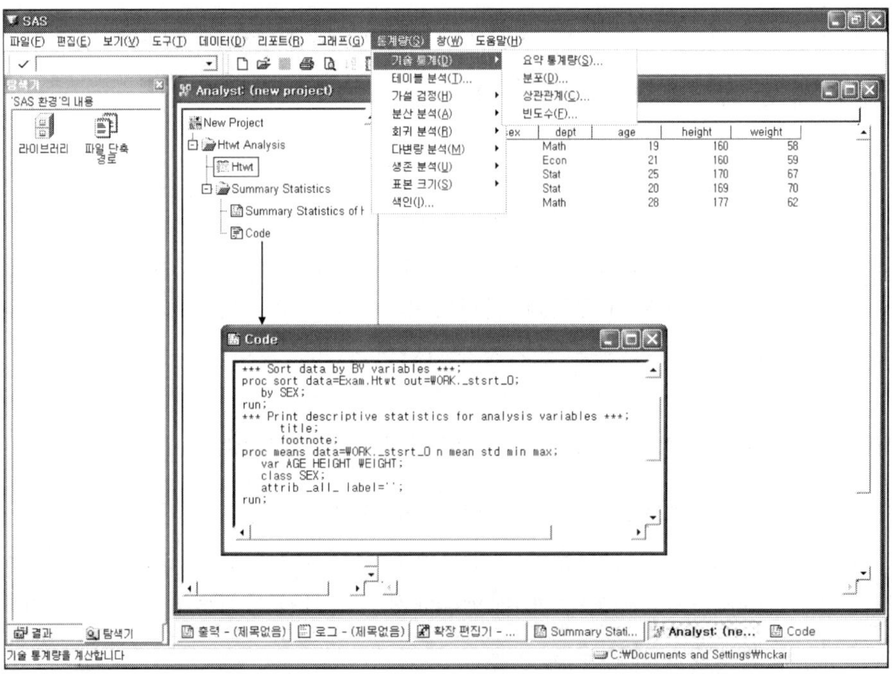

풀다운 메뉴: 솔루션(S) → 분석(S) → 데이터 분석(S)

<그림 1.2> 데이터 분석 (Analyst Application) 윈도우

또한 수행한 작업에 대해서 <그림 1.2>와 같이 프로그램의 코드를 살펴볼 수도 있기 때문에 SAS 프로그램에 익숙하지 않은 초보자들은 이러한 기능들을 잘 활용하는 것도 좋을 것이라 생각된다.

<그림 1.2>는 풀다운(pull-down) 메뉴에서 "솔루션(S) → 분석(S) → 데이터 분석(S)"을 선택하면 나타나는 Analyst Application(데이터 분석) 윈도우를 보여주고 있는데, 이 윈도우의 주요 기능을 간단히 나열하면 다음과 같다.

- File: SAS 데이터 파일, SPSS 포터블(*.por) 파일, 엑셀 및 로터스 테이블, 콤마나 구분자(delimiter)로 구분된 텍스트 파일 등을 불러오거나 저장할 수 있다.
- Edit: 데이터를 편집할 수 있다.
- View: 데이터나 변수의 속성 등을 살펴볼 수 있다.
- Tools: 출력결과에 제목을 붙이거나 그래프에 대한 설정 등을 변경할 수 있다.
- Data: 자료의 변환 또는 데이터세트의 결합 등 데이터에 관한 전반적인 관리를 수행할 수 있다.
- Reports: 빈도표나 테이블을 작성할 수 있다.
- Graphs: 막대그래프, 산점도, 상자그림 등 다양한 그래프들을 출력할 수 있다.
- Statistics: 기술통계량의 계산, t-검정, 회귀분석, 분산분석 등 기초통계분석을 수행할 수 있다.

1.2.2 INSIGHT(대화식 데이터 분석) 윈도우

<그림 1.3>은 풀다운(pull-down) 메뉴에서 "솔루션(S) → 분석(S) → 대화식 데이터 분석(I)"을 선택하면 나타나는 INSIGHT(대화식 데이터 분석) 윈도우를 보여주고 있다. INSIGHT 윈도우는 대화식(interactive) 환경에서 편리하게 작업을 진행할 수 있으며, 데이터 탐색을 위해 다음과 같이 다양한 형태의 그래프와 통계분석 도구들을 제공한다.

- 히스토그램 (Histogram), 수평막대 그래프 (Bar Chart)
- 상자도표 (Box Plot), 모자이크 도표 (Mosaic Plot)
- 선도표 (Line Plot), 산점도 (Scatter Plot)
- 등고선 도표 (Contour Plot), 회전도표 (Rotating Plot)
- 분포 (Distribution): 밀도(분포)함수의 추정과 기술통계량의 계산
- 적합 (Fit): 회귀분석 등 일반화 선형모형에 의한 적합
- 다변량 (Multivariate): 상관계수의 계산과 주성분분석

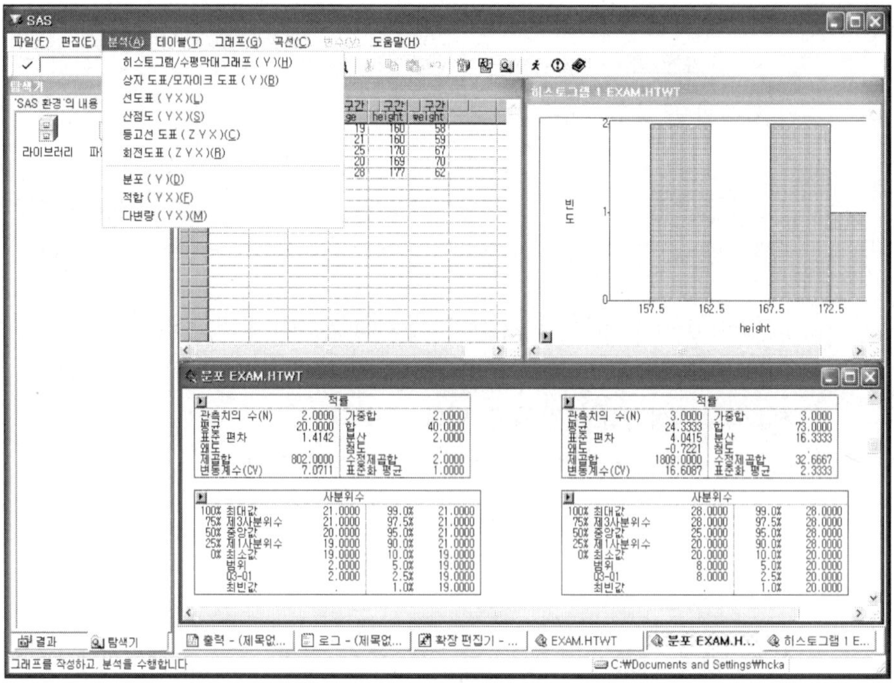

풀다운 메뉴: 솔루션(S) → 분석(S) → 대화식 데이터 분석(I)

<그림 1.3> 대화식 데이터 분석 (SAS/INSIGHT) 윈도우

또한 솔루션(S) 메뉴에서는 <그림 1.1>에서 볼 수 있는 바와 같이 "시장 조사(Marketing Research)", "시계열 예측 시스템(Time Series Forecasting Window)" 등 다양한 도구들을 이용하여 데이터 분석을 수행할 수 있다. 이러한 도구들은 초보적인 SAS 사용자들에게 매우 유용하다. 독자들은 SAS의 도움말 등을 이용하여 이 메뉴들의 기능을 살펴보기 바란다(연습문제 1.3∼1.5 참조).

1.2.3 Enterprise Guide

Enterprise Guide는 앞에서 소개한 도구들과는 다른 형태의 것으로서, SAS와 분리되어 독자적으로 설치 및 실행되는 소프트웨어이다(단, Enterprise Guide를 실행하기 위해서는 SAS가 설치되어 있어야 한다). 따라서 SAS 프로그램을 사용하지 않고서도 데이터 접근 및 가공, 기술통계량의 계산, 그래프 작성, 통계분석 등 다양한 형태의 작업들을 손쉽게 수행할 수 있는 매우 강력한 도구이다(그림 1.4, 그림 1.5 참조). 또한 결과물을 HTML 형식으로 얻을 수 있어서 보고서 작성 등 다음 단계의 작업이 용이하며, 수행한 작업에 대하여 SAS 프로그램 코드를 살펴볼 수도 있다. 그리고 여기에서 SAS 프로그램을 직접 수행할 수도 있다.

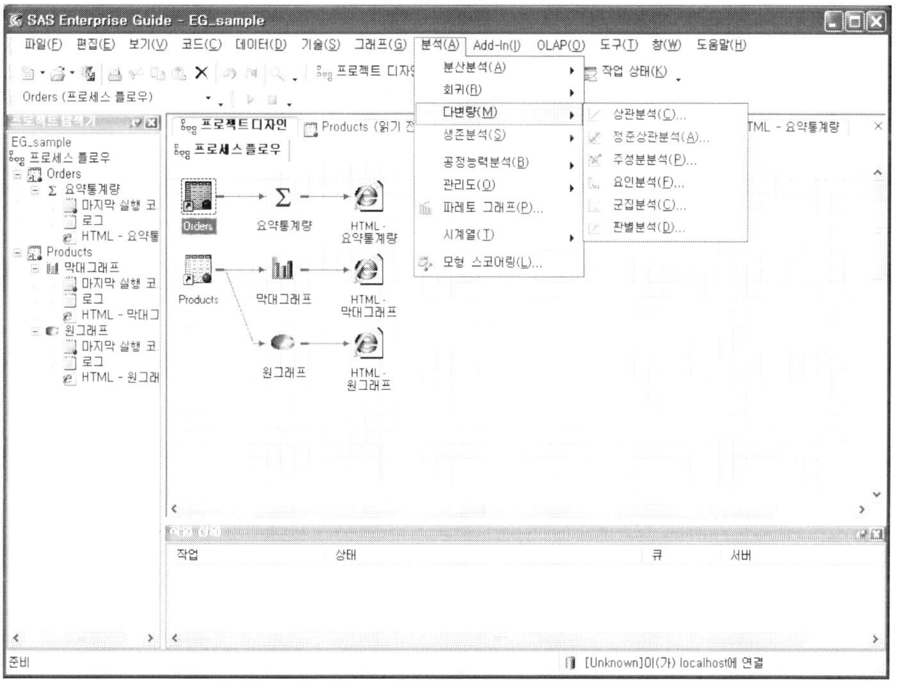

<그림 1.4> Enterprise Guide - 프로세스 플로우와 분석(A) 메뉴

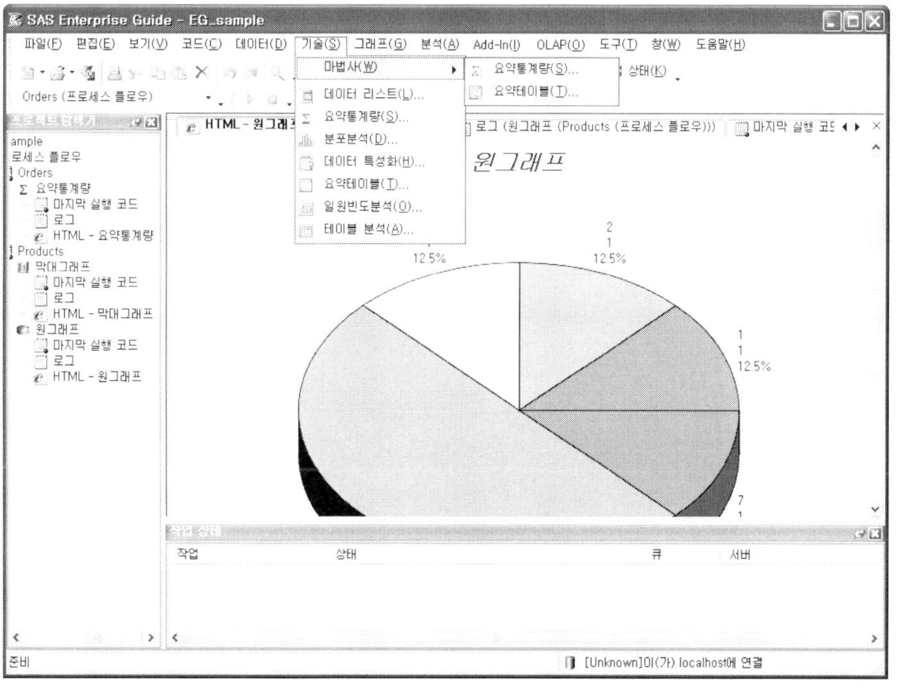

<그림 1.5> Enterprise Guide - HTML 결과물과 기술(S) 메뉴

1.3 도움말의 이용

SAS는 통계분석 이외에도 다양한 목적의 작업을 수행할 수 있는 매우 강력한 범용 소프트웨어이다. 따라서 SAS 언어와 제품 그리고 분석모듈에 대해서 사용자가 모두 파악하고 있기는 현실적으로 거의 불가능하다. SAS 소프트웨어 안에는 <그림 1.6>에서와 같이 SAS 시스템과 제품들에 대한 도움말 및 예제 프로그램이 포함되어 있으므로, 이를 잘 활용하면 많은 도움을 얻을 수 있다.

또한 SAS에서 제공하는 Online Document(그림 1.7) 및 SAS Institute의 홈페이지와 관련 웹사이트(www.sas.com, www.sas.com/korea 등)에서 제공하는 기술지원을 활용하면 매우 유용한 정보들을 얻을 수도 있다.

프로그램 방식과 메뉴 방식 중 어느 것을 사용하든지 수행하고자 하는 분석방법에 대한 기본적인 지식은 필수적으로 요구된다. 따라서 독자들은 이 책의 내용들을 중심으로 먼저 각 분석방법에 대한 기초이론을 충분히 숙지한 후 원하는 분석을 수행하는 것이 바람직할 것이다.

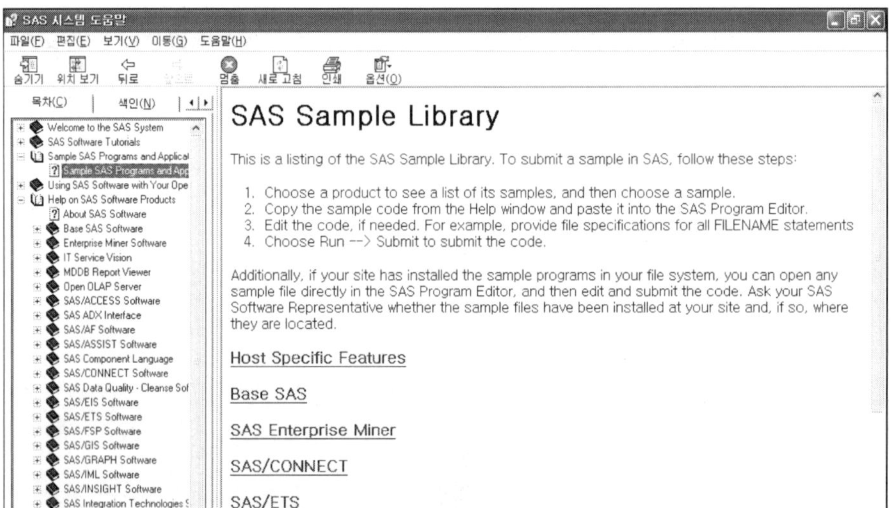

<그림 1.6> SAS 도움말(Help) 윈도우

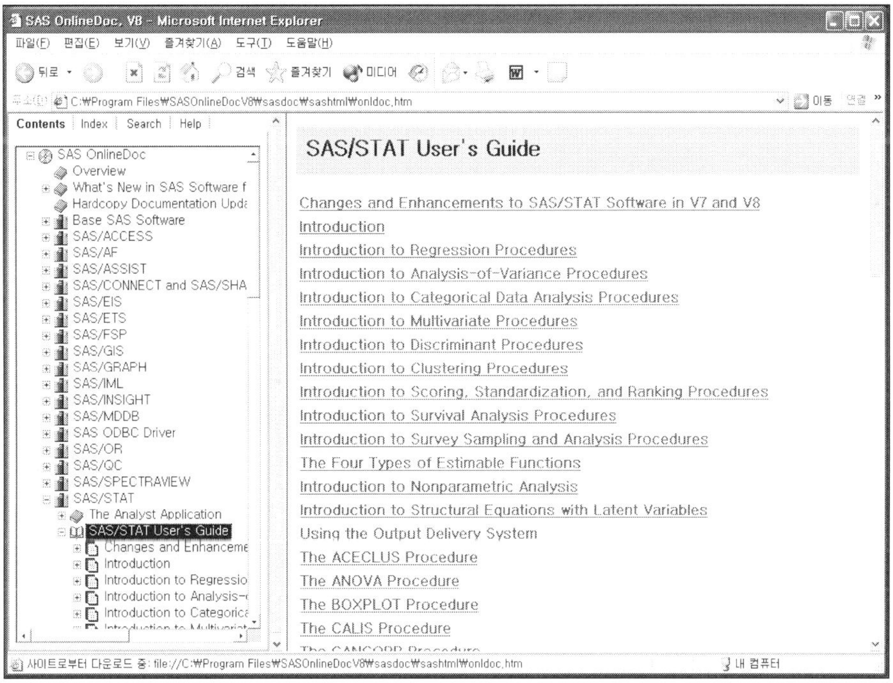

<그림 1.7> SAS Online Document

1.4 연습문제

1-1. SAS의 도움말(H)에 있는 부메뉴 중 "SAS 도움말과 문서(H)", "SAS 소프트웨어 입문 가이드(G)", "SAS on the Web(W)" 등을 클릭하여 그 내용을 살펴보아라.

1-2. SAS Institute의 홈페이지 및 관련 웹사이트에서는 사용자들의 여러 가지 문제해결을 위한 방법과 예제 프로그램들을 지원해 주고 있다(www.sas.com, www.sas.com/korea 등). 이러한 웹사이트들의 내용에 대해서 살펴보아라.

1-3. SAS에서 "도움말(H) → SAS 도움말과 문서(H) → SAS Products → SAS/STAT → The Analyst Application"을 클릭하여 Analyst Application(데이터 분석) 윈도우의 기능들을 살펴보고, 여기에서 제시된 예들을 수행하여 보아라.

1-4. SAS에서 "도움말(H) → SAS 도움말과 문서(H) → SAS Products → SAS/INSIGHT"를 클릭하여 INSIGHT(대화식 데이터 분석) 윈도우의 기능들을 살펴보

고, "Introduction → Getting Started"에서 제시된 예들을 수행하여 보아라.

1-5. Enterprise Guide에서 "자습서: SAS Enterprise Guide 입문 가이드" 또는 "도움말(H) → 입문 가이드 자습서"클릭하여 여기에서 제시된 예들을 수행하여 보아라.

제 2 장
데이터의 요약 및 표현

실험이나 조사를 통해 얻어진 자료(data, 데이터)에서 개별 측정값들은 그 자체가 중요한 정보이지만, 이들은 양적으로 방대하고 다루기도 힘들며 질적으로 혼돈과 소음을 포함하고 있어 자료의 전반적인 내용을 파악하는 것이 쉽지 않다. 따라서 자료의 특성 내지는 중요한 측면을 쉽게 파악할 수 있도록 빈도나 퍼센트, 대표값, 변이성, 분포의 형태 등을 간결한 형태로 정리, 요약하여 기술(記述, description)해야 할 필요가 있게 된다. 이 장에서는 주어진 자료의 전반적인 내용을 쉽고 빠르게 파악할 수 있도록 표나 그래프 또는 몇 개의 숫자로 요약하여 표현하는 방법들에 대해서 설명할 것이다.

2.1 자료의 형태

"방대한 자료를 그래프나 표 또는 몇 개의 수치로 요약하여 주어진 자료의 전반적인 내용을 쉽고 빠르게 파악할 수 있도록 하는 기법을 다루는 분야"를 흔히 **기술통계학**(記述統計學, descriptive statistics)이라 한다. 즉 기술통계학의 목적은 자료가 가지고 있는 특성과 모습을 잘 정리하고 요약하는 것으로, 이를 위해서는 어떠한 기준에 따라 자료가 수집되었는지를 구분할 필요가 있다. 일반적으로 자료의 형태는 다음과 같이 크게 질적자료(정성적자료)와 양적자료(정량적자료)로 구분되어진다.[1]

2.1.1 질적자료 (Qualitative Data)

질적자료는 성별(남, 여), 혈액형(A, B, AB, O), 순위(1등, 2등, 3등) 등과 같이 어떤 속성을 나타낸 자료를 말하며, 이와 같은 질적자료에는 일반적으로 사칙연산을 적용할 수 없다. 질적자료는 다시 명목형 자료와 순서형 자료로 구분된다.

명목형(名目形, nominal) 자료는 성, 지역, 직업 등과 같이 자료값의 크기나 순서에 대한 의미가 없고 단지 자료값 자체의 이름만 의미를 부여할 수 있는 변수이다. 때로는 명목형 자료의 각 속성에 대하여 편의상 숫자를 대응시켜 사용하기도 하는데, 이 경우 숫자는 기호로서의 역할을 할 뿐이다. 예를 들면, 성별에 있어 남성을 '1'로 여성을 '2'로 표현했다면 이 때 숫자는 집단의 속성을 나타낸 것 뿐이다. 이러한 명목형 자료의 예로는 혈액형, 종교, 운동선수의 번호, 인종 등이 있다.

[1] 사회과학에서는 일반적으로 측정의 수준(level of measurement)을 '명목측정', '순서측정', '구간측정'(등간측정), '비율측정'으로 구분한다.

이에 반해, **순서형**(順序形, ordinal) 자료는 어떤 기준에 따라 자료값들의 순서에 의미를 부여할 수 있는 자료이다. 예를 들어, 마라톤 경주에서 결승점에 도착하는 순서에 따라 1위, 2위, 3위 등으로 순서를 매긴 경우가 여기에 해당한다. 이러한 순서형 자료에서 각 숫자는 순서를 나타낼 뿐 차이나 비율에는 의미가 없다. 즉, 마라톤 경주에서 1위는 2위보다 결승점에 먼저 도착했다는 뜻이지 2의 숫자는 1의 숫자의 두 배이므로 2위가 1위보다 2배 늦게 도착했다는 뜻은 아닌 것이다. 순서형 자료의 예로는 연비에 대한 등급, 성적에서의 수, 우, 미, 양, 가 등이 있다.

명목형 자료(때로는 순서형 자료를 포함하여)를 **범주형**(範疇形, categorical) 자료라고 부르기도 하는데, 이러한 범주형(질적) 자료의 특성을 파악하기 위해서는 각 범주별 빈도를 계산하는 등 양적자료와는 다르게 처리해야 한다.

2.1.2 양적자료 (Quantitative Data)

양적자료는 길이, 무게, 자동차 생산대수 등과 같이 많고 적음을 나타내는 수치로 된 자료를 말하며, 따라서 양적자료에 대해서는 사칙연산이 가능하다. 양적자료는 다시 계수형 자료와 연속형 자료로 나누기도 하고, 비율형 자료와 구간형 자료로 나누기도 한다.

먼저, 양적자료를 계수형 자료와 연속형 자료로 구분할 때의 의미를 살펴보자. **계수형**(計數形, count)자료는 자료가 셀 수 있는 정수 형태인 경우를 말한다. 예를 들어, 형제의 수, 자동차 보유대수, 입사 지원자수, 보험 해약건수 등이 여기에 속한다. 이러한 계수형 자료는 범주형 자료의 경우처럼 이산적인 값을 갖기 때문에 이들을 한데 묶어 **이산형**(離散形, discrete) 자료라고도 한다.

이에 반해, **연속형**(連續形, continuous) 자료는 자료의 측정이 셀 수 없는 소수점을 포함하는 키, 무게, 길이 등과 같은 자료를 말한다.

이제, 양적자료를 구간형 자료와 비율형 자료로 구분할 때의 의미를 살펴보자. **비율형**(比率形, ratio) 자료는 수치값들 사이의 차이뿐만 아니라 비율에도 의미를 부여할 수 있는 변수이다. 예를 들어, 어떤 냉장고 A의 무게가 200kg이고 B의 무게가 100kg이라고 할 때 냉장고 A와 B의 무게 차이는 100kg이고 A의 무게는 B의 두 배라고 말할 수 있다. 또한 이 경우 0은 무게가 없다는 것을 의미한다(즉, 절대영점을 가진다).

이에 반해, **구간형**(區間形, interval) 변수는 수치값들 사이의 차이(구간)에는 의미를 부여할 수 있지만 비율에는 의미를 부여할 수 없는 변수이다. 예를 들어,

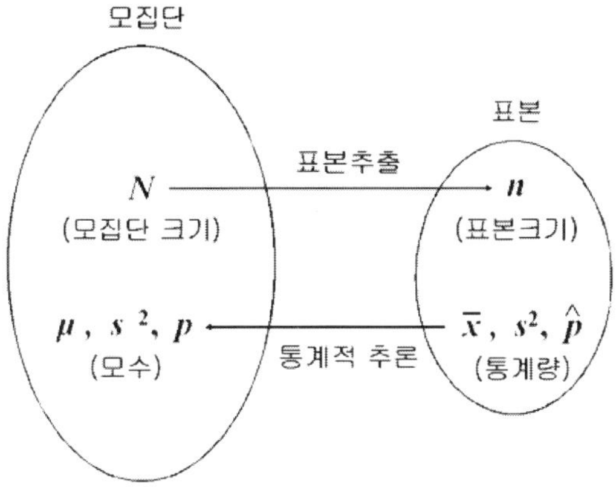

<그림 2.1> 모집단과 표본의 관계

섭씨 20도는 -10도에 비해서 온도가 30도 높다고 할 수 있지만 온도의 비율이 $20/(-10) = -2$배라고 할 수는 없다. 또한 온도가 0도라고 하는 것은 온도가 없다라는 의미는 아니다(즉, 상대영점을 가진다). 따라서 구간형 자료에 대해서 덧셈과 뺄셈은 의미가 있지만 곱셈이나 나눗셈에 의한 결과는 큰 의미가 없게 된다.

2.2 모수와 통계량

실험이나 조사에서 관심의 대상이 되는 모든 자료를 수집한다는 것은 실제적 혹은 물리적으로 불합리한 경우가 대부분이다. 예를 들어, 어느 의약품의 효과를 알기 위해 모든 환자에게 임상실험을 하거나 한 회사에서 생산되는 타이어의 평균수명을 알기 위해 그 회사에서 생산되는 모든 타이어를 검사한다는 것은 불가능하거나 비경제적이다. 따라서 관심이 되는 전체 수집대상 중에서 일부만을 추출하여 자료를 얻고 이를 분석하는 것이 일반적이라고 할 수 있다.

이 때 관심대상이 되는 모든 가능한 자료값들의 집합을 **모집단**(母集團, population)이라고 하며, 통계적 분석을 위해 모집단에서 추출된 실제 관측값들의 집합을 **표본**(標本, sample)이라고 한다.

또한 모집단의 특성을 나타내는 미지의 상수값을 **모수**(母數, parameter)라고 하고, 표본에 있는 정보를 양적으로 축약하여 얻은 표본의 함수값을 **통계량**(統計量, statistic)이라고 한다. 따라서 통계처리를 수행하는 중요한 목적 중의 하나는 표본의 특성인 통계량을 근간으로 모집단의 특성인 모수를 파악하려는 것이다. 즉, 표본평균($\bar{x}$), 표본분산(s^2), 표본비율($\hat{p}$) 등과 같은 통계량을 통해 이에 대응되는 모평균(μ), 모분산(σ^2), 모비율(p) 등과 같은 모수들에 대한 통계적 추론을 하는 것이다.

예를 들어, 우리나라 성인 전체에 대한 흡연률을 알아 보고자 한다고 해 보자. 이 경우 우리나라 성인 전체에 대해 조사를 실시하지는 않는다. 왜냐하면 조사비용이 너무 많이 들 뿐만아니라 현실적으로 불가능한 경우가 많기 때문이다. 따라서 이에 대한 대안으로 우리나라 성인 중 약 1,500명 정도를 뽑아서 이들에 대해 흡연률을 조사해 보고 이를 근거로 하여 우리나라 성인 전체에 대한 흡연률을 짐작(또는 추측)하는 것이다.

이와 같이, "관심의 대상이 되는 전체집단(모집단)으로부터 모집단의 일부(표본)를 뽑고, 표본으로부터 관측된 내용(통계량)을 근거로 하여 모집단의 특성(모수)을 추측하고 검정하는 방법을 다루는 분야"를 **추측통계학**(推測統計學, inferential stattistics)이라 한다. 위의 흡연률의 예에서는 우리나라 성인 전체가 모집단, 뽑힌 성인 1,500명이 표본, 1,500명 중의 흡연률이 통계량, 우리 나라 성인 전체의 흡연률이 모수이다.

2.3 기술통계량: UNIVARIATE 프로시저

양적자료의 경우 관찰값들(표본)을 대표할 수 있는 몇 개의 의미 있는 수치로 자료를 요약하는 것이 일반적이다. 이러한 의미 있는 수치들을 **기술통계량**(記述統計量, descriptive statistics)이라고 하는데, 주어진 자료들이 어떤 값을 중심으로 분포되어 있는지(대략 어느 정도의 값을 취한다고 할 수 있는지)를 나타내는 **대표값**과 자료들의 흩어져 있는 정도(퍼져 있는 정도)를 나타내는 **산포도**가 주로 이용된다. 이 절에서는 UNIVARIATE 프로시저를 이용하여 여러 가지 기술통계량을 얻는 과정과 각 통계량들이 가지고 있는 의미를 살펴보도록 하자.

다음 <예 2.1>은 UNIVARIATE 프로시저의 기본적인 사용법을 보여주고 있다. 여기서 사용된 자료는 남자 31명과 여자 29명에 대해서 성, 나이, 담즙에 함유된 콜레스테롤 과포화율(supersaturation, %)을 조사하여 얻은 것이다.[2]

UNIVARIATE 프로시저는 일변량 자료에 대한 요약통계량 및 기술통계량을 포괄적으로 제공하며, 이러한 통계량들과 다양한 그래프들을 통하여 상세한 데이터 탐색에 매우 유용하다(이 프로시저의 일반적 사용형식에 대해서는 2.3.8절을 참조하기 바란다).

[2]이 책의 예제들을 실행하기 전에 먼저 "exam"이라는 SAS 라이브러리(library)를 지정해 두어야 한다. 라이브러리의 이름은 변경하여 지정해도 무방하다.

<예 2.1>에서는 VAR 명령문에 의해 기술통계량을 출력할 변수들(super, age)을 지정하였고, BY 명령문에 의해 성별(gender)에 따라서 각각 분석이 수행되도록 지정하였다.[3]

<예 2.1> UNIVARIATE 프로시저

```
DATA exam.cholest;
    INPUT gender $ age super @@;
CARDS;
M  23  40   M  64  88   M  66 110   M  31  86   M  55 137
M  48  78   M  58 111   M  31  88   M  27  80   M  25  86
M  20  80   M  32  47   M  63 106   M  23  65   M  62  74
M  43  66   M  43  79   M  36  58   M  67 123   M  27  87
M  29  88   M  48  90   M  63  56   M  27  73   M  19 112
M  59 110   M  65 118   M  26  52   M  53 106   M  42  67
M  60  57   F  30  66   F  25  69   F  40  65   F  38  52
F  57  84   F  33  86   F  23  35   F  42 116   F  49  76
F  35  55   F  49  73   F  44  89   F  50 127   F  60  87
F  63 142   F  47  77   F  23  76   F  27  58   F  36  91
F  48 107   F  23  98   F  74 128   F  44  84   F  56 146
F  53  75   F  37 120   F  41  80   F  41  82   F  57 123
;
RUN;

PROC SORT DATA=exam.cholest;
    BY gender;
RUN;

OPTIONS PS=55 LS=65 NODATE PAGENO=1;

PROC UNIVARIATE DATA=exam.cholest;
    BY gender;
    VAR super age;
    LABEL super='콜레스테롤 과포화율' age='나이';
RUN;
```

[3] 특정 프로시저에서 BY 명령문을 사용하고자 하는 경우 해당 변수에 의해서 미리 데이터세트가 정렬되어 있어야 한다. 따라서 데이터세트가 정렬되어 있지 않은 경우에는 이 예에서와 같이 SORT 프로시저를 이용하여 데이터세트를 정렬할 필요가 있다.

<결과 2.1> 기술통계량 (여자 29명의 콜레스테롤 과포화율에 대한 출력결과)

```
--------------------------- gender=F ----------------------------

                    UNIVARIATE 프로시저
             변수:  super  (콜레스테롤 과포화율)

                           적률

N                   29    가중합                      29
평균        88.5172414    관측치 합                 2567
표준편차    27.5844427    분산                760.901478
왜도        0.45497465    첨도                 -0.307816
제곱합          248529    수정 제곱합         21305.2414
변동계수    31.1627907    평균의 표준오차     5.12230241


                       기본 통계 측도

            위치측도                     변이측도

        평균      88.51724    표준편차          27.58444
        중간값    84.00000    분산             760.90148
        최빈값    76.00000    범위             111.00000
                              사분위 범위       34.00000

NOTE: The mode displayed is the smallest of 2 modes with a count
of 2.


                       분위수(정의 5)

                   분위수               추정값

                   100% 최대값            146
                    99%                   146
                    95%                   142
                    90%                   128
                    75% Q3                107
                    50% 중위수             84
                    25% Q1                 73
                    10%                    55
                     5%                    52
                     1%                    35
                     0% 최소값             35
```

<결과 2.1>은 <예 2.1>의 프로그램을 수행하여 얻은 결과 중 일부로서, 여자 29명의 콜레스테롤 과포화율(super)에 관한 여러 가지 기술통계량들이다(독자들은 남자 집단에 대한 출력결과도 살펴보기 바란다). 여기서는 이 결과들을 중심으로 표본으로부터 얻어진 자료의 정보를 요약하기 위해 주로 사용되는 기술통계량들에 대해서 살펴보도록 하자.

2.3.1 대표값 (중심경향, Measure of Centrality)

모집단으로부터 n개의 표본 $x_1, x_2, \cdots, x_n$을 얻었다고 하자. 이 때 모집단을 뭉뚱그리는 대표값은 많은 경우 그 값을 중심으로 n개의 자료가 위치하게 되므로 **위치측도**(measure of location)라고도 한다. 주로 사용되는 대표값으로는 다음과 같은 것들이 있다.

평균 (Mean)

일상생활에서 평균 수입, 평균 주행거리, 평균점수 등과 같이 평균을 사용하는 경우가 많다. 이는 일반적으로 대부분의 자료들이 평균을 향하고 있으므로 평균을 집단의 대표값으로 사용하는 것이 타당한 경우가 많기 때문이다. **평균**(平均)은 자료값들의 합(sum)을 표본크기(관측치의 개수) n으로 나눈 것을 말한다. 즉,

$$\bar{x} = \frac{x_1 + x_2 + \cdots + x_n}{n} = \frac{1}{n}\sum_{i=1}^{n} x_i. \tag{2.1}$$

앞의 <결과 2.1>에서는 자료값들의 합(sum of observation)이 2,567이므로 평균을 계산하면 다음과 같다.

$$\bar{x} = (66 + 69 + 65 + \cdots + 80 + 82 + 123)/29 = 2567/29 = 88.52$$

이와 같은 평균은 사회적 관행 및 통계적 추론에서의 편리성 등으로 인해 가장 널리 사용되는 대표값 중의 하나이다. 그러나 평균은 무게의 중심을 나타내는 것과 같아서 전체 자료 중 몇 개가 나머지와 동떨어져 있을 때, 이들 중 아주 크거나 작은 특이값(outlier)에 크게 영향을 받게 되는 단점이 있다. 따라서 비대칭적인 자료에 대해서는 자료의 대표값으로 평균을 사용하는 것이 바람직하지 않은 경우도 있다.

중간값 (Median)

자료값들을 크기 순으로 정렬하였을 때 중앙에 위치하는 값을 **중간값**(중앙값,

중위수)이라고 한다. 즉, 자료의 값을 크기 순서대로 나열했을 때 중앙에 있는 값을 전체 자료의 중심성향을 나타내는 대표값으로 보는 것이다. 표본크기 n이 홀수이면 중간값은 "$(n+1)/2$ 번째의 값"이고, n이 짝수이면 중간값은 "[($n/2$ 번째의 값) + ($n/2+1$ 번째의 값)]/2"이다.

<예 2.2> RANK 프로시저

```
PROC RANK DATA=exam.cholest OUT=rankout TIES=LOW;
    WHERE gender='F';
    VAR super;
    RANKS r_super;
RUN;

PROC SORT DATA=rankout;
    BY r_super;
RUN;

PROC PRINT DATA=rankout;
    VAR r_super super;
RUN;
```

<결과 2.2> 여자 29명의 콜레스테롤 과포화율을 순서대로 정렬한 결과

과포화율	35	52	55	58	65	66	69	73	75	76
순위	1	2	3	4	5	6	7	8	9	10
과포화율	76	77	80	82	84	84	86	87	89	91
순위	10	12	13	14	15	15	17	18	19	20
과포화율	98	107	116	120	123	127	128	142	146	
순위	21	22	23	24	25	26	27	28	29	

예를 들어, 위의 <결과 2.2>는 RANK 프로시저(특정 변수에 대해서 순위를 계산하는 기능을 가지고 있다) 및 SORT 프로시저(특정 변수에 대해서 정렬하는 기능을 가지고 있다)를 이용하여 여자의 콜레스테롤 과포화율을 순서대로 정렬하여 얻은 것인데, 이 자료의 개수가 $n=29$이므로 $(29+1)/2=15$번째 값인 84가 중간값이 된다.

이러한 중간값은 아주 작거나 큰 극단값(extreme value)에 덜 민감하다는 장점을 가지고 있으므로, 비대칭적인 분포를 가지는 자료에 있어서 평균에 대한 대안으로 자주 사용된다.

최빈값 (Mode)

자료값들 중 가장 빈도가 많은 자료값을 **최빈값**이라고 한다. 예를 들어, 여자의 콜레스테롤 과포화율에서는 76과 84가 두 번 나타나고 나머지 수치들은 한 번씩만 나타나므로 최빈값은 76과 84 두 개가 존재한다. 앞의 <결과 2.1>에서는 이들 중 더 작은 값인 76만 최빈값으로 출력되어 있는데, 만약 최빈값을 모두 출력시키려면 PROC UNIVARIATE 명령문에 MODES 옵션을 사용하면 된다.

최빈값도 중간값와 같이 극단값에 둔감한 성질이 있으며, 자료의 범위가 비교적 작고 서로 겹치는 자료값들이 많은 경우에 유용하다. 그러나 최빈값은 자료의 중심을 대표하지 못할 경우가 많고, 최빈값이 여러 개 존재하는 경우와 존재하지 않는 경우 등이 있어 질적자료의 표현(예를 들면, 공대학생들의 주된 성은 남성이다) 이외에는 그다지 자주 사용되지 않는다.

2.3.2 산포도 (Measure of Dispersion)

산포도(散布度)는 **변이측도**(measure of variability)라고도 불리며 자료값들이 얼마나 흩어져 있는가를 나타내는 측도로서, 대표값과 더불어 데이터의 특성을 기술할 때 일반적으로 사용되는 중요한 수치 중 하나이다. 산포도를 나타내기 위해 주로 사용되는 통계량은 다음과 같은 것들이 있다.

표준편차(Standard Deviation)

자료값들이 그의 평균으로부터 얼마만큼 떨어져 있는지를 측정하는 **분산**(分散, variance)은 다음과 같이 계산된다.

$$s^2 = \frac{1}{n-1}\sum_{i=1}^{n}(x_i - \bar{x})^2 = \frac{1}{n-1}\left(\sum_{i=1}^{n} x_i^2 - n\bar{x}^2\right). \tag{2.2}$$

이 식에서 $\sum_{i=1}^{n}(x_i - \bar{x})^2$을 **수정된 제곱합**(corrected SS)이라 하고 $\sum_{i=1}^{n} x_i^2$을 **수정되지 않은 제곱합**(uncorrected SS)이라고 한다. 앞의 <결과 2.1>에서는 수정된 제곱합이 21,305.24이고 수정되지 않은 제곱합이 248,529이며, 분산은 $s^2 = 21305.24/(29-1) = 760.90$이다.

한편 분산의 단위는 자료가 가지고 있는 단위의 제곱이 되므로 자료와 동일한 단위를 가지는 산포도의 측도가 필요한데, 이를 위해 분산에 제곱근을 취한 것을 **표준편차**(標準偏差, $s = \sqrt{s^2}$)라고 하며 산포도의 측도로 주로 사용한다. 이 예에서는 표준편차가 $s = \sqrt{760.90} = 27.58$이다.

변동계수 (Coefficient of Variation)

분산이나 표준편차는 측정단위를 가지고 있기 때문에 측정단위가 다른 자료들의 산포도를 비교하기가 곤란하다. **변동계수**(變動係數)는 다음과 같이 평균에 대한 표준편차의 백분율로 정의되는데,

$$CV = \frac{s}{\bar{x}} \times 100(\%), \tag{2.3}$$

이는 측정단위에 의존하지 않으므로 측정단위나 상대크기가 서로 다른 자료들의 산포도를 비교할 때 유용하며, 산포도를 대표값에 대한 상대비율로 표현한다는 특징이 있다. 이 예에서는 변동계수가 $CV = 27.58/88.52 = 31.16\%$이다.

2.3.3 분위수 (Quantile)

자료값들을 크기 순으로 정렬하였을 때 자료를 q등분하는 값들을 q-**분위수**(分位數)라고 한다. 예를 들어, 자료를 4등분하는 값들을 **사분위수**(quartiles)라 하고 100등분하는 값들을 **백분위수**(percentile)라고 한다. 특히 자료를 4등분하는 세 개의 사분위수를 크기 순서대로 제1사분위수(Q_1), 제2사분위수(Q_2), 제3사분위수(Q_3)라고 하며, 사분위수와 백분위수 그리고 중간값의 관계를 나타내면 다음과 같다.

- 제1사분위수(Q_1) = 제25백분위수
- 제2사분위수(Q_2) = 제50백분위수 = 중간값(Median)
- 제3사분위수(Q_3) = 제75백분위수

예를 들어 여자 29명의 콜레스테롤 과포화율에 대해서 사분위수를 구해보면, 앞의 <결과 2.1>에서 볼 수 있듯이 각각 $Q_1 = 73$, $Q_2 = 84$, $Q_3 = 107$이다.

범위(Range)와 사분위범위(Interquartile Range)

최대값(maximum value)과 최소값(minimum value)의 차이를 **범위**(範圍)라고 하며, 산포도의 측도로 종종 사용된다. <결과 2.1>에서는 최대값이 146이고 최소

값은 359이므로 범위는 $146 - 35 = 111$이다. 한편, 이와 같은 범위는 자료의 극단값에 큰 영향을 받기 때문에 극단값에 둔감한 **사분위범위**(四分位範圍, $Q_3 - Q_1$)를 범위 대신에 사용하기도 한다. 이 예에서 사분위범위는 $107 - 73 = 34$이다.

2.3.4 왜도(Skewness)와 첨도(Kurtosis)

자료의 분포에 대한 비대칭의 정도를 나타내는 **왜도**(歪度)는 다음과 같이 계산된다.

$$Skewness = \frac{1}{n-1}\sum_{i=1}^{n}\left(\frac{x_i - \bar{x}}{s}\right)^3. \tag{2.4}$$

왜도가 0이면 자료분포의 형태가 좌우 대칭이라는 것을 의미하고, 0보다 크면 자료분포가 왼쪽으로 치우쳐진(오른쪽으로 긴 꼬리를 가지는) 형태라는 것을 의미하며, 0보다 작으면 자료분포가 오른쪽으로 치우쳐진(왼쪽으로 긴 꼬리를 가지는) 형태라는 것을 의미한다.

한편, **첨도**(尖度)는 자료분포의 뾰족한 정도를 나타내는 것으로 다음과 같이 계산된다.

$$Kurtosis = \frac{1}{n-1}\sum_{i=1}^{n}\left(\frac{x_i - \bar{x}}{s}\right)^4 - 3. \tag{2.5}$$

표준정규분포의 첨도는 0이 되는데, 따라서 첨도가 0보다 크면 자료분포의 형태가 표준정규분포보다 더 뾰족하다는 것을 의미하고, 첨도가 0보다 작으면 자료분포의 형태가 표준정규분포보다 더 납작하다는 것을 의미한다.

2.3.5 기술통계량의 저장: OUTPUT 명령문

대부분의 SAS 프로시저들은 그 수행결과를 다음 분석에 사용할 수 있도록 SAS 데이터세트의 형태로 저장 할 수 있는 기능을 가지고 있다. UNIVARIATE 프로시저에서는 OUTPUT 명령문에 OUT= 옵션으로 새로운 데이터세트의 이름을 지정하고 각 통계량을 지칭하는 **중심어**(keyword)를 나열하여, 원하는 통계량들을 저장할 수 있다.

다음 <예 2.3>은 평균과 표준편차, 그리고 몇 개의 분위수들을 데이터세트 univ_out에 저장하도록 지정한 것이다. 이 때, 다음과 같은 형식으로

statistic keyword = variable-name1 variable-name2 $\cdots$;

각 통계량을 저장할 때 사용될 새로운 변수들의 이름을 VAR 명령문에 지정된 변수들의 수만큼 지정해 주어야 한다.

<표 2.1> OUTPUT 명령문에서 지정할 수 있는 기술통계량

중심어	기술통계량
CSS	수정된 제곱합(corrected SS)
CV	변이계수(coefficient of variation)
KURTOSIS | KURT	첨도(kurtosis)
MAX	최대값(maximum value)
MEAN	평균(arithmetic mean)
MEDIAN	중앙값(median)
MIN	최소값(minimum value)
MODE	최빈값(mode)
N	결측값(missing value)이 아닌 자료값들의 개수
NMISS	결측값(missing value)의 개수
NOBS	전체 자료값의 개수(즉, N+NMISS)
RANGE	범위(range)
SKEWNESS | SKEW	왜도(skewness)
STDDEV | STD	표준편차(standard deviation)
STDERR | STDMEAN	평균의 표준오차(standard error of the mean)
SUM	합(sum)
SUMWGT	가중변수(weight variable)의 합
USS	수정되지 않은 제곱합(uncorrected SS)
Pn	백분위수(P1, P5, P10, P90, P95, P99)
Q1	제1 사분위수(즉, 제25 백분위수)
Q3	제3 사분위수(즉, 제75 백분위수)
QRANGE	사분위범위(interquartile range)

<표 2.1>에는 OUTPUT 명령문에 지정할 수 있는 기술통계량(descriptive statistic)의 중심어(keyword)들이 제시되어 있는데, OUTPUT 명령문에는 이 외에도 검정통계량 및 로버스트 통계량과 관련된 중심어들도 사용할 수 있다(이들 통계량의 중심어에 대해서는 도움말(Help 메뉴)이나 Online Document를 참조하기 바란다).

<예 2.3> 기술통계량의 저장: OUTPUT 명령문

```
PROC UNIVARIATE DATA=exam.cholest;
    BY gender;
    VAR super age;
    OUTPUT OUT=univ_out
           MEAN=s_mean a_mean STD=s_std a_std
           PCTLPTS=33.3 66.6 PCTLPRE=s_p a_p;
    LABEL super='콜레스테롤 과포화율' age='나이';
RUN;

PROC PRINT DATA=univ_out;
RUN;
```

<결과 2.3> 출력된 OUT 데이터세트

Obs	gender	s_mean	a_mean	s_std	a_std
1	F	88.5172	42.9310	27.5844	12.9778
2	M	84.4516	43.0645	23.9581	16.5286

Obs	s_p33_3	s_p66_6	a_p33_3	a_p66_6
1	76	91	37	49
2	74	88	31	55

한편, UNIVARIATE 프로시저는 앞의 <결과 2.1>에서 볼 수 있듯이 몇 가지 기본적인 분위수들만 출력시킨다. 따라서 특정 퍼센트에 해당하는 분위수를 출력시키기 위해서는 위의 <예 2.3>에서와 같이 PCTLPTS=, PCTLPRE=, PCTLNAME= 등의 옵션을 사용하여 퍼센트를 직접 지정하여 데이터세트에 저장하고 다시 이를 출력시켜야 한다. 이들 옵션의 기능은 다음과 같다.

- PCTLPTS : 지정하고자 하는 퍼센트들을 차례로 나열한다.
- PCTLPRE : PCTLPTS 옵션을 사용하는 경우 반드시 함께 사용해야 하며, 분위수를 저장할 변수들의 접두어(prefix)를 지정한다.
- PCTLNAME : 분위수를 저장할 변수들의 접미어(suffix)를 지정하며, 만약 이를 지정하지 않으면 PCTLPTS 옵션에 나열된 숫자들로 자동 지정된다.

2.3.6 막대그래프: HISTOGRAM 명령문

'히스토그램'은 양적(수치형)자료에 대해서 적절한 구간으로 나누어 빈도와 퍼센트를 계산하고 이를 막대그래프로 표현한 것이다. UNIVARIATE 프로시저에서는 다음 <예 2.4>에서와 같이 HISTOGRAM 명령문을 이용하여 히스토그램을

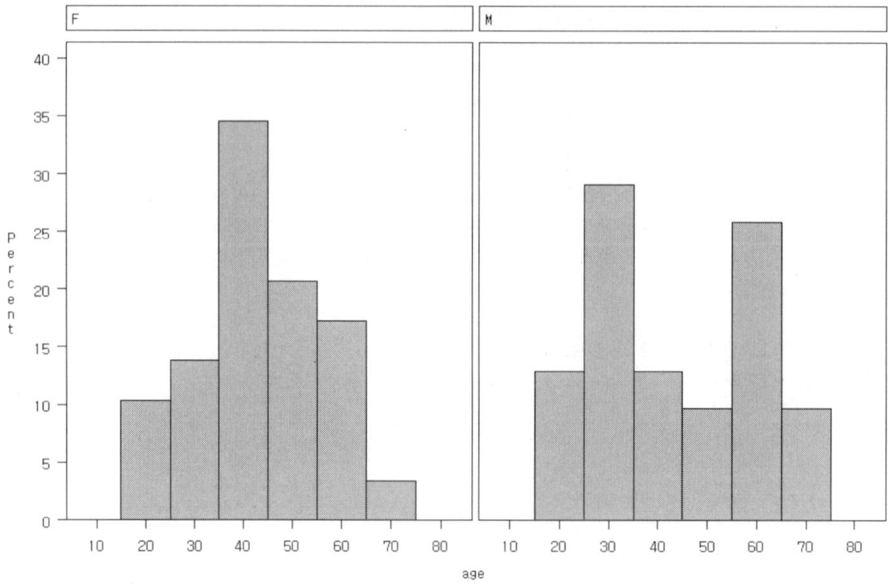

<그림 2.2> 히스토그램

작성할 수 있으며, 막대그래프와 특정한 분포곡선을 겹쳐 그릴 수 있고 경험적 분포함수에 기초한 적합도검정도 수행할 수 있다(이러한 기능에 대해서는 10.1절을 참조하기 바란다).

<예 2.4> HISTOGRAM 명령문

```
PROC UNIVARIATE DATA=exam.cholest;
    CLASS gender;
    HISTOGRAM age / OUTHISTOGRAM=outhisto
                    CFILL=ORANGE
                    VAXIS=0 TO 40 BY 5
                    MIDPOINTS=10 to 80 by 10
                    NROW=1 NCOL=2;
RUN;

PROC PRINT DATA=outhisto LABEL;
RUN;
```

HISTOGRAM 명령문에는 그래프의 출력형태를 조절할 수 있는 다양한 옵션들을 사용할 수 있다. 위의 <예 2.4>에서는 히스토그램 구간의 중간점과 구

<결과 2.4> 출력된 OUTHISTOGRAM 데이터세트

Obs	gender	변수명	히스토그램 구간의 중간점	구간내 관측치의 백분율
1	F	age	10	0.0000
2	F	age	20	10.3448
3	F	age	30	13.7931
4	F	age	40	34.4828
5	F	age	50	20.6897
6	F	age	60	17.2414
7	F	age	70	3.4483
8	F	age	80	0.0000
9	M	age	10	0.0000
10	M	age	20	12.9032
11	M	age	30	29.0323
12	M	age	40	12.9032
13	M	age	50	9.6774
14	M	age	60	25.8065
15	M	age	70	9.6774
16	M	age	80	0.0000

간내 관측치의 백분율 등을 새로운 데이터세트 outhisto에 저장하도록 지정하였고(OUTHISTOGRAM=outhisto, 결과 2.4 참조), 막대의 색을 오렌지색으로 하도록 지정하였으며(CFILL=ORANGE), 수직축은 0부터 40까지 5단위로 출력되도록(VAXIS=0 TO 40 BY 5) 그리고 막대는 10부터 80까지 10단위로 그리도록(MIDPOINTS=10 to 80 by 10) 지정한 것이다(여기에는 SAS/GRAPH의 옵션들을 추가로 사용할 수 있는데, 이에 대해서는 도움말(Help 메뉴)이나 Online Document를 참조하기 바란다).

또한, <예 2.4>에서와 같이 CLASS 명령문을 이용하여 하나 이상의 분류변수를 지정하면 <그림 2.2>에서와 같이 각 분류변수의 범주별 그림들을 한 화면에 출력해 준다. 이 때 HISTOGRAM 명령문의 NROW=와 NCOL= 옵션은 한 화면에 출력될 그래프의 개수를 지정하는 것으로, <예 2.4>에서는 가로에는 하나의 그림을 그리고 세로에는 두 개의 그림을 출력하도록 지정한 것이다(이 옵션들을 생략하면 모든 그림이 한 화면에 출력된다).

<예 2.5> 줄기-잎 그림 : PLOT 옵션

```
PROC UNIVARIATE DATA=exam.cholest PLOT;
    BY gender;
    VAR age;
RUN;
```

```
----------------------- gender=F ---------------------------
                     UNIVARIATE 프로시저
                        변수:  age

     줄기 잎                            #             상자그림
        7 4                             1                0
        6
        6 03                            2                |
        5 677                           3                |
        5 03                            2             +-----+
        4 7899                          4             |     |
        4 011244                        6             *--+--*
        3 5678                          4             +-----+
        3 03                            2                |
        2 57                            2                |
        2 333                           3                |
          ----+----+----+----+
            값 : (줄기.잎)*10**+1

----------------------- gender=M ---------------------------
                     UNIVARIATE 프로시저
                        변수:  age

     줄기 잎                            #             상자그림
        6 567                           3                |
        6 02334                         5             +-----+
        5 589                           3             |     |
        5 3                             1             |     |
        4 88                            2             |     |
        4 233                           3             *--+--*
        3 6                             1             |     |
        3 112                           3             |     |
        2 567779                        6             +-----+
        2 033                           3                |
        1 9                             1                |
          ----+----+----+----+
            값 : (줄기.잎)*10**+1
```

2.3.7 줄기-잎 그림: PLOT 옵션

PROC UNIVARIATE 명령문에 <예 2.5>에서와 같이 PLOT 옵션을 사용하면 줄기-잎 그림(stem-and-leaf plot), 상자그림(box plot), 정규확률도(normal probability plot) 등을 출력해 준다.

줄기-잎 그림은 전체 자료를 전시(display)하는 한 가지 방법으로, 줄기(stem) 부분에 자료의 일부정보를 제시하고 잎(leaf) 부분에 나머지의 정보를 제공하는 것이다. 예를 들어 <예 2.5>의 줄기-잎 그림은 나이를 5세 단위로 나누어 줄기를 구성한 것으로, 이를 통해 여자집단의 경우 나이가 70대인 사람이 1명(74)이고 60대인 사람이 2명(60, 63)이라는 것 등을 쉽게 파악할 수 있다. 또한 <예 2.5>의 줄기-잎 그림을 살펴보면 여자집단의 경우 자료값이 중앙에 많이 몰려있고 좌우 대칭의 형태를 이루고 있지만, 남자집단의 경우는 자료값이 양 끝에 많이 몰려있다는 것을 알 수 있다.

2.3.8 UNIVARIATE 프로시저의 일반적 사용형식

이 절에서 사용된 UNIVARIATE 프로시저는 일변량 자료에 대한 기술통계량을 포괄적으로 제공하는 기능을 가지고 있으며 일반적 사용형식은 다음과 같다.

```
PROC UNIVARIATE DATA=SAS-data-set options;
     BY variables;
     CLASS variables / KEYLEVEL='value1'|('value1' 'value2');
     FREQ variable;
     HISTOGRAM variables / options;
     ID variables;
     INSET keywords / options;
     OUTPUT OUT=SAS-data-set statistic-keywords=names;
     PROBPLOT variables / options;
     QQPLOT variables / options;
     VAR variables;
     WEIGHT variable;
RUN;
```

자료에 대한 요약통계량을 제공하는 것으로 MEANS와 SUMMARY 프로시저 등이 있지만(2.5절 참조), UNIVARIATE 프로시저는 이들에 비해 다음과 같이 보다 포괄적인 분석결과를 제공한다; (1) 적률(moment)에 기초한 다양한 기술통계량을 출력한다. (2) 극단값(extreme value), 중위수(median), 사분위수(quantile)에 대한 상세한 정보를 출력한다. (3) 위치모수(location parameter)나 척도모수(scale parameter)에 대해서 절사평균(trimmed mean)과 같은 로버스트(robust) 추정치를 출력한다. (4) 모수에 대한 신뢰구간(confidence limit)을 계산한다. (5) 정규성(normality)에 대한 검정을 수행한다. (6) 정규확률그림(normal probability plot), 줄기-잎 그림(stem and leaf plot), 상자그림(box plot) 등 자료의 분포형태에 관련된 그래프들을 출력한다.

2.4 상자그림: BOXPLOT 프로시저

앞의 <예 2.5>에서 볼 수 있듯이 UNIVARIATE 프로시저에 PLOT 옵션을 사용하면 텍스트 형태의 상자그림(box plot)도 함께 출력되는데, 이와 같은 상자그림을 이용하면 자료의 산포도 및 대칭성의 정도를 눈으로 쉽게 파악할 수 있다.

한편, BOXPLOT은 그래픽 형태의 상자그림을 그릴 수 있는 프로시저로써 일반적 사용형식은 다음과 같다(여기서 group-variable은 생략해도 된다).

```
PROC BOXPLOT DATA=SAS-data-set options;
    BY variables;
    ID variables;
    PLOT analysis-variable*group-variable / options;
RUN;
```

이러한 BOXPLOT 프로시저에서는 두 가지 종류(SKHLETAL, SCHEMATIC)의 상자그림을 그릴 수 있으며, <예 2.6>에서와 같이 BOXSTYLE 옵션으로 상자그림의 종류를 선택할 수 있다.

BOXPLOT 프로시저에서 작성할 수 있는 상자그림의 종류

- SKELETAL(그림 2.3): 제1사분위수, 중간값, 제3사분위수로 상자를 나타내고 최대값 및 최소값을 상자와 선으로 연결한다.
- SCHEMATIC(그림 2.4): 제1사분위수, 중간값, 제3사분위수로 상자를 나타내고 아래쪽 인접값 및 위쪽 인접값을 상자와 선으로 연결한다. 여기서 **아래쪽 인접값**은 제1사분위수로부터 아래쪽으로 1.5배 사분위범위 안에 있는 자료값들 중 가장 작은 값을 의미하며, **위쪽 인접값**은 제3사분위수로부터 위쪽으로 1.5배 사분위범위 안에 있는 자료값들 중 가장 큰 값을 의미한다.

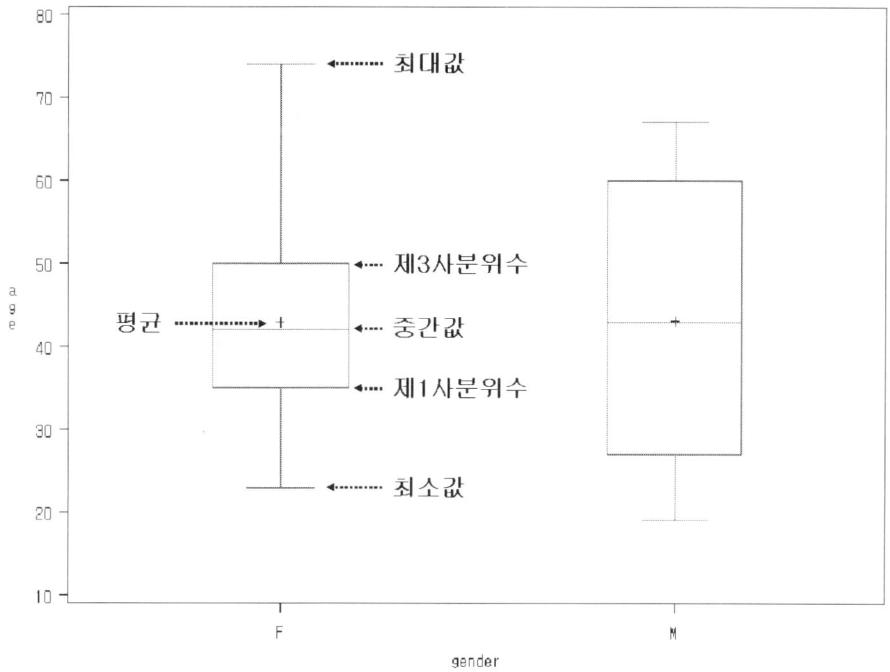

<그림 2.3> SKELETAL 상자그림

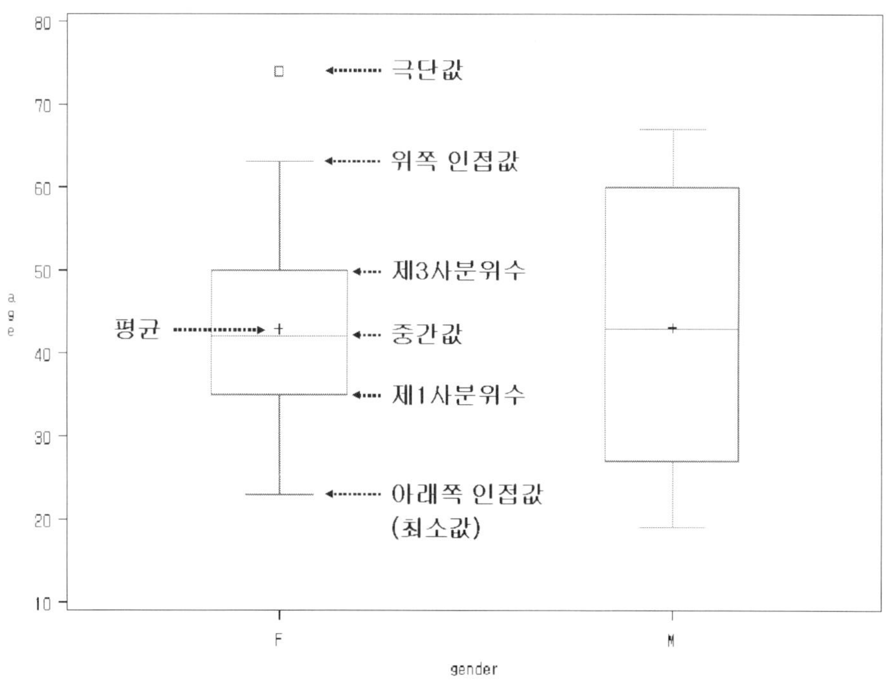

<그림 2.4> SCHEMATIC 상자그림

<예 2.6> BOXPLOT 프로시저

```
PROC BOXPLOT DATA=exam.cholest;
    PLOT age*gender / BOXSTYLE=SKHLETAL
                      BOXWIDTH=20 HOFFSET=15;
    PLOT age*gender / BOXSTYLE=SCHEMATIC
                      BOXWIDTH=20 HOFFSET=15;
RUN;
```

특히 SCHEMATIC 상자그림은 인접값 밖에 있는 자료값들을 □로 표시해 주기 때문에 이상점(outlier) 유무를 검토할 때 유용하다. 또한 BOXPLOT 프로시저에서는 NOTCHES(홈이 파인 상자그림을 그린다), BOXWIDTH(상자의 폭을 백분율로 지정한다), HOFFSET(상자들이 좌우에서 떨어질 거리를 백분율로 지정한다) 등의 옵션과 SAS/GRAPH 옵션들을 사용하여 다양한 형태의 상자그림을 출력할 수도 있다.

2.5 요약통계량: MEANS와 SUMMARY 프로시저

앞에서 설명한 UNIVARIATE 프로시저는 여러 가지 형태의 일변량 통계량들을 제공하지만, 그 출력결과를 조절하기가 쉽지 않다. 이에 반해 MEANS와 SUMMARY 프로시저는 분포가정에 대한 검정통계량이나 로버스트 통계량 등은 제공하지 않지만, 원하는 통계량들만을 출력시킬 수 있고 결과에 의한 새로운 SAS 데이터세트를 다양한 형태로 생성할 수도 있기 때문에 유용하게 사용될 수 있는 프로시저들이다.

2.5.1 MEANS 프로시저

다음 <예 2.7>은 MEANS 프로시저를 이용하여 최대값(MAX), 최소값(MIN), 평균(MEAN), 표준편차(STD) 등 몇 가지 요약통계량들을 출력한 간단한 예이다. 이 예에서 사용된 옵션 중 MAXDEC=은 분석결과를 출력할 때 사용될 최대 소수점의 자리수를 지정하는 것으로써 디폴트는 MAXDEC=8이다.

<예 2.7> MEANS 프로시저

```
DATA exam.score;
    INPUT dept $ gender $ age score @@;
```

```
DATALINES;
Stat M 10 94   Stat F 10 96   Stat M 15 91   Stat M 15 86
Stat F 10 76   Stat M 20 88   Math M 20 71   Math F 20 66
Math M 15 81   Math F 10 77   Math F 15 55   Math F 20 78
;
RUN;

PROC MEANS DATA=exam.score;
    CLASS dept gender;
    VAR age score;
RUN;

PROC MEANS DATA=exam.score MAXDEC=2 MAX MIN MEAN;
    CLASS dept gender;
    VAR age score;
    OUTPUT OUT=scoreout MEAN(age score)=m_age m_score
                          STD(age score)=s_age s_score;
RUN;

PROC PRINT DATA=scoreout;
    TITLE '>>>>> Data-Set : scoreout <<<<<';
RUN;
```

```
                    The MEANS Procedure

                 관측치
dept    gender       수  변수       최대값       최소값
평균값
-------------------------------------------------------------
Math    F            4  age        20.00       10.00
16.25
                        score      78.00       55.00      69.00

        M            2  age        20.00       15.00      17.50
                        score      81.00       71.00      76.00

Stat    F            2  age        10.00       10.00
10.00
                        score      96.00       76.00      86.00

        M            4  age        20.00       10.00      15.00
                        score      94.00       86.00      89.75
-------------------------------------------------------------
```

<결과 2.7> 출력된 OUTPUT 데이터세트

```
                 >>>>> Data-Set : scoreout <<<<<

Obs dept gender _TYPE_ _FREQ_  m_age   m_score  s_age   s_score

 1                 0      12   15.0000 79.9167 4.26401 12.0790
 2          F      1       6   14.1667 74.6667 4.91596 13.6772
 3          M      1       6   15.8333 85.1667 3.76386  8.2321
 4  Math           2       6   16.6667 71.3333 4.08248  9.6471
 5  Stat           2       6   13.3333 88.5000 4.08248  7.1484
 6  Math    F      3       4   16.2500 69.0000 4.78714 10.8012
 7  Math    M      3       2   17.5000 76.0000 3.53553  7.0711
 8  Stat    F      3       2   10.0000 86.0000 0.00000 14.1421
 9  Stat    M      3       4   15.0000 89.7500 4.08248  3.5000
```

MEANS 프로시저에서는 <예 2.7>에서와 같이 출력하기를 원하는 통계량을 중심어(keyword)로 지정할 수 있는데, 이 때 사용할 수 있는 통계량들의 중심어는 앞의 <표 2.1>에 제시된 것들과 T(모평균이 0임(즉, $H_0 : \mu = 0$)을 검정하기 위한 T-값) 또는 PROBT(T-값에 대응되는 유의확률) 등이다. 만약 특별한 중심어가 지정되지 않으면 관측치 수(결측값이 아닌 자료의 수), 최소값, 최대값, 평균, 표준편차 등이 기본적으로 출력된다. 또한, CLASS 명령문은 각 그룹에 대한 개별적인 통계량들을 얻고자 할 때 하나 이상의 분류변수들을 지정하는 것이다.

한편 OUTPUT 명령문은 UNIVARIATE 프로시저에서와 마찬가지로 원하는 통계량들을 새로운 SAS 데이터세트에 저장시키기 위해 사용되는데,

statistic-keyword(variable-list)=<names>

와 같은 형식으로 통계량의 중심어, 변수목록, 통계량을 저장할 때 사용될 변수의 이름 등을 지정하면 된다. 만약, 변수목록(variable-list)에 아무런 변수도 지정하지 않으면 VAR 명령문에 나열된 모든 변수가 지정된 것과 같다. 또한 통계량을 저장할 때 사용될 변수의 이름을 지정하지 않으면 원래 변수의 이름과 동일한 이름으로 저장된다(다음 예 2.8 참조).

이 예에서는 먼저 새로운 데이터세트의 이름을 scoreout으로 지정하였고, 두 변수의 평균을 각각 m_age, m_score로 그리고 표준편차를 각각 s_age, s_score로 저장하도록 지정하였다(결과 2.7 참조).

2.5.2 SUMMARY 프로시저

SUMMARY 프로시저의 사용형식은 MEANS 프로시저와 거의 동일하다. 다만, SUMMARY 프로시저에서는 그 결과를 OUTPUT 윈도우에 출력시키지 않으므로 주요 통계량들을 포함하는 SAS 데이터세트를 생성하고자 할 때 유용하다. SUMMARY 프로시저의 계산결과를 OUTPUT 윈도우에도 출력시키기를 원한다면 다음과 같이 PRINT 옵션을 사용하면 된다.

```
PROC SUMMARY DATA=score PRINT;
```

MEANS 프로시저에서는 이와는 반대로 NOPRINT 옵션을 사용하면 계산결과를 출력하지 않는다.

다음 <예 2.8>에서는 통계량을 저장할 때 사용될 변수의 이름을 지정하지 않았으므로, 각 분류변수 소합별 변수 age와 score의 평균들이 원래 변수의 이름과 동일한 이름으로 저장되어 있다.

<예 2.8> SUMMARY 프로시저

```
PROC SUMMARY DATA=exam.score;
    CLASS dept gender;
    VAR age score;
    OUTPUT OUT=n_score MEAN(age score)= ;
RUN;

PROC PRINT DATA=n_score;
    TITLE '>>>>> Data-Set : n_score <<<<<';
RUN;
```

>>>>> Data-Set : n_score <<<<<

Obs	dept	gender	_TYPE_	_FREQ_	age	score
1			0	12	15.0000	79.9167
2		F	1	6	14.1667	74.6667
3		M	1	6	15.8333	85.1667
4	Math		2	6	16.6667	71.3333
5	Stat		2	6	13.3333	88.5000
6	Math	F	3	4	16.2500	69.0000
7	Math	M	3	2	17.5000	76.0000
8	Stat	F	3	2	10.0000	86.0000
9	Stat	M	3	4	15.0000	89.7500

2.5.3 MEANS(SUMMARY) 프로시저의 일반적 사용형식

이절에서 설명한 MEANS(또는 SUMMARY) 프로시저는 양적자료(수치형 변수)에 대하여 기본적인 일변량 요약통계량을 제공하며 일반적인 사용형식은 다음과 같다.

```
PROC MEANS DATA=SAS-data-set options;
    BY variables;
    CLASS variables / options;
    FREQ variable;
    ID variables;
    OUTPUT OUT=SAS-data-set statistic-specifications / options;
    TYPES requests;
    VAR variables / WEIGHT=weight-variable;
    WAYS list;
    WEIGHT variable;
RUN;
```

특히 MEANS 또는 SUMMARY 프로시저에서 다음과 같이 NWAY 옵션을 사용하면

```
PROC MEANS DATA=score NWAY;
```

자동변수 _TYPE_이 가장 큰(예 2.8에서는 _TYPE_=3) 경우만 새로운 데이터세트에 저장된다. 또한 다음과 같이 TYPES 명령문을 이용하여 원하는 형식의 결과만을 OUTPUT 데이터세트에 저장할 수도 있다(여기서 _TYPE_은 예 2.8에서의 경우를 예로 든 것이다).

- TYPES ( ); ⟶ _TYPE_=0
- TYPES dept gender; ⟶ _TYPE_=1, _TYPE_=2
- TYPES dept*gender; ⟶ _TYPE_=3
- TYPES ( ) dept gender dept*gender; ⟶ _TYPE_=0, ⋯, _TYPE_=3

2.6 빈도표: FREQ 프로시저

하나의 질적변수가 가지는 분포상의 특징이나 두 질적변수 간의 연관관계를 살펴보기 위하여 빈도표(frequency table)가 자주 사용된다. FREQ 프로시저는 일차원 또는 다차원 빈도표와 변수들 간의 상호연관성을 재는 측도들을 제공함으로써 각 변수값들의 분포와 연관도에 관한 정보를 요약하여 준다.

2.6.1 빈도표의 형식 지정: TABLES 명령문

FREQ 프로시저에서는 TABLES 명령문을 이용하여 다양한 형식의 빈도표를 정의할 수 있는데, 다음 <예 2.9>에서와 같이 하나의 FREQ 프로시저에 안에서 여러 개의 TABLES 명령문을 사용할 수 있고 하나의 TABLES 명령문에 여러 개의 빈도표 형식을 지정할 수도 있다(FREQ 프로시저의 일반적 사용형식과 TABLES 명령문에 대한 자세한 설명은 제9장을 참조하기 바란다).

또한 FREQ 프로시저에는 <예 2.9>에서와 같이 NOROW(행 퍼센트를 출력하지 않음), NOCOL(열 퍼센트를 출력하지 않음), NOPERCENT(각 칸의 퍼센트를 출력하지 않음) 등과 같은 출력제어 옵션들과 연관성의 측도에 관련된 여러 가지 통계량들을 출력하는 옵션들을 지정할 수 있다.

<예 2.9> FREQ 프로시저

```
PROC FREQ DATA=exam.score;
    TABLES dept gender dept*gender;
    TABLES dept*gender / NOROW NOPERCENT;
RUN;
```

```
                    FREQ 프로시저

                                    누적        누적
dept        빈도        백분율       빈도       백분율
---------------------------------------------------------
Math           6        50.00          6        50.00
Stat           6        50.00         12       100.00


                                    누적        누적
gender      빈도        백분율       빈도       백분율
---------------------------------------------------------
F              6        50.00          6        50.00
M              6        50.00         12       100.00
```

```
                dept * gender 교차표

dept          gender

         빈도|
       백분율|
   행  백분율|
 칼럼  백분율|F       |M       |  총합
-----------+--------+--------+
Math       |      4 |      2 |      6
           |  33.33 |  16.67 |  50.00
           |  66.67 |  33.33 |
           |  66.67 |  33.33 |
-----------+--------+--------+
Stat       |      2 |      4 |      6
           |  16.67 |  33.33 |  50.00
           |  33.33 |  66.67 |
           |  33.33 |  66.67 |
-----------+--------+--------+
총합              6        6       12
              50.00    50.00   100.00
```

```
                dept * gender 교차표

dept          gender

         빈도|
 칼럼  백분율|F       |M       |  총합
-----------+--------+--------+
Math       |      4 |      2 |      6
           |  66.67 |  33.33 |
-----------+--------+--------+
Stat       |      2 |      4 |      6
           |  33.33 |  66.67 |
-----------+--------+--------+
총합              6        6       12
```

2.6.2 빈도변수의 지정: WEIGHT 명령문

다음 <예 2.10>에서와 같이 빈도표의 대상이 되는 데이터세트에 각 칸별 빈도에 관한 정보가 미리 요약되어 있는 경우가 종종 있다. 이 예에는 총 108명의 사람 중 나이(age)가 18세이면서 음료수(drink) A를 좋아하는 사람은 10명이고, 나이가 19세이면서 음료수 A를 좋아하는 사람은 13명인 경우이다. 이와 같이 변수

값들의 각 조합에 대한 빈도를 나타내는 변수가 데이터세트 내에 포함되어 있는 경우 FREQ 프로시저에서 WEIGHT 명령문에 해당 변수를 지정해 주어야 한다.

<예 2.10> WEIGHT 명령문

```
DATA exam.drink;
    INPUT age drink $ count @@;
CARDS;
18  A  10  19  A  13  20  A  12
18  B  14  19  B   7  20  B   4
18  C   2  19  C  10  20  C   6
18  D  12  19  D   8  20  D  10
;
RUN;

PROC FREQ data=exam.drink;
    WEIGHT count;
    TABLES age age*drink / NOCOL NOPERCENT;
RUN;
```

```
                    FREQ 프로시저

                                        누적
            age           빈도          빈도
            --------------------------------
             18             38            38
             19             38            76
             20             32           108

                                        누적
           drink           빈도          빈도
           ---------------------------------
           A                 35            35
           B                 25            60
           C                 18            78
           D                 30           108

                 age * drink 교차표

age          drink

      빈도 |
  행 백분율 |A        |B        |C        |D        |    총 합
-----------+---------+---------+---------+---------+
        18 |      10 |      14 |       2 |      12 |      38
           |   26.32 |   36.84 |    5.26 |   31.58 |
-----------+---------+---------+---------+---------+
        19 |      13 |       7 |      10 |       8 |      38
           |   34.21 |   18.42 |   26.32 |   21.05 |
-----------+---------+---------+---------+---------+
        20 |      12 |       4 |       6 |      10 |      32
           |   37.50 |   12.50 |   18.75 |   31.25 |
-----------+---------+---------+---------+---------+
총 합              35        25        18        30      108
```

만약 이 예에서 WEIGHT 명령문을 생략하면 변수 age에 대한 1차원 빈도표에서 각 연령의 빈도가 모두 4로 출력되게 된다.

이와 같은 빈도변수를 지정하는 명령문은 프로시저에 따라서 약간씩 다른데, 예를 들어 MEANS, SUMMARY, UNIVARIATE 프로시저에서는 FREQ 명령문을 사용하여 빈도변수를 지정해 주어야 한다. 이들 프로시저에서 사용할 수 있는 WEIGHT 명령문은 통계량을 계산할 때 각 개체에 부여되는 가중치(weight)를 지정하는 것이므로 FREQ 프로시저의 경우와는 전혀 다른 의미를 가진다.

2.7 연습문제

2-1. 앞의 <예 2.1>의 자료에 대해 성별로 변수 age(나이)와 super(콜레스테롤 과포화율)의 기술통계량, 줄기-잎 그림, 상자그림 등을 출력하고 이 결과를 자세히 살펴보아라.

2-2. 다음은 유럽 25개 나라에서 하루에 쇠고기로부터 단백질을 섭취하는 양을 조사한 자료이다(단위: 그램).

```
10.1   8.9  13.5   7.8   9.7  10.6   8.4   9.5  18.0  10.2
 5.3  13.9   9.0   9.5   9.4   6.9   6.2   6.2   7.1   9.9
13.1  17.4   9.3  11.4   4.4
```

(가) 이 자료에 대한 기술통계량들을 출력하여 살펴보아라.

(나) 줄기-잎 그림 및 상자그림을 그려보아라.

2-3. 다음은 조선시대 27명의 왕들에 대한 수명을 조사하여 얻은 것으로, 관찰값들을 임진왜란을 기준으로 2개의 그룹(war='Before', war='After')으로 나누었고 연령대를 나타내는 변수 agegroup을 새로 생성하였다.

```
DATA exam.king;
    INPUT name $ age @@;
    IF _N_<=14 THEN war='Before'; ELSE war='After';
    ageqroup=INT(age/10)*10;
CARDS;
태조    73    정종    62    태종    45    세종    53    문종    38
단종    16    세조    51    예종    28    성종    37    연산군  30
중종    56    인종    30    명종    33    선조    56    광해군  66
인조    54    효종    40    현종    33    숙종    59    경종    36
```

```
영조   82    정조   48    순조   44    헌종   22    철종   32
고종   67    순종   52
;
RUN;
```

(가) 임진왜란 전과 후 각각에 대하여 변수 age(나이)의 기술통계량, 줄기-잎 그림, 상자그림 등을 출력하여 비교해 보아라.

(나) MEANS 프로시저를 이용하여 변수 age(나이)의 최대값, 최소값, 중위수, 평균, 표준편차 등을 새로운 데이터세트에 저장하여 보아라. 이 때 변수 war를 CLASS 변수로 지정하여라.

(다) FREQ 프로시저를 이용하여 변수 war와 agegroup의 일차원 빈도표를 각각 작성하고 war*agegroup의 이차원 빈도표를 작성하여 보아라.

2-4. 다음은 14종류의 자동차에 대해서 차의 크기(car size), 제조회사(manufacturer), 모델명(model), 주행거리(mileage), 신뢰성(reliability), 주행거리와 신뢰성에 기초한 차의 지수(index)를 조사하여 얻은 것이다.

SIZE	MANUFACT	MODEL	MILEAGE	RELIABLE	INDEX
Small	Chevrolet	Geo Prizm	33	5	4
Small	Honda	Civic	29	5	4
Small	Toyota	Corolla	30	5	4
Small	Ford	Escort	27	3	3
Small	Dodge	Colt	34	.	.
Compact	Ford	Tempo	24	1	3
Compact	Chrysler	Le Baron	23	3	3
Compact	Buick	Skylark	21	3	3
Compact	Plymouth	Acclaim	24	3	3
Compact	Chevrolet	Corsica	25	2	3
Compact	Pontiac	Sunbird	24	1	3
Mid-Sized	Toyota	Camry	24	5	4
Mid-Sized	Honda	Accord	26	5	4
Mid-Sized	Ford	Taurus	20	3	3

(가) MEANS 프로시저를 사용하여 mileage와 reliable 변수에 대한 평균, 표준편차를 소수점 이하 세 자리까지 출력하고 그 결과를 SAS 데이터세트로 저장하여 보아라.

(나) FREQ 프로시저를 이용하여 변수 size와 index의 각 수준별 일차원 및 이차원 빈도표를 출력하여 보아라.

'고객 만족도 조사' 질문지

```
안녕하십니까? 저는 ◎◎◎라는 여론조사회사 면접원 ◎◎◎입니다.
저희는 ◎◎사의 의뢰를 받아 소비자들을 대상으로 ◇◇에 대한 만족도를
조사하고 있습니다. 바쁘시더라도 잠시만 시간을 내주시면 고맙겠습니다.

Q1. ○○님께서는 ◇◇를 사용하고 계십니까? (아니오와 무응답은 면접종료)

Q2. ○○님께서는 ◇◇를 사용하신지 얼마나 되었습니까? ( 년)

Q3. 이제부터는 ◇◇에 대해서 몇가지 여쭙겠습니다.
+------+------------------------------------------------------+--+--+--+
|가  격|1) ◇◇은 가격이 적당하다고 생각하십니까?              |③|②|①|
+------+------------------------------------------------------+--+--+--+
|품  질|2) ◇◇은 품질이 좋다고 생각하십니까?                  |③|②|①|
+------+------------------------------------------------------+--+--+--+
|디자인|3) ◇◇의 디자인이 마음에 드십니까?                    |③|②|①|
+------+------------------------------------------------------+--+--+--+
|기  업|4) ◎◎사가 소비자를 중요하게 여긴다고 생각하십니까?   |③|②|①|
|      +------------------------------------------------------+--+--+--+
|이미지|5) ◎◎사가 신뢰할 만한 기업이라고 생각하십니까?       |③|②|①|
+------+------------------------------------------------------+--+--+--+
예(③), 보통(②), 아니오(①), 모름/무응답(.)

Q4. 마지막으로 몇가지만 더 여쭙겠습니다.

1). 성별 : 1) 남자      2) 여자
2). 실례지만 올해 연세는 만으로 몇 세 이십니까?
    1) 20대  2) 30대  3) 40대  4) 50대  5) 60대 이상
3). ○○님의 직업은 무엇입니까?
    1) 자영업          2) 판매/서비스직   3) 기능/숙련공
    4) 일반작업직      5) 사무/기술직     6) 경영/관리직
    7) 전문/자유직     8) 주부            9) 학생
    10) 농/수/축산업  11) 무직           12) 기타(          )
4). ○○님 댁의 월 평균 소득은 대략 얼마 정도 입니까?
    1) 100만원 이하  2) 150~200만원  3) 200~250만원
    4) 250~300만원   5) 300만원 이상
```

2-5. 위의 질문지는 어떤 제품에 대한 '고객 만족도 조사'를 위해 작성된 것이다(실제 조사를 통해 수집된 데이터는 "survey.xls"이라는 Excel 파일로 저장되어 있으므로 SAS 데이터세트로 변환하는 작업이 필요하다).

(가) 사용여부(Q1)에 대해 빈도표를 작성해 보아라.

(나) 사용년수(Q2)에 대해 도수분포표 및 히스토그램을 작성해 보아라.

(다) 성, 연령대, 직업, 월소득별 1차원 빈도표를 작성해 보아라.

(라) 성, 연령대, 직업, 월소득별 분포를 보여주는 원형도표(파이도표)를 각각 그려 보아라.

(마) 성, 연령대, 직업, 월소득별로 만족도 문항들(Q3_1~Q3_5)의 평균을 요약하여 보아라.

2-6. 다음은 무작위로 추출한 30명에 대해 각 사람의 혈액에 포함되어 있는 콜레스테롤 농도이다.

239	161	210	179	212	195	301	357	233	256
234	195	199	284	245	174	310	286	176	212
297	249	282	233	205	286	269	305	247	292

(가) 도수분포표 및 히스토그램을 작성해 보아라.
(나) 평균, 중위수, 분산, 표준편차 등 기술통계량들을 구해 보아라.

2-7. 다음 자료는 담배를 피우기 전과 피운 후의 분당 맥박 수를 측정한 것이다.

담배를 피우기 전	72 70 68 67 73 71 72 70 69 70 68 72 69 66 73 71 70 72 70 69 72 73
담배를 피운 후	74 72 69 68 72 72 72 71 67 73 69 71 68 74 73 70 74 68 71 74 74 69

(가) 담배를 피우기 전과 피운 후 각각에 대해 도수분포표 및 히스토그램을 작성하고 평균, 중위수, 표준편차 등 기술통계량을 구해 보아라.
(나) (가)에서 얻은 결과로부터 담배를 피우기 전과 피운 후의 분당 맥박수가 어떤지를 비교하여라.

2-8. 다음은 1984년도 8월의 우리나라 기온(℃)이다.

날짜	1	2	3	4	5	6	7	8	9	10
기온	24	27	28	32	30	35	26	29	31	30
날짜	11	12	13	14	15	16	17	18	19	20
기온	35	37	34	33	34	29	35	32	34	34
날짜	21	22	23	24	25	26	27	28	29	30
기온	29	30	29	36	35	33	37	29	40	32

(가) 기온에 대해 도수분포표 및 히스토그램을 작성해 보아라.

(나) 날짜별 선그래프를 작성해 보아라.

(다) 평균, 중위수, 분산, 표준편차 등 기술통계량들을 구해 보아라.

2-9. 다음 자료는 네 개의 지역에서 공기 중 일산화탄소량을 측정한 것이다.

지역	측정결과										
A	95	96	92	102	103	93	101	92	95	90	
B	184	202	215	204	195	201	169	182	192		
C	215	214	197	216	215	208	228	208	216	214	227
D	155	142	146	149	146	152	159				

(가) 네 개의 지역에 대해서 각각 도수분포표 및 히스토그램을 작성하고 평균, 중위수, 표준편차 등 기술통계량을 구해 보아라.

(나) (가)에서 얻은 결과로부터 지역별 일산화탄소량이 어떤지를 비교하여라.

제 3 장
확률변수와 분포함수

표본의 함수인 통계량은 통계적 추정과 검정을 위한 기본적 요소이며, 표본정보에 근거한 통계적 의사결정을 수행하기 위해서는 통계량의 확률적 상황을 묘사하는 통계적 확률분포를 반드시 알아야 한다. 이 장에서는 확률분포의 기본개념과 자주 사용되는 몇 가지 확률분포를 소개하고 SAS 함수를 이용하여 확률분포에 관련된 값들을 계산하는 방법에 대해서 설명할 것이다.

3.1 확률변수와 확률분포

통계적 실험이나 조사에서 모든 가능한 실현결과들의 집합을 **표본공간**(標本空間, sample space)이라 한다. 동전을 세 번 반복해서 던지는 실험을 예로 들어보자. 동전의 앞면이 나오면 H, 뒷면이 나오면 T라 표현할 때 실험에서 나올 수 있는 모든 결과로 구성되는 표본공간 S는 다음과 같이 주어진다.

$$S = \{\text{HHH, HHT, HTH, HTT, THH, THT, TTH, TTT}\}$$

이제 동전을 세 번 던졌을 때 나오는 앞면의 수를 X라고 하자. 이 때, X는 0, 1, 2, 3의 값을 취하고 각각의 값을 가질 확률 $P(X = x)$는 <표 3.1>과 같다.

즉, 표본공간의 부분집합 {TTT}는 X의 값 0에 대응되고 X가 0일 확률은 $P(X = 0) = 1/8$이 된다. 마찬가지로 표본공간의 부분집합 {HTT, THT, TTH}는 X의 값 1에 대응되고 X가 1일 확률은 $P(X = 1) = 3/8$이다.

이와 같이 표본공간 S에서 정의된 실수값 함수 X를 **확률변수**(確率變數, random variable)라고 한다. 또한, 확률변수 X와 확률을 대응시켜 주는 관계를 확률변수 X의 **확률분포**(確率分布, probability distribution)라고 한다.

<표 3.1> 앞면의 수에 대한 확률

표본공간	확률분포표	
S	X	$P(X = x)$
{TTT}	0	1/8
{HTT, THT, TTH}	1	3/8
{HHT, HTH, THH}	2	3/8
{HHH}	3	1/8

확률분포는 <표 3.1>에서와 같이 표의 형태로 나타낼 수도 있지만 수학적 함수관계인 확률분포함수로 표현할 수도 있다. 즉, 확률변수 X가 임의의 값 x를 가질 때의 확률을 수학적 함수 $P(X = x)$로 나타낼 수 있다. 예를 들어, 앞에서 다루었던 동전을 세 번 반복해서 던지는 실험을 생각해 보자. 이 때 동전의 앞면이 나타날 회수를 확률변수 X로 정의하면 이에 대한 확률분포는 다음과 같은 수식으로 표현할 수 있다.

$$P(X = x) = \frac{3!}{x!(3-x)!}(1/2)^3, \quad x = 0, 1, 2, 3. \ (\text{단, } 0! = 1)$$

이와 같은 확률분포는 확률변수가 이산형인지 연속형인지에 따라 이산형 확률분포와 연속형 확률분포로 구분된다.

확률변수 X가 취할 수 있는 가능한 값들이 이산(離散)적인 값 $x_1, x_2, \cdots$ 중 하나일 때, X를 **이산확률변수**(discrete random variable)라고 한다. 예를 들어, '동전을 두 번 던져서 나오는 앞면의 수'나 '주사위를 한 번 던져서 나오는 눈의 값' 등은 이산확률변수이다.

이산확률변수가 가질 수 있는 각각의 값에 대하여 확률 $P(X = x_1) = f(x_1)$, $P(X = x_2) = f(x_2), \cdots$를 대응시켜 주는 함수 $f(x)$를 **확률질량함수**(確率質量函數, probability mass function)라고 하며, 다음과 같은 성질을 가진다.

이산형 확률분포: 확률질량함수의 성질

(a) $P(X = x_i) = f(x_i) \geq 0$,

(b) $\sum_i f(x_i) = 1$,

(c) $P(a < X \leq b) = \sum_{a < x_i \leq b} f(x_i)$.

키, 몸무게, 서비스 대기시간 등을 나타내는 확률변수 X는 적절한 구간 내의 연속(連續)적인 모든 값을 가질 수 있으며 이런 확률변수를 **연속확률변수**(continuous random variable)라고 한다.

연속확률변수에 대한 확률은 **확률밀도함수**(確率密度函數, probability density function)에 의해서 결정되는데, 확률밀도함수 $f(x)$는 연속확률변수에 관하여 X축에는 확률변수의 값을 그리고 Y축에는 확률변수의 값이 일정구간에 포함될 확률을 나타내는 곡선으로 표현된다. 확률밀도함수는 다음과 같은 성질을 가진다.

연속형 확률분포: 확률밀도함수의 성질

(a) $f(x) \geq 0, \ -\infty < x < \infty$

(b) $P(X = x) = 0$

(c) $P(-\infty \leq x \leq \infty) = \int_{-\infty}^{\infty} f(x)dx = 1,$

(d) $P(a \leq X \leq b) = \int_a^b f(x)dx.$

3.2 기대값과 분산

다음과 같은 동전 던지기 게임을 생각해 보자. 동전을 두 번 던져서 앞면이 0번 나오면 5000원을 상대방에 주고, 앞면이 1번 나오면 1000원을 받고, 앞면이 2번 나오면 2000원을 받는다고 하자. 한 번의 게임에서 받는 금액을 확률변수 X라고 하면, X의 확률분표포는 <표 3.2>와 같다.

그러면 이러한 게임을 계속한다고 할 때 평균적으로 따져 한 번에 얼마만큼의 기대이득이 있을 것인가? 한 번의 게임으로부터 얻을 수 있는 금액에는 각각 확률이 부여되어 있으므로, 기대이득은 나음과 같이 계산할 수 있을 것이다.

$$\text{기대이득} = (-5000)\frac{1}{4} + (1000)\frac{2}{4} + (2000)\frac{1}{4} = -250\text{원}.$$

즉, 한 번의 게임에서는 5000원을 잃든가 1000원 또는 2000원을 벌든가 하겠지만, 이 게임을 계속하면 평균적으로 250원을 계속 잃는 셈이 된다는 것이다.

이와 같이 확률변수 X에 대해 확률을 가중치로 하여 계산된 가중평균을 기대값(expected value)이라고 하는데, 이산확률변수 X의 기대값은 다음과 같이 계산된다(단, 여기서 x_i는 확률변수 X의 한 실현값이다).

$$\mu = E(X) = \sum_i x_i P(X = x_i) = x_1 P(X = x_1) + x_2 P(X = x_2) + \cdots$$

<표 3.2> 금액 X에 대한 확률분포표

X	$P(X = x)$
−5000	1/4
1000	2/4
2000	1/4

일반적으로 확률변수 X의 기대값을 $\mu = E(X)$로 표기하며, 확률변수 X의 위치를 나타내는 모수로서 평균(mean)이라 부르기도 한다.

이제 게임에 걸린 금액을 세 배로 하여 한 번의 게임에서 받는 금액을 확률변수 $Y(= 3X)$라고 하자. 그러면 확률변수 Y의 확률분포표는 <표 3.3>과 같고, 따라서 Y의 기대값은 다음과 같이 계산된다.

$$E(Y) = (-15000)\frac{1}{4} + (3000)\frac{2}{4} + (6000)\frac{1}{4} = -750\text{원}.$$

일반적으로 이산확률변수 X에 대해 함수 $g(X)$의 기대값은 다음과 같이 계산된다.

$$E[g(X)] = \sum_i g(x_i)P(X = x_i) = g(x_1)P(X = x_1) + g(x_2)P(X = x_2) + \cdots$$

한편, 확률변수 X의 특별한 함수로써 $g(X) = (X - \mu)^2$를 고려할 때 이 함수의 기대값

$$\sigma^2 = E\left[(X - \mu)^2\right]$$

을 X의 **분산**(variance)이라고 하며 $Var(X)$로 표기하기도 한다. <표 3.2>의 확률변수 X에 대해서 분산을 계산하면 다음과 같다.

$$\begin{aligned} Var(X) &= [-5000 - (-250)]^2\frac{1}{4} + [1000 - (-250)]^2\frac{2}{4} + [2000 - (-250)]^2\frac{1}{4} \\ &= 7687500 \end{aligned}$$

이와 같은 분산은 확률변수 X의 분포가 평균 μ로부터 떨어진 정도를 나타내므로 산포도(measure of dispersion)의 측도로 흔히 사용된다.

확률변수의 기대값과 분산에 대한 공식은 이산확률변수와 연속확률변수에 따라 다른데, 먼저 이산확률변수의 기대값은 확률변수의 각 값들에 확률을 곱한 후 합한 것이다. 여기서 모평균 μ는 X에 대한 기대값이며, 모분산 σ^2은 $(X - \mu)^2$에 대한 기대값이다. 한편, 연속확률변수의 기대값과 분산은 이산확률변수의 기대값을 구할 때 사용한 $\sum$(합) 대신에 $\int$(적분)을 사용하여 계산된다.

<표 3.3> 금액 $Y(= 3X)$에 대한 확률분포표

Y	$P(Y = y)$
−15000	1/4
3000	2/4
6000	1/4

확률변수의 기대값과 분산

이산확률변수의 기대값과 분산 :

$\mu = E(X) = \sum_i x_i P(x_i)$

$\sigma^2 = E[(X-\mu)^2] = \sum_i (x_i - \mu)^2 P(x_i) = E(X^2) - \mu^2$

이산확률변수의 기대값과 분산 :

$\mu = E(X) = \int_{-\infty}^{\infty} x f(x) dx$

$\sigma^2 = E[(X-\mu)^2] = \int_{-\infty}^{\infty} (x-\mu)^2 f(x) dx = E(X^2) - \mu^2$

앞에서 설명한 기대값과 분산에 대한 몇 가지 성질을 살펴보도록 하자. 먼저 X와 Y를 확률변수 그리고 a와 b는 상수라고 할 때, 기대값과 분산에 대해 다음과 같은 관계가 성립한다.

기대값과 분산의 성질

기대값의 성질 :

(a) $E(a) = a$

(b) $E(aX) = aE(X)$

(c) $E(aX \pm bY) = aE(X) \pm bE(Y)$

(d) $E(XY) = E(X)E(Y)$ (단, X와 Y가 확률적으로 독립인 경우)

분산의 성질 :

(a) $Var(a) = 0$

(b) $Var(X) \geq 0$

(c) $Var(X \pm b) = Var(X)$, $Var(aX) = a^2 Var(X)$

(d) $Var(aX \pm b) = a^2 Var(X)$

3.3 이산형 확률분포

앞에서 설명한 바와 같이 확률변수 X가 취할 수 있는 가능한 값들이 이산적인 값 x_1, $x_2, \cdots$ 중 하나일 때 X를 이산확률변수(discrete random variable)라고 하는데, 이 절에서는 몇 가지 중요한 이산형 확률분포에 대해서 살펴보도록 하자.

3.3.1 이항분포 (Binomial Distribution)

동전을 던져서 앞면이 나오면 '성공'이라 하고 뒷면이 나오면 '실패'라고 하자. 이와 같이

(1) 매 번의 시행에서 오직 두 가지의 상호배반인 결과 중 어느 하나만 나타나고(편의상 그 결과를 '성공'과 '실패'로 구분한다),
(2) '성공'의 확률을 p라고 하면 이 값은 어느 시행에서나 변하지 않으며(이 때 '실패'의 확률은 $q = 1 - p$ 이다),
(3) 어느 한 시행결과가 다른 시행결과에 영향을 미치지 않는(즉, 매 시행은 서로 독립적인)

시행을 **베르눌리 시행**(Bernoulli trial)이라고 한다.

이 때 **이항분포**는 n번의 베르눌리 시행에서 성공이 나타나는 회수에 대한 분포로써, 확률변수 X는 $\{0, 1, \cdots, n\}$의 이산적인 값을 가진다. 이항분포의 확률질량함수는 다음과 같이 정의되는데, 확률변수 X가 이러한 분포를 갖는다는 것을 $X \sim B(n, p)$로 나타낸다.

이항분포 (Binomial Distribution)

확률질량함수 : $B(n, p)$

$$P(X = x) = f(x) = \binom{n}{x} p^x (1-p)^{n-x}, \quad x = 0, 1, \cdots, n.$$

단, $\binom{n}{x} = {}_nC_x = \dfrac{n!}{x!(n-x)!}, \quad n! = n \times (n-1) \times \cdots \times 2 \times 1, \quad 0! = 1.$

평균과 분산 :

$$\mu = E(X) = np,$$

$$\sigma^2 = Var(X) = np(1-p).$$

이항분포에서 확률분포가 어떻게 나타나는지를 설명하기 위해 동전을 4번 던지는 경우를 생각해 보자. 동전을 4번 던져서 앞면이 나타나는 수를 확률변수 X라 하면, X는 시행회수 4번과 성공의 확률 1/2를 갖는 이항분포 $B(4, 1/2)$를 따르며 확률질량함수는 다음과 같다.

$$P(X = x) = \binom{4}{x} (1/2)^x (1/2)^{4-x}, \quad x = 0, 1, \cdots, 4.$$

따라서 앞면이 나타나는 수의 확률분포는 이 확률질량함수를 통하여 다음과 같

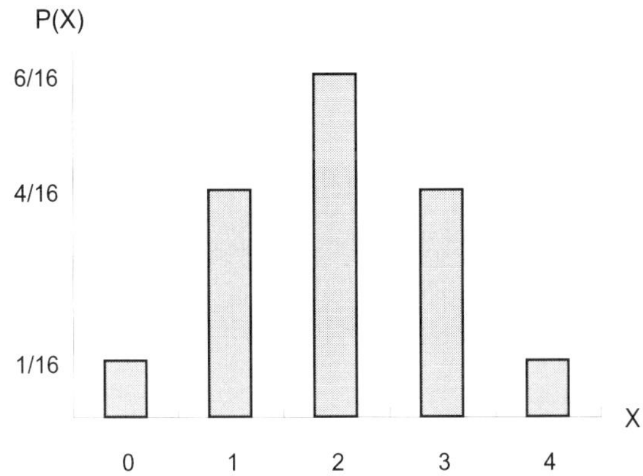

<그림 3.1> 이항분포 $B(4, 1/2)$에 대한 확률분포도

이 구할 수 있다.

$$P(X=0) = \binom{4}{0}(1/2)^0(1/2)^4 = \frac{4!}{0!4!}(1/2)^0(1/2)^4 = 1/16$$

$$P(X=1) = \binom{4}{1}(1/2)^1(1/2)^3 = \frac{4!}{1!3!}(1/2)^1(1/2)^3 = 4/16$$

$$P(X=2) = \binom{4}{2}(1/2)^2(1/2)^2 = \frac{4!}{2!2!}(1/2)^2(1/2)^2 = 6/16$$

$$P(X=3) = \binom{4}{3}(1/2)^3(1/2)^1 = \frac{4!}{3!1!}(1/2)^3(1/2)^1 = 4/16$$

$$P(X=4) = \binom{4}{4}(1/2)^4(1/2)^0 = \frac{4!}{4!0!}(1/2)^4(1/2)^0 = 1/16$$

이러한 이항분포를 확률분포도로 나타내면 <그림 3.1>과 같으며, 확률변수 X의 평균(μ)과 분산(σ^2)은 각각 $\mu = np = 4 \times (1/2) = 2$와 $\sigma^2 = np(1-p) = 4 \times (1/2) \times (1/2) = 1$이다.

3.3.2 초기하분포 (Hyper Geometric Distribution)

주머니 속에 흰공 7개와 검은공 3개가 들어 있다고 하자. 주머니 속에서 임의로 한 개의 공을 랜덤추출하였을 때, 흰공이 나올 확률은 7/10이다. 추출된 공을 주머니 속에 넣고 다시 한 개의 공을 추출하였을 때 흰공이 나올 확률은 역시 7/10이 된다. 이와 같은 추출방식을 **복원추출법**(復元抽出法, sampling with replacement)이라고 하며, 이러한 복원추출에서는 베르눌리 시행이 되기 위한 조건들을 만족한다. 그러나 추출된 공을 주머니 속에 다시 넣지 않고 나머지 공에서 두 번째 공을 추출하는 방식을 생각해 볼 수 있는데, 이러한 방식을 **비복원추출법**(非復元抽出法, sampling without replacement)이라고 한다. 비복원추출법에서는 베르눌리 시행에서의 조건이 만족되지 않음을 알 수 있다.

N개로 구성된 모집단에서 A개가 '성공'(흰공)이고 나머지 $N-A$개가 '실패'(검은공)라고 하자. N개 중에서 n개를 비복원추출하였을 때 그 중 '성공'일 경우의 수를 확률변수 X라 하자. 이와 같은 X에 대한 확률질량함수는 다음과 같다(여기서 $m = Min(n, A)$이다).

초기하분포 (Hyper Geometric Distribution)

확률질량함수 : $HG(N, A, n)$

$$P(X = x) = f(x) = \frac{\binom{A}{x}\binom{N-A}{n-x}}{\binom{N}{n}}, \quad x = 0, 1, \cdots, m.$$

평균과 분산 :

$$\mu = E(X) = np,$$
$$\sigma^2 = Var(X) = np(1-p)\left(\frac{N-n}{N-1}\right).$$

이와 같은 질량함수를 가지는 확률분포를 **초기하분포** $HG(N, A, n)$라고 하며, 만약 N이 크고 이에 비하여 n이 작을 경우 초기하분포를 따르는 확률변수 X는 n과 $p = A/N$을 모수로 하는 이항분포에 근사적으로 따르게 된다.

3.3.3 포아송분포 (Poisson Distribution)

'하루 동안 경부고속도로 상에서 일어나는 교통사고 건수(차량통과대수 n은 매우 크고 사고확률은 매우 작은 경우)', '일정시간 안에 걸려오는 전화의 수', '생산된 1000개 부품당 불량품의 개수', '일주일 동안에 어느 보험회사에서 접수되는 사망보험금 청구건수' 등과 같이 단위 시간당 또는 단위 면적당 나타나는 희귀사건(rare event)의 건수를 설명하는데 자주 사용되는 확률분포로서 **포아송분포**라고 하는 것이 있다.

포아송분포는 '성공'이 일어나는 확률이 아주 작은 이항분포로부터 유도되며(즉, 이항분포 $B(n, p)$에서 시행회수 n이 매우 크고 성공의 확률 p가 0에 가까운 경우), 이러한 확률변수 X에 대한 확률질량함수는 다음과 같다. 여기서 μ는

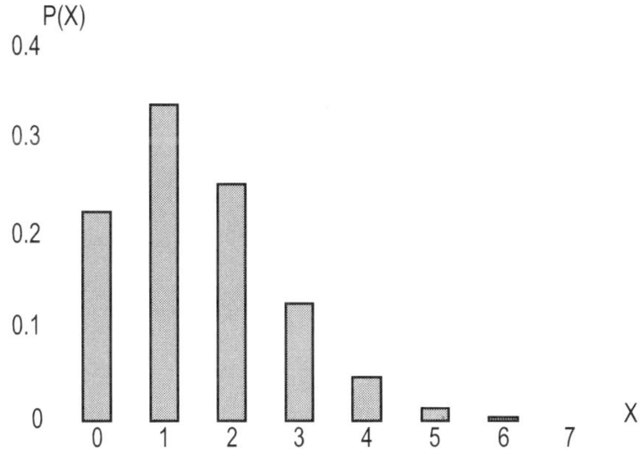

<그림 3.2> 포아송분포 $P(1.5)$에 대한 확률분포도

단위당 일어나는 평균건수이고 e는 자연대수의 밑으로서 $2.71828\cdots$의 값을 가지는 무리수이다.

포아송분포

확률질량함수 : $P(\mu)$

$$P(X=x)=f(x)=\frac{e^{-\mu}\mu^x}{x!},\quad x=0,1,2,\cdots$$

평균과 분산 :

$$\mu=E(X)=\mu,$$

$$\sigma^2=Var(X)=\mu.\ (\text{단},\ \mu>0)$$

포아송분포가 어떻게 이용될 수 있는지를 알기 위해 다음과 같은 예를 들어보도록 하자. 어떤 생명보험회사에는 15만명의 보험가입자가 있으며, 과거의 자료에 의하면 보험가입자가 어떤 사고를 당하여 일 주일 동안에 보험금을 지급 받을 확률이 0.001%라고 한다(일 주일에 평균 $\mu=1.5$명이 보험을 지급받는다). 즉, 시행회수 $n=150,000$으로 매우 크고 성공의 확률 $p=0.00001$로 매우 드문 현상을 나타낸다. 이 경우 가입자의 수는 시행회수이고 사고로 인하여 보험금을 지급 받을 확률은 성공의 확률로 생각할 수 있다. 이 때 X를 사고로 보험금을 지급할 건수라고 하면 확률질량함수는 다음과 같다.

$$P(X = 0) = \frac{1.5^0 e^{-1.5}}{0!} = 0.2231$$
$$P(X = 1) = \frac{1.5^1 e^{-1.5}}{1!} = 0.3347$$
$$P(X = 2) = \frac{1.5^2 e^{-1.5}}{2!} = 0.2510$$
$$P(X = 3) = \frac{1.5^3 e^{-1.5}}{3!} = 0.1255$$
$$\cdots$$

여기서 평균 $\mu = np = 1.5$이고 분산 또한 $\sigma^2 = \mu = 1.5$이다. 이러한 포아송분포를 그래프로 나타내면 <그림 3.2>와 같다.

3.4 연속형 확률분포

앞에서 설명한 바와 같이 확률변수 X가 적절한 구간 내의 연속적인 모든 값을 가질 수 있을 때 X를 연속확률변수(continuous random variable)라고 하며, 연속형 확률분포에는 정규분포, 지수분포, 와이블분포, 베타분포, 감마분포 등이 있다. 이러한 연속형 확률분포 중에서 가장 중요하고 자주 이용되는 분포는 정규분포라고 할 수 있는데, 이 절에서는 정규분포의 중요한 성질들에 대해서 살펴보도록 하자.

3.4.1 정규분포 (Normal Distribution)

확률변수 X가 평균이 μ이고 표준편차가 σ이며 다음과 같은 확률밀도함수를 가지는 경우, X는 **정규분포** $N(\mu, \sigma^2)$을 따른다고 한다. 여기서 π는 원주율 $3.1415\cdots$이고, $\exp(y) = e^y$이다(e는 자연대수의 밑으로서 $2.71828\cdots$의 값을 가지는 무리수이다).

정규분포 확률밀도함수 : $N(\mu, \sigma^2)$

$$f(x) = \frac{1}{\sqrt{2\pi}\sigma} \exp\left[-\frac{(x-\mu)^2}{2\sigma^2}\right], \quad -\infty < x < \infty.$$

이러한 정규분포곡선은 1730년대 드 므아브르(De Moivre)에 의해서 발견되었으나, 1820년경 가우스(Gauss)의 오차이론에서 유도되었다는 점에서 가우스 곡

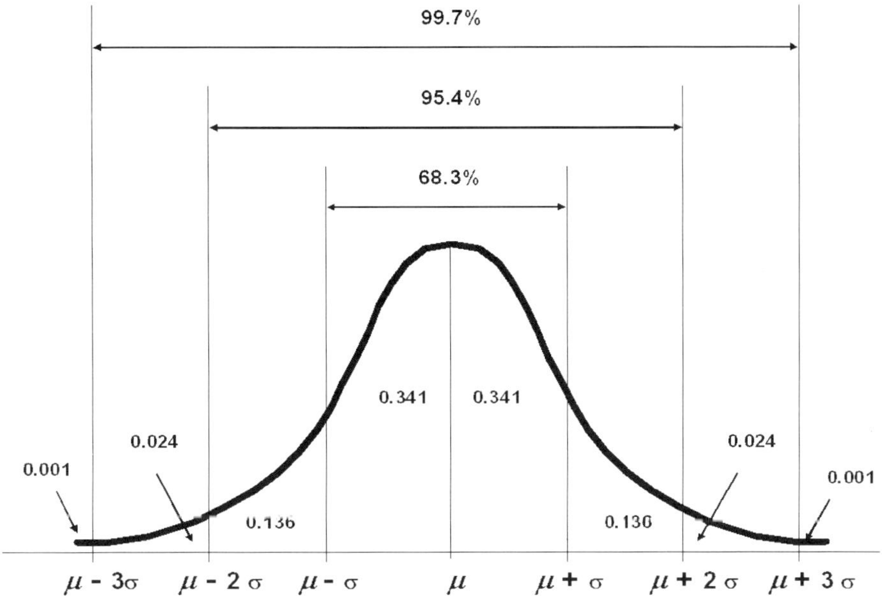

<그림 3.3> 정규분포곡선의 확률적 특성

선(Gaussian curve)이라고도 한다. 정규분포가 통계학에서 중요시되고 있는 이유로 다음과 같은 몇 가지를 들 수 있다.

① 자연현상이나 사회현상에서의 측정값들의 분포는 정규분포와 유사한 형태를 가지는 것들이 많다. 예를 들어, 사람들의 키, 나무열매의 길이, 제품의 크기 등은 근사적으로 정규분포의 형태를 따른다.

② 정규분포를 따르지 않는 측정값들에 대해서도 제곱근이나 로그변환 등의 변환방법을 통해 정규분포에 근사하도록 유도할 수가 있다.

③ 정규분포는 수리적으로 다루기가 쉬우며, 정규분포의 가정 하에서 유도되는 수리통계학적 결과는 그 확률변수가 정규분포를 따르지 않는 경우에 대해서도 유용하게 활용된다. 즉, 정규분포에서 얻은 이론적 결과는 이산확률변수나 정규분포를 따르지 않는 변수에 대해서도 대체적으로 잘 적용되는 경우가 많다.

④ 정규분포를 따르지 않는 측정값들에 대해서도 표본의 크기가 큰 경우 표본평균은 근사적으로 정규분포를 따른다는 것이다(이 점에 대해서는 다음 절에서 다시 다룰 것이다).

정규확률밀도함수를 그림으로 나타내면 <그림 3.3>에서와 같이 $(-\infty, \infty)$를 구간으로 하여 평균 μ를 중심으로 좌우대칭의 종 모양을 취함을 알 수 있다. 또

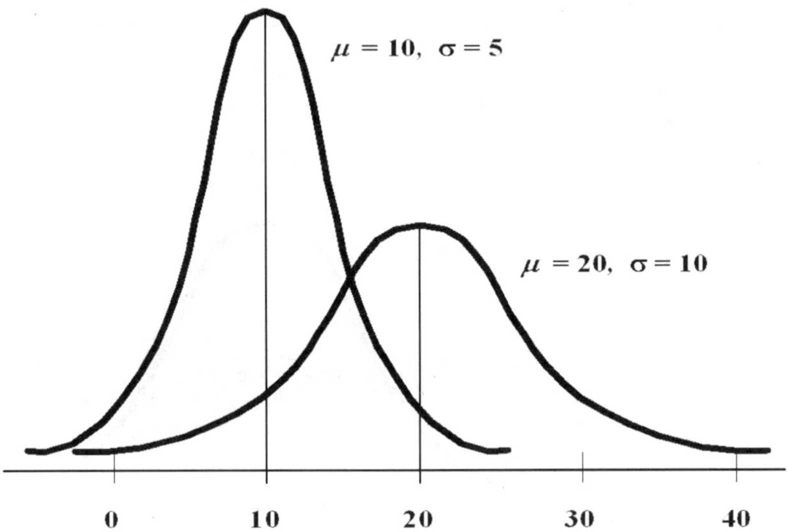

<그림 3.4> μ와 σ의 변화에 따른 정규분포의 형태

한 정규분포의 확률은 평균 μ와 표준편차 σ사이에 일정한 관계를 갖는다.

즉, <그림 3.3>에서와 같이 μ로부터 $\pm\sigma$의 구간은 0.683, μ로부터 $\pm 2\sigma$의 구간은 0.954, 그리고 μ로부터 $\pm 3\sigma$의 구간은 0.997의 확률을 갖는다. 이러한 정규분포의 확률적 특성을 식으로 요약하면 다음과 같다.

$$\begin{aligned} P(\mu - \sigma \le X \le \mu + \sigma) &= 0.683 \\ P(\mu - 2\sigma \le X \le \mu + 2\sigma) &= 0.954 \\ P(\mu - 3\sigma \le X \le \mu + 3\sigma) &= 0.997 \end{aligned}$$

한편 <그림 3.4>는 평균과 표준편차가 다른 경우에 대한 정규분포의 형태를 보여준다. 여기서 μ(평균)에 따라 중심의 위치가 바뀌는 것을 볼 수 있으며, σ(표준편차)에 따라 곡선의 형태가 변하는 것을 볼 수 있다(즉, σ가 크면 곡선의 높이가 낮아지고 그 대신 μ를 중심으로 하여 대칭적으로 널리 퍼지게 된다는 것을 알 수 있다). 이러한 의미에서 μ를 **위치모수**(location parameter)라 하고, σ를 **척도모수**(scale parameter)라고 한다.

정규분포를 따르는 확률변수들의 합은 정규분포를 따른다. 뿐만 아니라 확률변수 X가 정규분포 $N(\mu, \sigma^2)$을 따를 때, 확률변수 X에 상수 b를 더하거나 뺀 확률변수 $X \pm b$는 정규분포 $N(\mu \pm b, \sigma^2)$을 따르고, 확률변수 X에 상수 a를 곱한 확률변수 aX는 정규분포 $N(a\mu, a^2\sigma^2)$을 따른다. 이러한 정규분포의 성질을 다음과 같이 정리할 수 있다.

정규분포의 성질

- $X \sim N(\mu, \sigma^2)$일 때 상수 a와 b에 대하여

$$aX + b \sim N(a\mu + b, a^2\sigma^2)$$

- $X_1 \sim N(\mu_1, \sigma_1^2)$, $X_2 \sim N(\mu_2, \sigma_2^2)$이고, X_1과 X_2가 서로 독립일 때

$$X_1 + X_2 \sim N(\mu_1 + \mu_2, \sigma_1^2 + \sigma_2^2)$$

3.4.2 표준정규분포 (Standard Normal Distribution)

평균이 0이고 표준편차가 1인 정규분포를 **표준정규분포**라고 하는데, 정규분포 $N(\mu, \sigma^2)$을 따르는 확률변수 X는 다음과 같은 정규화(표준화)변환

$$Z = \frac{X - \mu}{\sigma}$$

을 통해 표준정규분포로 변환할 수 있다. 표준정규분포에 따르는 확률변수 Z의 확률밀도함수는 다음과 같다.

$$f(z) = \frac{1}{\sqrt{2\pi}} e^{-z^2/2}, \quad -\infty < z < \infty$$

정규분포는 평균과 분산의 값에 따라 위치와 분포의 모양이 다르기 때문에 확률변수 X가 특정한 범위에 있을 확률을 계산하는 것이 매우 불편하다. 따라서 모든 정규확률변수인 X를 Z으로 표준화하면 표준정규분포를 이용하여 확률을 계산하는 것이 편리해지기 때문에 표준정규분포를 자주 사용하게 된다.

예를 들어 초등학교 학생의 몸무게를 X라는 확률변수로 나타내어 정규분포 $N(42, 25)$를 따른다고 하자. 즉 X는 평균 $\mu = 42$와 분산 $\sigma^2 = 25$인 정규분포를 따른다. 이러한 분포로부터 어느 한 학생을 무작위로 뽑았을 때, 학생의 몸무게가 40kg에서 54kg사이에 있을 확률을 구하고자 하는 경우

$$\begin{aligned} P(40 \le X \le 54) &= P\left(\frac{40 - \mu}{\sigma} < \frac{X - \mu}{\sigma} < \frac{54 - \mu}{\sigma}\right) \\ &= P\left(\frac{40 - 42}{5} < Z < \frac{54 - 42}{5}\right) \\ &= P(-0.4 < Z < 2.4) \end{aligned}$$

와 같으므로, 이는 표준정규분포에서 -0.4와 2.4사이의 확률이 된다.

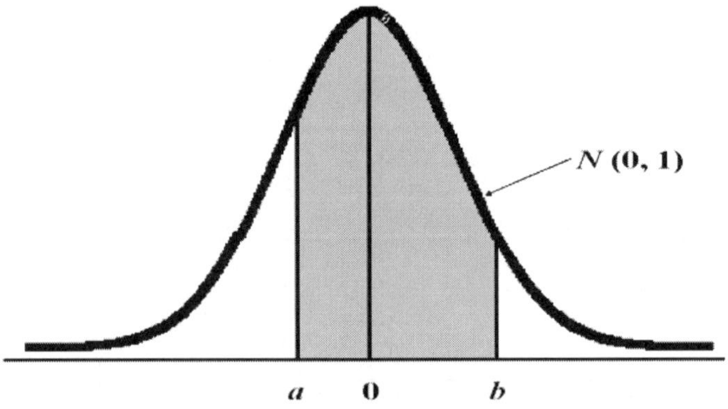

<그림 3.5> 표준정규분포에서 $P(a < Z < b)$의 확률

또한 정규분포의 대칭성(즉, $P(-z < Z < 0) = P(0 < Z < z)$)을 이용하면

$$\begin{aligned} P(-0.4 < Z < 2.4) &= P(-0.4 < Z < 0) + P(0 < Z < 2.4) \\ &= P(0 < Z < 0.4) + P(0 < Z < 2.4) \end{aligned}$$

가 성립함을 보일 수 있다. 이제 부록의 부표 3에서 $P(0 < Z < 0.4) = 0.1554$와 $P(0 < Z < 2.4) = 0.4918$임을 알 수 있으므로, 구하고자 하는 확률 값을

$$P(0 < Z < 0.4) + P(0 < Z < 2.4) = 0.1554 + 0.4918 = 0.6472$$

와 같이 계산할 수 있다.

3.5 표본분포

통계분석의 중요한 목적 중 하나는 모집단에서 추출된 표본으로부터 관심 있는 모집단의 특성을 추측해 내는 일이다. 이러한 모집단의 특성은 평균과 표준편차 등과 같이 수치로 표현되는데, 이를 모수(parameter)라고 한다는 것을 2장에서 설명한 바 있다. 일반적으로 모수는 미지의 상수이며, 이 값은 모집단을 전부 조사하는 전수조사를 통해서만 알 수 있다. 그러나 모집단을 전부 조사한다는 것은 경제적 또는 시간적 제약 때문에 매우 어렵거나 때로는 불가능하다. 따라서 모집단의 일부인 표본을 조사함으로써 모수(모평균, 모분산, 모비율 등)에 대응되는 통계량(표본평균, 표본분산, 표본비율 등)을 이용하여 추론을 하게 된다. 이 절에서는 통계학에서 널리 이용되는 표본평균의 분포 및 중심극한정리를 설명하고, 중요한 몇 가지 표본분포를 소개하고자 한다.

3.5.1 표본평균의 분포

평균(기대값)이 μ이고 표준편차가 σ인 모집단으로부터, 크기 n인 확률표본 x_1, x_2, $\cdots, x_n$을 추출하여 표본평균 $\bar{x}$와 표본분산 s^2을 계산하였다고 하자.

$$\bar{x} = \frac{1}{n}\sum_{i=1}^{n} x_i$$

$$s^2 = \frac{1}{n-1}\sum_{i=1}^{n}(x_i - \bar{x})^2$$

이 때, 모집단의 분포가 어떤가에 관계없이 항상 다음 관계가 성립한다.

$$E(\bar{x}) = \mu, \quad E(s^2) = \sigma^2,$$

$$Var(\bar{x}) = \sigma^2/n.$$

즉, 표본평균 x는 모평균 μ의 불편추정치(unbiased estimate)이고 표본분산 s^2은 모분산 σ^2의 불편추정치이다. 또한 표본평균의 표준편차는 $SE = \sigma/\sqrt{n}$이 된다는 것을 알 수 있는데, 이를 표본평균의 **표준오차**(standard error for mean)라고 하며 표본평균이 모평균으로부터 얼마나 떨어져 있는가를 나타내 주는 척도라고 할 수 있다.

결론적으로 표본평균 $\bar{x}$의 평균은 모집단의 평균과 같으며 표본크기 n이 클수록 그 분산이 0에 가까워져, 결국 표본의 크기가 클 때 $\bar{x}$는 모집단의 평균인 μ 근처에 밀집되어 분포한다는 사실을 알 수 있는 것이다.

더 나아가 모집단의 분포가 정규분포이면 $\bar{x}$는 정규분포 $N(\mu, \sigma^2/n)$을 따르고, 따라서 $\bar{x}$에 대해 다음과 같이 정규화변환을 취하면

$$z = \frac{\bar{x} - \mu}{\sigma/\sqrt{n}}$$

z는 평균이 0이고 표준편차가 1인 표준정규분포 $N(0, 1)$을 따른다.

만약, 모집단의 분포가 정규분포가 아니라면 어떻게 될까? 이 경우 표본평균 $\bar{x}$의 분포가 정확히 정규분포를 따르지는 않지만, 표본크기 n이 충분히 큰 경우 근사적으로 정규분포를 따르게 된다. 이와 같은 사실을 **중심극한정리**(central limit theorem)라고 하며, 여러 통계량들의 근사분포를 구하는데 중요한 역할을 한다.

중심극한정리에 의하면 모집단의 분포가 연속형이든, 이산형이든, 또는 비스듬하게 치우친 형태이든 간에 표본의 크기가 클수록 표본평균 $\bar{x}$의 분포가 근사적으로 정규분포 $N(\mu, \sigma^2/n)$에 접근한다는 것이다. 여러 통계적 모형에서 일반적으로 정규분포 가정을 하고 있는데, 이러한 가정은 중심극한정리를 고려한 것이라고 할 수 있다.

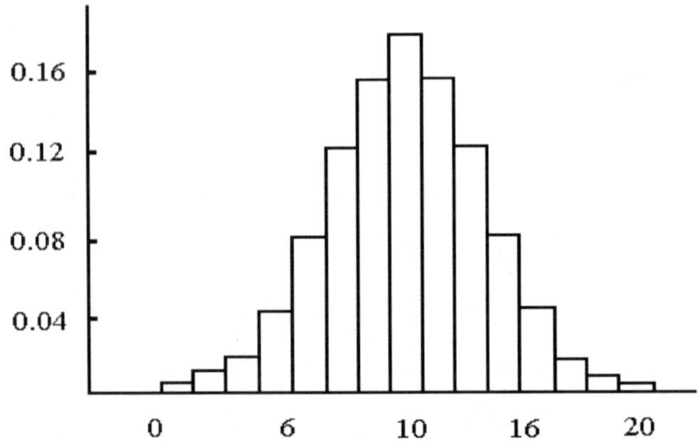

<그림 3.6> $B(20, 0.5)$의 확률분포

3.5.2 이항분포의 정규근사

앞에서 설명한 중심극한정리를 이용하면 정규분포를 이용하여 많은 다른 형태의 분포에 대한 확률을 근사적으로 구할 수 있다. 여기서는 이항분포의 확률을 정규분포에 의해 근사적으로 구하는 것을 설명하고자 한다.

확률변수 X가 이항분포 $B(n, p)$를 따를 때 n이 작은 숫자이면 이항분포의 확률을 직접 계산하거나 이항분포표(부록의 부표 1 참조)에 의해 쉽게 구할 수 있다. 그러나 n이 커지면 확률계산은 아주 복잡하며 많은 시간을 소모하게 된다. 한편, <그림 3.6>에서 볼 수 있는 바와 같이 이항분포에서 n이 커지면 점차 정규분포에 가까운 형태가 되는 것을 볼 수 있다. 이항분포 $B(n, p)$의 평균은 $\mu = np$이고 분산은 $\sigma^2 = np(1-p)$이므로, 분포의 형태가 $N(np, np(1-p))$에 가까워진다. 이러한 경우 이항분포 $B(n, p)$를 따르는 확률변수 X에 대하여,

$$Z = \frac{X - np}{\sqrt{np(1-p)}}$$

의 분포는 근사적으로 표준정규분포 $N(0, 1)$에 가까워진다. 따라서 이항분포에서 시행회수 n이 클 때 표준정규분포표를 이용하여 확률을 계산하면 편리하다.

일반적으로 이산확률분포에서 연속확률분포로의 근사를 보다 정확히 하기 위해서는 보정이 필요한데, 이것을 **연속성 수정**(continuity correction)이라고 한다. 예를 들어, 확률변수 X가 이항분포 $B(n, p)$를 따를 경우 $P(X = k)$(단, k는 정수)를 $P(k - 0.5 < X < k + 0.5)$로 수정하는 것을 의미한다(정규분포에서는 $P(X = k) = 0$임을 주목하여라).

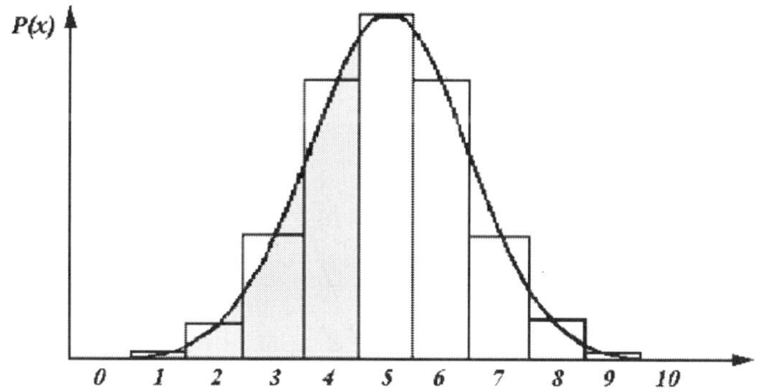

<그림 3.7> $B(10, 0.5)$와 $N(5, 2.5)$의 확률분포

<그림 3.7>은 이항분포 $B(10, 0.5)$와 이에 대응하는 $\mu = np = (10)(0.5) = 5$, $\sigma^2 = np(1-p) = (10)(0.5)(0.5) = 2.5$인 정규분포 $N(5, 2.5)$를 함께 나타낸 것이다. 여기서 음영부분은 $P(x \le 4)$에 해당하는 확률을 정규분포 상에 나타내고 있다. 부록의 부표 1에서 $P(x \ge 4) = 0.377$임을 알 수 있는데, 0.5의 연속성 수정을 하여 정규분포로부터 확률을 구하면 다음과 같다.

$$\begin{aligned} P(X \le 4) &= P(X < 4 + 0.5) = P\left(Z < \frac{4.5 - 5}{\sqrt{2.5}}\right) \\ &= P(Z < -0.32) = 0.3745 \end{aligned}$$

그러므로 $n = 10$인 경우와 같이 n이 그리 크지 않는 경우에도 정규분포에 의한 근사적 확률이 이항분포로부터 구한 실제확률 0.377에 상당히 가까운 것을 볼 수 있다.

이제 확률변수 X가 이항분포 $B(20, 0.7)$을 따를 때 $P(10 \le X \le 16)$을 이항분포와 정규분포에 의한 근사적 계산으로 비교하여 보자. 먼저 이항분포표에서

$$\begin{aligned} P(10 \le X \le 16) &= P(X \le 16) - P(X \le 9) \\ &= 0.893 - 0.017 = 0.876 \end{aligned}$$

임을 알 수 있다. 다음으로 정규분포에 의한 근사적 확률은 $\mu = (20)(0.7) = 14$, $\sigma^2 = (20)(0.7)(0.3) = 4.2$를 가지는 정규분포로 계산한다. 즉,

$$\begin{aligned} P(10 \le X \le 16) &= P(10 - 0.5 \le X \le 16 + 0.5) \\ &= P\left(\frac{9.5 - 14}{\sqrt{4.2}} < Z < \frac{16.5 - 14}{\sqrt{4.2}}\right) \\ &= P(-2.20 < Z < 1.22) \\ &= P(-2.20 < Z < 0) + P(0 < Z < 1.22) \\ &= P(0 < Z < 2.20) + P(0 < Z < 1.22) \\ &= 0.4861 + 0.3888 = 0.8749 \end{aligned}$$

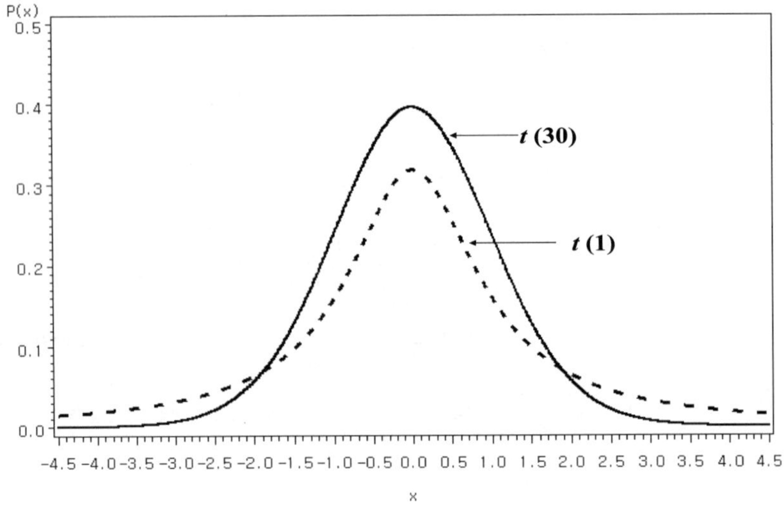

<그림 3.8> t-분포 (실선: $\nu = 30$, 점선: $\nu = 1$)

3.5.3 t-분포 (Student's t-Distribution)

모집단의 분포가 정규분포를 따르고 모수 μ와 σ를 알고 있다면 표본평균 $\bar{x}$의 분포가 정규분포를 따르므로, $\bar{x}$에 대한 확률값을 쉽게 계산할 수 있다. 그러나 모표준편차 σ를 모를 때는 어떻게 될까? 1908년 고셋(W. S. Gosset; 필명 Student)은 정규분포 $N(\mu, \sigma^2)$로부터 추출된 표본평균 $\bar{x}$에 대해서, 표본표준편차 s를 이용하여 다음과 같은 변환을 취하면

$$t = \frac{\bar{x} - \mu}{s/\sqrt{n}}$$

이는 표준정규분포를 따르지 않고 표본크기 n에 의존하여 분포형태가 달라진다는 것을 발견하였다. 이 통계량의 분포는 그 후 휘셔(R. A. Fisher)에 의해서 규명되었으며, 이와 같은 분포를 자유도(degree of freedom) $\nu = n - 1$을 가지는 '(스튜던트의) t-분포'라고 하였다.

<그림 3.8>은 t-분포에 대한 확률밀도함수로서 실선으로 그려져 있는 것은 $\nu = 30$의 경우이고 점선으로 그려져 있는 것은 $\nu = 1$의 경우이다. 이 그림에서 t-분포도 표준정규분포와 마찬가지로 평균 0을 중심으로 좌우대칭이고, 자유도가 커지면 높이가 커지면서 폭이 좁아진다는 것을 알 수 있다. 그러나 일반적으로 t-분포는 표준정규분포에 비해서 두터운 꼬리를 가지고 있으며, 따라서 표준정규분포에 비해서 극단적인 값이 나타날 확률이 더 크다. 한편, 자유도가 커서 30 이상이 되면 표준정규분포와 거의 유사하게 된다.

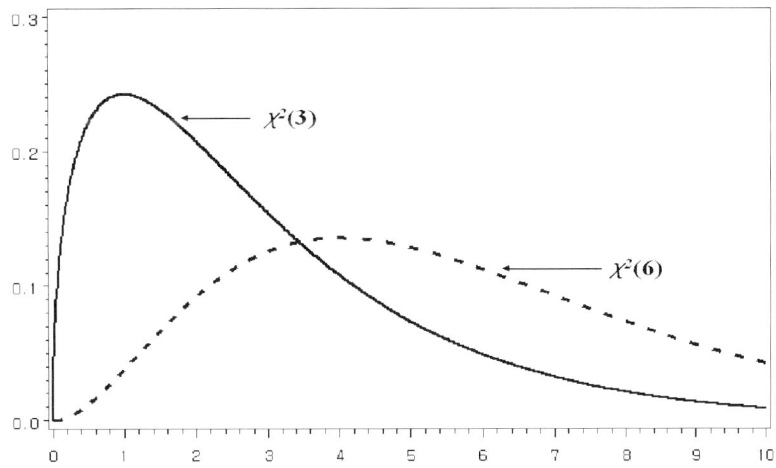

<그림 3.9> χ^2–분포 (실선: $\nu = 3$, 점선: $\nu = 6$)

3.5.4 카이제곱분포 (Chi-square Distribution)

앞에서 다룬 t-분포는 평균에 관한 통계적 추론에 유용하다. 이제 표본분산 s^2의 분포에 대해서 살펴보도록 하자. 수리통계적 이론에 의하면 서로 독립인 n개의 표준정규변수 $z_1,\ z_2, \cdots,\ z_n$에 대해서 그들의 제곱합

$$\chi^2 = \sum_{i=1}^{n} z_i^2$$

은 자유도 $\nu = n$인 카이제곱분포 $\chi^2(\nu)$을 따른다.

또한, 정규모집단 $N(\mu, \sigma^2)$에서 추출한 n개의 랜덤표본 $x_1,\ x_2, \cdots,\ x_n$으로부터 계산된 s^2에 대해

$$\frac{(n-1)s^2}{\sigma^2}$$

이 자유도 $n-1$인 χ^2-분포를 따른다는 것을 보일 수 있다.

<그림 3.9>는 카이제곱분포 확률밀도함수로서, 실선으로 그려져 있는 것은 $\nu = 3$의 경우이고 점선으로 그려져 있는 것은 $\nu = 6$의 경우이다. 확률변수 X가 $\chi^2(\nu)$에 따른다고 할 때 X는 0 이상의 값을 가지는 연속확률변수로서, 그의 평균과 분산은 다음과 같다.

$$E(X) = \nu, \quad Var(X) = 2\nu$$

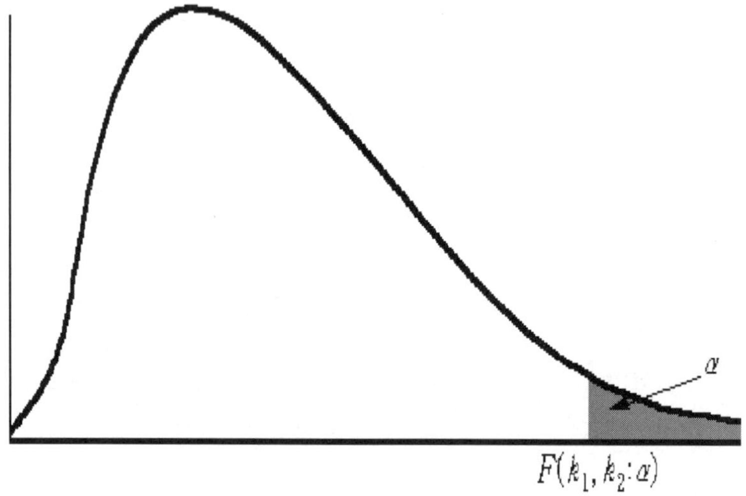

<그림 3.10> F-분포의 형태

3.5.5 F-분포 (F-Distribution)

F-분포는 두 정규모집단의 분산비에 대한 추론에 주로 사용된다. 두 확률변수 χ_1^2과 χ_2^2가 각각 자유도 ν_1과 ν_2인 카이제곱분포를 따르며 서로 독립이라고 할 때,

$$F = \frac{\chi_1^2/\nu_1}{\chi_2^2/\nu_2}$$

는 자유도 (k_1, k_2)인 F-분포 $F(\nu_1, \nu_2)$를 따른다.

이제 $x_1, \cdots, x_{n_1}$과 $y_1, \cdots, y_{n_2}$가 각각 두 정규모집단 $N(\mu_1, \sigma_1^2)$과 $N(\mu_2, \sigma_2^2)$에서 독립적으로 추출된 확률표본이라고 하자. 이 때 s_1^2과 s_2^2을 두 표본에서의 표본분산이라고 하면 다음 두 확률변수에 대해

$$\frac{(n_1-1)s_1^2}{\sigma_1^2} \sim \chi^2(n_1-1), \quad \frac{(n_2-1)s_2^2}{\sigma_2^2} \sim \chi^2(n_2-1)$$

이 성립하며 이들은 서로 독립이므로, 확률변수

$$F = \frac{\sigma_2^2/s_2^2}{\sigma_1^2/s_1^2}$$

는 자유도 (n_1-1, n_2-1)인 F-분포를 따른다.

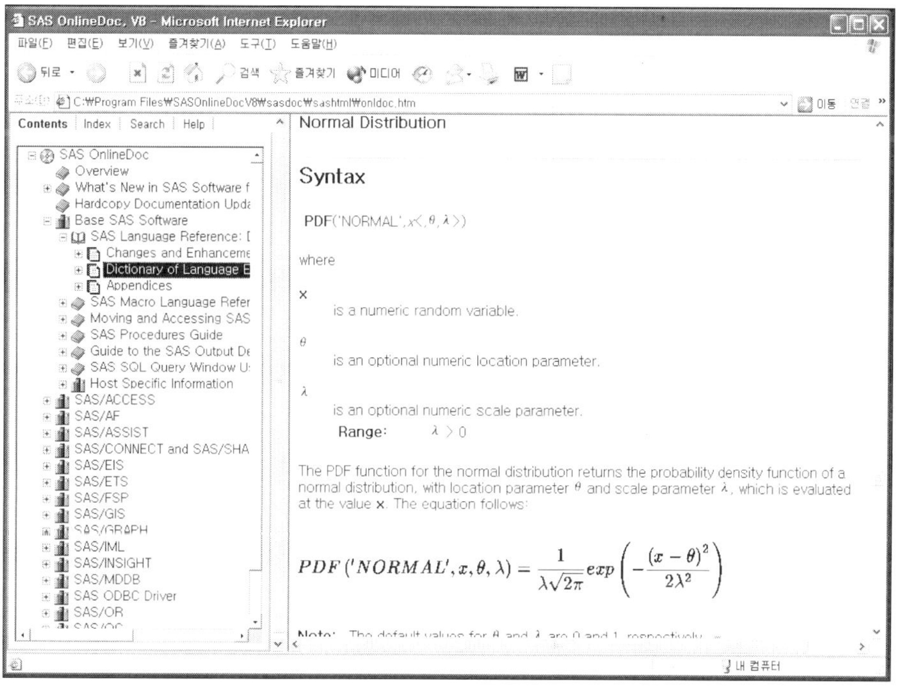

<그림 3.11> SAS Online Document의 PDF 함수에 대한 설명

3.6 PDF와 CDF 함수의 이용

SAS는 대부분의 확률분포에 대해서 확률값을 계산해 주는 함수를 가지고 있다. 따라서 이를 이용하면 확률변수에 대한 여러 유형의 확률값을 쉽게 구할 수 있다. 여기서는 PDF와 CDF 함수를 이용하여 앞에서 설명한 확률분포들에 대해 확률값을 구해보도록 하자.

SAS 도움말 및 Online Document에는 <그림 3.11>에서 볼 수 있는 바와 같이 확률밀도함수(probability density function), 누적밀도함수(cumulative density function), 난수발생함수(random number generating function) 등 확률분포에 관한 다양한 함수들에 대한 설명이 포함되어 있으니 이를 참조하기 바란다.

3.6.1 이산형 확률분포에 대한 확률 계산

이산형 확률분포에 대해 확률 $P(X=x)$는 PDF(probability density function, $f(x)$) 함수를 이용하여 계산할 수 있고, 누적확률 $P(X \le x)$는 CDF(cumulative density function, $F(x)$) 함수를 이용하여 계산할 수 있다. 여기서는 이들 함수를

이용하여 다음과 같은 확률을 구해보도록 하자.

- X가 $n = 100$이고 $p = 0.05$인 이항분포를 따를 때,
  (a1) $P(X = 1)$: PDF('BINOMIAL',x,p,n)
  (a2) $P(X \leq 10)$: CDF('BINOMIAL',x,p,n) 또는 PROBBNML(p,n,x)
- X가 $N = 1000$, $A = 50$, $n = 10$인 초기하분포를 따를 때,
  (b1) $P(X = 0)$: PDF('HYPER',x,N,A,n)
  (b2) $P(3 \leq X \leq 5)$: CDF('HYPER',x,N,A,n) 또는 PROBHYPR(N,A,n,x)
- X가 $\mu = 5$인 포아송분포를 따를 때,
  (c1) $P(X = 1)$: PDF('POISSON',x,m)
  (c2) $P(X \leq 10)$: CDF('POISSON',x,m) 또는 POISSON(m,x);

위의 (b2)에서 $P(3 \leq X \leq 5){=}P(X \leq 5) - P(X \leq 2)$와 같으므로 두 CDF 함수의 차이에 의해서 쉽게 계산할 수 있다. 또한 (a)는 $n = 100$이 크고 $p = 0.05$로 작은 경우이므로, 따라서 $\mu = 100 \times 0.05 = 5$인 포아송분포로부터 근사값을 구할 수도 있다. 다음 <예 3.1>에서 (a)의 결과와 (c)의 결과가 비슷함을 살펴보기 바란다.

한편, CDF 함수 대신에 PROBBNML, PROBHYPR, POISSON 등과 같은 함수를 사용해도 동일한 결과를 얻을 수 있다.

<예 3.1> 이산형 확률분포에 대한 확률값 계산

```
DATA discrete;
    A_1 = PDF('BINOMIAL',  1, 0.05, 100);
    A_2 = CDF('BINOMIAL', 10, 0.05, 100);
    B_1 = PDF('HYPER', 0, 1000, 50, 10);
    B_2 = CDF('HYPER', 5, 1000, 50, 10)
         -CDF('HYPER', 2, 1000, 50, 10);
    C_1 = PDF('POISSON',  1, 5);
    C_2 = CDF('POISSON', 10, 5);
RUN;

TITLE '>>>>> Data-Set : discrete <<<<<';
PROC PRINT DATA=discrete;
RUN;

DATA prob;
    A_2 = PROBBNML(0.05, 100, 10);
    B_2 = PROBHYPR(1000, 50, 10, 5)
         -PROBHYPR(1000, 50, 10, 2);
    C_2 = POISSON(5, 10);
RUN;
```

```
TITLE '>>>>> Data-Set : prob <<<<<';
PROC PRINT DATA=prob;
RUN;
```

```
                >>>>> Data-Set : discrete <<<<<

Obs     A_1       A_2       B_1       B_2        C_1       C_2
 1   0.031161  0.98853  0.59731  0.011014  0.033690  0.98630

                  >>>>> Data-Set : prob <<<<<

              Obs     A_2        B_2        C_2
               1    0.98853   0.011014   0.98630
```

3.6.2 연속형 확률분포에 대한 확률 계산

PDF와 CDF 함수를 이용하면 연속형 확률변수에 대해서도 <예 3.2>에서와 같이 확률밀도함수의 값 및 확률에 대한 계산을 쉽게 할 수 있다. 여기서는 다음과 같은 확률을 이들 함수를 이용하여 구해보도록 하자. 한편, 연속확률변수에 대해서 PDF 함수를 사용하여 계산되는 확률밀도함수의 값 $f(x)$는 $P(X = x)$가 아니라는 것을 주의하기 바란다(3.1절에서 설명한 바와 같이 연속형 확률변수에 대해서는 항상 $P(X = x) = 0$이 된다).

- X가 $\mu = 0$이고 $\sigma = 1$인 표준정규분포 $N(0, 1)$을 따를 때,
  a1) $P(X \leq -1.6449)$: CDF('NORMAL',z,μ,σ) 또는 PROBNORM(z)
  (a2) $P(X \leq z_\alpha)$=0.05인 값 z_α : PROBIT(α)
- X가 자유도 $\nu = 50$인 t-분포를 따를 때,
  (b1) $P(-1.6449 < X < 1.6449)$: CDF('T',t,ν) 또는 PROBT(t,ν)
  (b2) $P(X \leq t_\alpha)$=0.05인 값 t_α : TINV(α,ν)
- X가 자유도 $\nu = 5$인 카이제곱분포를 따를 때,
  (c1) $P(X \geq 1)$: CDF('CHISQUARED',χ^2,k) 또는 PROBCHI(χ^2,ν)
  (c2) $P(X \leq \chi^2_\alpha)$=0.95인 값 χ^2_α : CINV(α,ν)
- X가 자유도 $(3, 10)$인 F-분포를 따를 때,
  (d1) $P(X \leq 1)$: CDF('F',F,ν_1,ν_2) 또는 PROBF(F,ν_1,ν_2)
  (d2) $P(X \leq F_\alpha)$=0.05인 값 F_α : FINV(α,ν_1,ν_2)

한편, 다음 <예 3.2>에서와 같이 누적밀도함수의 역함수(inverse function)를 사용하면 연속확률분포에서의 분위수(quantile)를 쉽게 계산할 수 있다. 또한, CDF 함수 대신에 PROBNORM, PROBT, PROBCHI, PROBF 등과 같은 함수를 사용해도 동일한 결과를 얻을 수 있다.

<예 3.2> 연속형 확률변수에 대한 확률값 및 분위수 계산

```
DATA continue;
    A_1 = CDF('NORMAL', -1.6449, 0, 1);
    A_2 = PROBIT(0.05);
    B_1 = CDF('T',  1.6449, 50)
         -CDF('T', -1.6449, 50);
    B_2 = TINV(0.05, 50);
    C_1 = 1 - CDF('CHISQUARED', 1, 5);
    C_2 = CINV(0.95, 5);
    D_1 = CDF('F', 1, 3, 10);
    D_2 = FINV(0.05, 3, 10);
RUN;

TITLE '>>>>> Data-Set : continue <<<<<';
PROC PRINT DATA=continue; RUN;

DATA prob;
    A_1 = PROBNORM(-1.6449);
    B_1 = PROBT( 1.6449, 50)
        - PROBT(-1.6449, 50);
    C_1 = 1 - PROBCHI(1, 5);
    D_1 = PROBF(1, 3, 10);
RUN;

TITLE '>>>>> Data-Set : prob <<<<<';
PROC PRINT DATA=prob;
RUN;
```

```
                 >>>>> Data-Set : continue <<<<<

      Obs        A_1          A_2          B_1          B_2
       1      0.049995     -1.64485     0.89374     -1.67591

      Obs        C_1          C_2          D_1          D_2
       1      0.96257      11.0705      0.56766      0.11382
```

```
                    >>>>> Data-Set : prob <<<<<

        Obs       A_1         B_1        C_1        D_1
         1     0.049995    0.89374    0.96257    0.56766
```

3.7 연습문제

3-1. 20대의 기계를 가동 중인 공장에서 하루동안 어느 한 대가 고장을 일으킬 확률이 0.05라고 한다. 이항분포 함수를 이용하여 다음의 확률을 계산하여라. 또한 포아송분포 함수를 이용하여 확률을 근사적으로 계산하여 보아라.

(가) 한 대도 고장이 나지 않을 확률은 얼마인가?

(나) 3대 이상이 고장을 일으킬 확률은 얼마인가?

3-2. 1000명의 사람 중 950명은 남자이고 50명은 여자라고 하자. 복원추출과 비복원추출 각각에 대해 10명을 랜덤추출하여 여자가 한 명도 추출되지 않을 확률을 구하여라.

3-3. 성인 남자의 키는 $\mu = 170cm$이고 $\sigma = 5cm$인 정규분포를 한다고 하자.

(가) 성인 남자 중에서 한 사람을 추출하였을 때 그 사람의 키가 180cm 이상일 확률은 얼마인가?

(나) 성인 남자 중에서 100명을 추출하였을 때 표본평균이 175cm 이하일 확률은 얼마인가?

(다) 크기 25인 랜덤표본을 추출하여 표본평균을 구하였을 때 평균의 표준오차는 얼마인가? 표본의 크기가 10일 때는 어떻게 되는가?

3-4. 다음은 GCHART 프로시저(수평 또는 수직 막대그래프를 출력하는 프로시지)를 이용하여 이항분포($n = 10,\ p = 0.3$)에 대한 확률분포도를 작성하는 프로그램의 예이다. 이 프로그램을 수정하여 이항분포($n = 4,\ p = 0.5$; 그림 3.1), 초기하분포($N = 100,\ p = A/N = 0.3,\ n = 10$), 포아송분포($\mu = 1.5$; 그림 3.2)에 대한 확률분포도를 작성하여 보아라.

```
DATA binomial;
    DO x=0 TO 10;
```

```
            p_x = PDF('BINOMIAL',x,0.3,10);
            OUTPUT;
        END;
    RUN;

    GOPTIONS DEVICE=WIN CTEXT=BLACK GRAPHRC;

    TITLE1 COLOR=BLACK HEIGHT=1.5 CELL
           "Binomial Distrbution : n=10, p=0.3";

    PATTERN1  COLOR=BLACK VALUE=EMPTY;
    PATTERN2  COLOR=BLACK VALUE=EMPTY;
    PATTERN3  COLOR=BLACK VALUE=EMPTY;
    PATTERN4  COLOR=BLACK VALUE=EMPTY;
    PATTERN5  COLOR=BLACK VALUE=EMPTY;
    PATTERN6  COLOR=BLACK VALUE=EMPTY;
    PATTERN7  COLOR=BLACK VALUE=EMPTY;
    PATTERN8  COLOR=BLACK value=EMPTY;
    PATTERN9  COLOR=BLACK value=EMPTY;
    PATTERN10 COLOR=BLACK value=EMPTY;

    AXIS1 WIDTH=1 COLOR=BLACK STYLE=1 LABEL=("x");
    AXIS2 WIDTH=1 COLOR=BLACK STYLE=1 LABEL=("P(x)")
          ORDER=0 to 0.5 BY 0.1;

    PROC GCHART DATA=work.binomial;
        VBAR x / SUM CAXES=BLACK CTEXT=BLACK
                 MAXIS=AXIS1 RAXIS=AXIS2 WIDTH=6
                 FRAME TYPE=SUM SUMVAR=p_x DISCRETE
                 PATTERNID=MIDPOINT;
    RUN;
```

3-5. 다음은 GPLOT 프로시저(산점도 및 선그림을 출력하는 프로시저)를 이용하여 두 개의 정규분포 $N(0,1)$와 $N(0,4)$에 대한 확률분포도를 작성하는 프로그램의 예이다. 이 프로그램을 수정하여 앞의 <그림 3.8>, <그림 3.9>, <그림 3.10>을 작성하여 보아라.

```
DATA normal;
    DO x=-4.5 TO 4.5 BY 0.01;
        p_x = PDF('NORMAL',x,0,1);
        p_y = PDF('NORMAL',x,0,2);
        OUTPUT;
    END;
RUN;

GOPTIONS DEVICE=WIN CTEXT=BLACK GRAPHRC INTERPOL=JOIN;
```

```
TITLE1 COLOR=BLACK HEIGHT=1.5 CELL
       "Normal Distrbution : N(0,1) and N(0,2)";

SYMBOL1 C=DEFAULT I=JOIN L=1  CI=BLACK W=2 V=NONE;
SYMBOL2 C=DEFAULT I=JOIN L=34 CI=BLACK W=2 V=NONE;

AXIS1 WIDTH=1 COLOR=BLACK STYLE=1 LABEL=("x")
      ORDER=-4.5 TO 4.5 BY 0.5;
AXIS2 WIDTH=1 COLOR=BLACK STYLE=1 LABEL=("P(x)")
      ORDER=0 TO 0.5 BY 0.1;

PROC GPLOT DATA=work.normal;
    PLOT (p_x p_y  ) * x / OVERLAY HAXIS=AXIS1 VAXIS=AXIS2
                           FRAME;
RUN;
```

3-6. 2개의 공정한 주사위를 던질 때 적어도 한 주사위의 눈의 개수가 3보다 작을 확률을 구하여라.

3-7. 어느 신혼부부가 3명의 아이를 낳을 계획이라 하고 아들과 딸의 확률이 각각 57%, 43%라고 가정하자.

(가) 딸이 적어도 한 명 이상일 확률을 계산하여라.

(나) 아들이 적어도 한 명 이상인 확률을 계산하여라.

(다) 아들과 딸이 적어도 한 명 이상인 확률을 계산하여라.

3-8. 어떤 노름꾼의 주머니 속에는 앞면과 뒷면이 나올 확률이 같은 동전(fair coin) 1개와 앞면만 나오게 되어 있는 동전(unfair coin)이 1개 있다고 하자. 이 노름꾼이 노름판에서 그의 주머니에서 동전 1개를 꺼내어 던졌는데 앞면이 나왔다. 이 동전이 앞면과 뒷면이 나올 확률이 같은 동전이었을 확률을 구하여라.

3-9. 주머니가 2개가 있는데 첫 번째 주머니에는 흰 공 2개, 검은 공 7개가 들어 있고, 두 번째 주머니에는 흰 공 5개, 검은 공 6개가 들어 있다. 동전 1개를 던져서, 앞면이 나오면 첫 번째 주머니에서 뒷면이 나오면 두 번째 주머니에서 공 1개를 꺼낸다고 하자. 이 때 흰 공이 1개 꺼내졌는데 이 공이 첫 번째 주머니에서 나왔을 확률을 구하여라.

3-10. 세 가지 사상 A, B, C와 세 사상의 결합확률이 다음과 같다.

$$P(A) = 0.14,\ P(B) = 0.23,\ P(C) = 0.37$$
$$P(A \cap B) = 0.08,\ P(A \cap C) = 0.09,\ P(B \cap C) = 0.13,\ P(A \cap B \cap C) = 0.05$$

확률 $P(A|B)$, $P(A|B \cup C)$, $P(A|A \cup B \cup C)$, $P(A \cup B|C)$를 각각 구하여라.

3-11. 2개의 주사위를 던졌을 때, 이 중 하나의 주사위의 숫자가 3이 나온 것을 알았다.

(가) 이 때 다른 하나도 3일 확률을 구하여라.
(나) 두 주사위의 합이 7일 확률을 구하여라.

3-12. 어느 도시의 가구 중 40%가 A신문을 구독하며 그 중 50%가 B신문을 같이 구독한다고 한다. 또한 전체의 50%가 B신문을 구독한다고 한다. 한 가구를 무작위 추출하였을 때 그 가구가 A 또는 B신문 중 적어도 하나를 구독할 확률을 구하여라. 또한 A와 B신문 중 어느 것도 구독하지 않을 확률을 구하여라.

3-13. 한 전기제품의 내부에 부품 3개가 병렬로 연결되어 있다. 적어도 하나가 작동을 한다면 전기제품은 정상적으로 움직이고, 각 부품이 고장나는 사상은 서로 독립적이고 각 부품이 고장날 확률이 0.05라고 하면, 이 전기제품이 정상적으로 움직일 확률이 얼마인지를 계산하여라.

3-14. 어떤 공장에서 불량품이 나올 수 있는 확률이 각각 7%, 11%인 기계 두 대를 A, B라고 하자. 기계 A는 전체 제품의 40%를 생산하고 기계 B는 60%를 생산한다. 이 공장의 제품가운데 불량품을 1개 뽑았는데, 이 불량품이 기계 A에서 제조되었을 확률을 계산하여라.

3-15. 남녀의 수가 같은 어느 대학교에서 남자는 5퍼센트, 여자는 0.25퍼센트가 색맹이라고 한다. 색맹인 사람을 1사람 뽑았을 때 이 사람이 남자일 확률을 계산하여라.

3-16. 하나의 주사위를 두 번 던지는 실험에서 X와 Y가 아래와 같을 때 다음 물음에 답하여라.

X =두 번의 실험에서 나타난 짝수의 회수
Y =두 번의 실험에서 나타난 3의 배수의 회수

(가) X와 Y의 결합확률분포를 구하여라.

(나) X와 Y의 주변확률분포를 각각 구하여라.

3-17. A군은 두 대의 자가용을 소유하고 있는데, 하나는 대형차이고 또 하나는 소형차이다. 그런데 회사의 주차공간이 협소하여 주차하는데 많은 시간이 소요되므로, 소형차를 타고 출근할 날 10%의 지각을 그리고 대형차를 이용하는 날은 40%의 지각률을 나타낸다고 한다. 이러한 문제로 A군은 출근하는 날의 75%는 소형차를 그리고 25%는 대형차를 이용한다고 한다. 여기서 오늘 아침에 A가 지각하지 않고 정상적으로 출근하였을 때, 소형차를 이용하였을 확률을 계산하여라.

3-18. 금형을 제작하는 어느 공장에서 3대의 압연기 A, B, C가 각각 전체 생산량의 20%, 30%, 50%를 생산한다고 하자. 또한 각 기계에서 생산된 금형의 불량률은 각각 1%, 2%, 3%라고 한다.

(가) 검사결과 불량품으로 판명되었을 경우, 그것이 A기계 제품일 확률을 베이스 정리를 이용하여 구하여라.
(나) 검사결과 양품으로 판명되었을 경우, 그것이 A기계 제품일 확률을 베이스 정리를 이용하여 구하여라.

3-19. 한 개의 동전을 던져 앞면이 나오면 1,000원을 받고 뒷면이 나오면 500원을 준다고 할 때,

(가) 확률변수의 분포를 구하여라.
(나) 기대금액을 구하여라.

3-20. 학생의 학부모가 통계학 과목에서 A^+학점을 받으면 5천원, A학점을 받으면 3천원, B^+학점을 받으면 2천원, B학점을 받으면 1천원을 준다는 약속을 했다. 각 경우의 확률이 다음과 같을 때 기대값과 분산을 구하여라.

	A^+	A	B^+	B
확률	0.12	0.18	0.33	0.37

3-21. 확률변수 X의 확률분포가 다음과 같다.

X	0	1	2	3	4	5
$P(x)$	0.05	0.3	0.3	0.2	0.1	0.05

(가) $E(X)$와 $Var(X)$를 구하여라.

(나) $E(2X-1)$와 $Var(2X-1)$를 구하여라.

3-22. 확률밀도함수가 $f(x) = ax^2, \quad 0 \le x < 1$일 때,

(가) a의 값을 구하여라.

(나) $P(X \le 1/2)$, $P(X \le 1/3)$, $P(1/4 \le X \le 3/4)$을 구하여라.

3-23. 자유투 성공률이 90%인 선수가 100번의 자유투를 시도할 경우 다음의 확률을 구하여라.

(가) 자유투 성공횟수가 70번 미만인 확률을 구하여라.

(나) 자유투 성공횟수가 90번 이상인 확률을 구하여라.

(다) 정확히 85번 성공할 확률을 구하여라.

3-24. 어느 상점에 손님이 5분당 1명 꼴로 물건을 사러온다고 한다. 이 때 25분간 주인이 자리를 비웠을 때 손님이 3명 미만 왔다 갔을 확률을 구하여라.

3-25. 어느 잡지에는 한 면당 오자가 발생할 확률이 10%라고 한다. 총 15면으로 발행되는 신문에서 오자가 3면 이상 나타날 확률을 구하여라.

3-26. 어느 교환대에서는 5분 동안 평균적으로 2번의 발신음이 있다. 어떤 특정한 5분 동안의 발신음의 수를 확률변수 라 할 때, 다음과 같은 분포를 따른다고 알려져 있다.

$$P(X=x) = \frac{e^{-2}2^x}{x!}$$

(가) X가 취할 수 있는 값을 구하여라.

(나) 어느 특정한 5분 동안 발신음이 하나도 없을 확률을 구하여라.

3-27. 평균이 30이고, 표준편차가 5인 정규분포를 따르는 확률변수 X에 대하여 확률 $P(X \ge 32.5)$, $P(X \le 40)$, $P(X \le 37.5)$, $P(35 \le X \le 40)$, $P(22.5 \le X \le 25)$, $P(25 \le X \le 32.5)$를 각각 구하여라.

3-28. 52장의 트럼프 카드 중에서 2장을 뽑았을 때 두 숫자의 합에 관심이 있다고 할 때(A=1, J=11, Q=12, K=13),

(가) 2장의 숫자의 합의 확률분포는 어떠한 확률분포를 따르는가?

(나) 두 숫자의 합이 16 미만이면 1,000원을 받고, 17 이상이면 1,000을 준다고 했을 때 기대값을 구하여라.

3-29. 어떤 항아리 속에 검은 공이 2개, 흰 공이 3개 들어 있는데 이 항아리 속에서 2개를 꺼냈을 때 검은 공의 개수를 세어 본다고 하자.

(가) 표본공간을 구하여라.

(나) 검은 공의 개수에 따른 확률을 계산하여 확률분포를 만들어라.

3-30. 한 가정에서 아침식사로 빵과 우유 한잔을 든다고 가정하자. 빵에서 섭취하는 열량은 평균이 200, 표준편차가 15인 정규분포를 따르고, 우유 한잔으로부터 섭취하는 열량은 평균이 80, 표준편차가 5인 정규분포를 따른다.

(가) 이 가정의 아침식사에서 일인당 섭취하는 열량의 평균과 표준편차를 각각 구하여라.

(나) 이 가정이 매일 아침식사에서 300칼로리 이상을 섭취하려고 목표한다면 1년 중 몇 %에 해당하는 날에 목표가 달성되겠는가?

3-31. 발전소에서 매일 방출되는 황산의 양은 평균 134파운드, 표준편차 22파운드인 정규분포를 따른다고 한다. 임의로 추출된 5일의 황산방출량의 총합이 700파운드 이상일 확률을 구하여라.

3-32. 어느 고등학교 신장의 평균이 170cm이고 표준편차가 5cm라고 알려져 있다. 100명을 무작위추출하여 표본평균이 168cm이상 171cm이하일 확률을 구하여라.

3-33. 3개의 동전을 동시에 던지는 시행을 600번 반복하여 앞면이 2개, 뒷면이 1개 나오는 회수를 X라고 할 때 다음을 구하여라.

(가) X의 평균과 표준편차를 구하여라.

(나) $P(X \le 220)$을 계산하여라.

(다) $P(X \ge 250)$을 계산하여라.

3-34. χ^2은 자유도가 8인 카이제곱분포를 따른다고 할 때 다음을 구하여라.

(가) $P(\chi^2 \le 15.507)$을 계산하여라.
(나) $P(\chi^2 \ge 2.180)$을 계산하여라.
(다) $P(1.647 \le \chi^2 \le 13.362)$을 계산하여라.

3-35. 어느 전구회사에서 하루에 20,000개의 전구를 생산한다. 과거 전구의 품질검사에 의하면 전구의 수명은 평균 2400시간이고 분산이 300인 정규분포를 따른다고 한다. 어떤 특정한 날에 11개의 전구를 추출하여 검사를 하였을 때, 표본분산이 480 이상으로 나타날 확률은 얼마인지를 구하여라.

3-36. 확률변수 T는 자유도가 8인 $t-$분포를 따른다고 할 때 다음을 구하여라.

(가) $P(T \le 1.397)$을 계산하여라.
(나) $P(-1.397 \le T \le 1.180)$을 계산하여라.
(다) $P(T \ge t) = 0.025$일 때 t 값을 계산하여라.

3-37. 두 정규모집단 $N(1, 2^2)$, $N(2, 2^2)$으로부터 각각 크기 10인 확률표본을 추출하여 구한 표본분산을 s_1^2, s_2^2이라고 할 때, $P(s_1^2 \le y s_2^2)$가 성립하는 y 값을 구하여라.

제 4 장
통계적 추정과 검정

실험이나 조사에서 관심의 대상이 되는 모든 데이터를 수집한다는 것은 실제적 혹은 물리적으로 불합리한 경우가 대분분이다. 예를 들어, 우리나라의 흡연률을 알기 위해 국민 전체를 모두 조사한다거나 한 회사에서 생산되는 타이어의 평균수명을 알기 위해 그 회사에서 생산되는 모든 타이어를 검사한다는 것은 불가능하거나 비경제적이다. 따라서 관심이 되는 전체 수집대상 중에서 일부만을 추출하여 데이터를 얻고 이를 분석하는 것이 일반적이라고 할 수 있다.

앞의 2장에서 설명한 바와 같이 이 때 관심대상이 되는 모든 가능한 데이터 값들의 집합을 **모집단**(母集團, population)이라고 하며, 통계적 분석을 위해 모집단에서 추출된 실제 관측값들의 집합을 **표본**(標本, sample)이라고 한다. 또한 모집단의 특성을 나타내는 미지의 상수값을 **모수**(母數, parameter)라고 하고 표본에 있는 정보를 양적으로 축약하여 얻은 표본의 함수값을 **통계량**(統計量, statistic)이라고 하는데, 통계처리의 중요한 목적 중의 하나는 통계량을 근간으로 모집단의 특성을 파악하는 것이다. 즉, 표본평균($\bar{x}$), 표본분산(s^2), 표본비율($\hat{p}$)과 같은 통계량을 통해 이에 대응되는 모평균(μ), 모분산(σ^2), 모비율(p)과 같은 모수들에 대한 통계적 추론을 하는 것이다.

4.1 통계적 추정

모평균 μ와 모분산 σ^2을 모수로 하는 모집단에서 확률표본을 추출하는 경우, 표본평균 $\bar{x}$와 표본분산 s^2의 기대값이 각각 μ와 σ^2이 된다는 것을 앞장에서 설명한 바 있다. 이와 같은 성질에 의해 표본평균 $\bar{x}$와 표본분산 s^2을 각각 μ와 σ^2의 **불편추정량**(不偏推定量, unbiased estimator)이라고 한다.

하나의 모수를 추정하는 방법으로 여러 가지를 생각할 수 있다. 예를 들어 모평균 μ의 추정치로 표본평균을 사용할 수도 있고, 표본중위수나 표본최빈수 등을 사용할 수도 있다. 대부분의 경우에는 표본평균 $\bar{x}$를 모평균 μ에 대한 추정치로 사용하는데, 이는 표본평균이 불편성 등 여러 가지 좋은 성질들을 가지고 있기 때문이다. 추정량의 성질을 평가하는 기준으로 이와 같은 불편성(unbiasedness) 이외에도 일치성(consistency), 효율성(efficiency), 충분성(sufficiency) 등을 생각할 수 있으나, 이 책에서는 이에 관한 이론적 설명은 생략하도록 하겠다. 다만, 이 책에서 다루고 있는 대부분의 추정량들은 앞에서 나열한 여러 가지 좋은 성질들을 가지고 있다는 것이 잘 알려져 있다는 정도만 언급하기로 한다.

표본평균이 모평균에 대한 추정치로서 여러 가지 좋은 성질들을 가지고 있다 하더라도, 이러한 사실이 $\bar{x}$가 μ와 똑같다는 것을 의미하는 것은 아니다. 따라서

$\bar{x}$의 표준오차 및 분포의 형태 등을 이용하여 μ에 대한 추론을 수행할 필요가 있는 것이다. 앞장에서 여러 가지 형태의 표본분포를 설명한 것도 바로 이런 이유에서이다.

참조: 단순임의추출에서 주요 모수에 대한 불편추정량

크기 N인 모집단 $X_1, X_2, \cdots, X_N$에서, 크기 n인 표본 $x_1, x_2, \cdots, x_n$을 추출한 경우

– **모평균** : $\mu = \sum_{i=1}^{N} X_i/N$

– **표본평균** : $\bar{x} = \sum_{i=1}^{n} x_i/n$

– **모분산** : $\sigma^2 = \sum_{i=1}^{N}(X_i - \mu)^2/N$

– **표본분산**[1] : $s^2 = \sum_{i=1}^{n}(x_i - \bar{x})^2/(n-1)$

특정한 속성을 가진 집단의 개수가 X인 N개의 모집단에서, n개의 표본을 추출하였을 때 이 중 x개가 특정한 속성을 가진 집단일 경우

– **모비율** : $p = X/N$

– **표본비율** : $\hat{p} = x/n$

4.1.1 점추정과 구간추정

모평균 μ의 추정치로 보통 표본평균 $\bar{x}$를 사용한다. 이와 같이 하나의 값으로 모수를 추정하는 것을 **점추정**(點推定, point estimation)한다고 한다. 그런데, 이와 같은 점추정은 오차의 정도에 관하여 신뢰성 있는 정보를 제공하지 못한다. 왜냐하면 점추정은 모수의 값과 가까울 것으로 생각되는 표본의 추정치이지만 이 값이 어느 정도나 옳을 것인지(표본으로부터 구한 추정치가 미지인 모수와 어느 정도 차이가 나는지) 알 수가 없기 때문이다.

[1] 모분산 σ^2의 추정량으로 $\hat{s}^2 = \sum_{i=1}^{n}(x_i - \bar{x})^2/n$을 사용하기도 하는데, 이는 최대우도추정량(maximum likelihood estimator)으로 불편성을 가지지는 않지만 표본크기가 충분히 큰 경우 근사적으로 불편성을 가지며 일치성, 효율성, 충분성 등 좋은 성질을 가지고 있다.

이에 반해 미지인 모수가 속할 구간(추정하고자 하는 모수의 추측에 대해 확률(신뢰성)을 가지고 모수가 포함될 구간)으로 모수를 추정하는 것을 **구간추정**(區間推定, interval estimation)한다고 하는데, 모수 θ에 대해

$$P\left[L(\hat{\theta}) \leq \theta \leq U(\hat{\theta})\right] \geq 1-\alpha \tag{4.1}$$

을 만족하는 구간 $(L(\hat{\theta}), U(\hat{\theta}))$을 모수 θ에 대한 $100(1-\alpha)\%$ **신뢰구간**(信賴區間, confidence interval)이라고 한다. 이 때 $1-\alpha$를 **신뢰수준**(信賴水準, confidence level)이라고 하고, $L(\hat{\theta})$를 **신뢰하한**(信賴下限, lower confidence limit) 그리고 $U(\hat{\theta})$를 **신뢰상한**(信賴上限, upper confidence limit)이라고 한다.

예를 들어, 모분산 σ^2이 알려져 있는 정규모집단 $N(\mu, \sigma^2)$의 모평균 μ에 대한 추정을 하는 경우, 점추정량으로는 표본평균 $\bar{x}$를 사용할 수 있고 $100(1-0.05) = 95\%$ 신뢰구간은 다음과 같이 주어진다.

$$\left(\bar{x} - 1.96\frac{\sigma}{\sqrt{n}}\ ,\ \ \bar{x} + 1.96\frac{\sigma}{\sqrt{n}}\right)$$

사실 한 번의 관측에서 이와 같은 신뢰구간은 고정된 미지의 모수 μ를 포함하지 않을 수도 있다. 다만 이러한 신뢰구간이 의미하는 것은 구간추정방법 $(\bar{x} - 1.96\sigma/\sqrt{n},\ \bar{x} + 1.96\sigma/\sqrt{n})$을 사용하여 반복적으로 μ에 대한 구간추정을 수행한다면 100번 중 약 95번 정도가 참값 μ를 포함할 것으로 기대할 수 있다는 것이다. 이 때 $1.96\sigma/\sqrt{n}$를 95% 신뢰수준 하에서의 **오차한계**(誤差限界, limit of error)라고 하는데, 이는 추정량 $\bar{x}$를 사용하여 모수 μ를 100번 정도 추정한다면 오차가 $1.96\sigma/\sqrt{n}$ 이내인 경우가 95번 정도라고 할 수 있다는 것을 의미한다.

최근 신문이나 TV에서 "정부의 이번 정책에 대해 표본조사를 실시한 결과 찬성한다는 비율이 74%이었다. ⋯ 이번 조사의 신뢰수준은 95%이고 오차한계는 ±4%이다."와 같은 보도를 자주 접하게 된다. 이 경우 찬성율에 대한 점추정치는 0.74로서, 국민 전체에 대한 찬성율을 한 수치로 추정한다면 74%라고 할 수 있다는 것이다. 또한 신뢰구간은 $(0.74-0.04,\ 0.74+0.04)$로서 이번 조사결과를 이용하여 미지인 찬성률에 대해 구간추정을 수행한다면 (70%, 78%)라고 할 수 있다는 것을 의미한다.

또 다른 예로 "이번 선거에 대해 표본조사를 실시한 결과 A 후보의 지지율은 51%이고 B 후보의 지지율은 49%이었다.⋯ 이번 조사의 오차한계는 ±3%로서, 두 후보의 지지율은 오차범위 내에 존재한다."라는 조사결과를 생각해 보자. 이 경우 두 후보의 지지율에 대한 신뢰구간은 각각 (48%, 54%)과 (46%, 52%)로서,

두 후보의 신뢰구간이 겹치게 되므로 어느 후보가 승리할지 예측하기 어려운 상황이라는 것을 의미하고 있다.

이제 이러한 개념을 이용하여 모평균, 모비율, 모분산 등 흔히 관심대상이 되는 몇 가지 모수에 대한 통계적 추정을 다루어 보도록 하자.

4.1.2 모평균에 대한 추정

모분산 σ^2이 알려져 있는 정규모집단 $N(\mu, \sigma^2)$의 모평균 μ에 대한 추정에 대해서 생각해 보자. 크기 n인 확률표본의 표본평균 $\bar{x} = \sum_{i=1}^{n} x_i/n$가 평균이 μ이고 분산이 σ^2/n인 정규분포를 따른다는 것을 3장에서 설명한 바 있다. 즉,

$$\bar{x} \sim N(\mu, \sigma^2/n) \text{ 또는 } z = \frac{\bar{x} - \mu}{\sigma/\sqrt{n}} \sim N(0, 1). \tag{4.2}$$

이와 같은 사실을 이용하면

$$P\left(-z_{\alpha/2} \le \frac{\bar{x} - \mu}{\sigma/\sqrt{n}} \le z_{\alpha/2}\right) = 1 - \alpha \tag{4.3}$$

임을 쉽게 보일 수 있고, 위 식을 μ에 관하여 정리하면 다음과 같은 식을 얻을 수 있다.

$$P\left(\bar{x} - z_{\alpha/2}\frac{\sigma}{\sqrt{n}} \le \mu \le \bar{x} + z_{\alpha/2}\frac{\sigma}{\sqrt{n}}\right) = 1 - \alpha \tag{4.4}$$

정규모집단 $N(\mu, \sigma^2)$의 모평균 μ에 대한 $100(1-\alpha)\%$ 신뢰구간: σ^2이 알려져 있는 경우

$$\left(\bar{x} - z_{\alpha/2}\frac{\sigma}{\sqrt{n}}\ ,\ \ \bar{x} + z_{\alpha/2}\frac{\sigma}{\sqrt{n}}\right).$$

그런데 이와 같은 구간추정법을 이용하는데는 현실적으로 어려움이 따르는데, 그 이유는 모분산 σ^2을 모르는 경우가 많기 때문이다.

따라서 모분산 σ^2을 표본분산 $s^2 = \sum_{i=1}^{n}(x_i - \bar{x})^2/(n-1)$로 대체하여 신뢰구간을 구하게 된다. 즉, 3장에서 설명한 바와 같이

$$T = \frac{\bar{x} - \mu}{s/\sqrt{n}} \sim t(n-1) \tag{4.5}$$

가 성립하므로, 이를 이용하면 다음 식을 얻을 수 있고

$$P\left(\bar{x} - t_{\alpha/2}(n-1)\frac{s}{\sqrt{n}} \le \mu \le \bar{x} + t_{\alpha/2}(n-1)\frac{s}{\sqrt{n}}\right) = 1 - \alpha \tag{4.6}$$

따라서 이 경우 모평균 μ에 대한 $100(1-\alpha)\%$ 신뢰구간은 다음과 같다.

정규모집단 $N(\mu, \sigma^2)$의 모평균 μ에 대한 $100(1-\alpha)\%$ 신뢰구간: σ^2이 알려져 있지 않은 경우

$$\left(\bar{x} - t_{\alpha/2}(n-1)\frac{s}{\sqrt{n}}\ ,\ \ \bar{x} + t_{\alpha/2}(n-1)\frac{s}{\sqrt{n}}\right).$$

한편 모분산 σ^2이 알려져 있지 않은 경우라도 표본의 크기 n이 충분히 크다면(대략 $n > 30$인 경우), $t_{\alpha/2}(n-1)$이 $z_{\alpha/2}$와 거의 같아지므로, 모평균 μ에 대한 신뢰구간을 $\left(\bar{x} - z_{\alpha/2}\ s/\sqrt{n}\ ,\ \ \bar{x} + z_{\alpha/2}\ s/\sqrt{n}\right)$을 이용하여 구할 수도 있다.

UNIVARIATE와 MEANS 프로시저의 이용

SAS에서는 UNIVARIATE 프로시저를 이용하여 모평균에 대한 신뢰구간을 얻을 수 있는데, 다음 <예 4.1>에서와 같이 CIBASIC 옵션(평균, 분산, 표준편차에 대한 신뢰구간을 출력하도록 한다)을 지정하고 ALPHA= 옵션으로 유의수준(α)을 설정하면 된다.

<예 4.1> 모평균에 대한 신뢰구간 계산: UNIVARIATE 프로시저

```
DATA exam.csi;
    INPUT csi @@;
    LABEL csi='소비자 만족도 지수';
CARDS;
75 63 49 86 53 80 70 72 81 80 69 76 85 95 66 77 77 63 58 74
68 90 82 59 60
;
RUN;

PROC UNIVARIATE DATA=exam.csi CIBASIC ALPHA=0.05;
    VAR csi;
RUN;
```

```
                UNIVARIATE 프로시저
          변수:  csi  (소비자 만족도 지수)

                       적률
```

N	25	가중합	25
평균	72.32	관측치 합	1808
표준편차	11.6	분산	134.56
왜도	-0.1313546	첨도	-0.4748608
제곱합	133984	수정 제곱합	3229.44
변동계수	16.039823	평균의 표준오차	2.32

기본 통계 측도

위치측도		변이측도	
평균	72.32000	표준편차	11.60000
중간값	74.00000	분산	134.56000
최빈값	63.00000	범위	46.00000
		사분위 범위	17.00000

NOTE: The mode displayed is the smallest of 3 modes with a count of 2.

정규성 가정하 기본 신뢰 한계

모수	추정값	95% 신뢰한계	
평균	72.32000	67.53176	77.10824
표준편차	11.60000	9.05761	16.13737
분산	134.56000	82.04028	260.41455

위 출력결과를 살펴보면 먼저 표본평균과 표준편차가 각각

$$\bar{x} = 72.32, \quad s = 11.60$$

이고, 따라서 평균에 대한 표준오차(standard error)는 다음과 같다.

$$SE = s/\sqrt{n} = 2.32$$

또한 부록의 '부표 4'에서 $t_{0.025}(24) = 2.064$임을 알 수 있으므로 오차한계

$$t_{0.025}(24)\frac{s}{\sqrt{n}} = 2.064\frac{11.60}{\sqrt{25}} = 2.064(2.32) = 4.79$$

를 얻을 수 있으며, 따라서 '서비스만족도'의 모평균에 대한 95% 신뢰구간은 다음과 같다.

$$(72.32 - 4.79,\ 72.32 + 4.79) = (67.53,\ 77.11).$$

<예 4.2> 모평균에 대한 신뢰구간 계산: MEANS 프로시저

```
PROC MEANS DATA=exam.csi N MEAN STD CLM ALPHA=0.05 ;
    VAR csi;
RUN;
```

```
                        The MEANS Procedure

                  분석 변수 : csi 소비자 만족도 지수

                                            평균에 대한95%     평균에 대한95%
N         평균값          표준편차              신뢰하한           신뢰상한
--------------------------------------------------------------------------
25    72.3200000     11.6000000          67.5317553         77.1082447
--------------------------------------------------------------------------
```

한편 MEANS 프로시저를 이용하여 모평균에 대한 신뢰구간을 얻을 수도 있는데, 위의 <예 4.2>에서와 같이 CLM 옵션(평균에 대한 신뢰구간을 출력하도록 한다)을 지정하고 ALPHA= 옵션으로 유의수준(α)을 설정하면 된다.

4.1.3 모비율에 대한 추정

크기가 n인 표본으로부터 성공 회수가 x일 때 모비율 p에 대한 통계적 추론은 표본비율 $\hat{p} = x/n$에 의해서 이루어진다. 즉, 확률변수 x가 이항분포 $B(n,\ p)$를 따른다는 사실을 이용하여 통계적 추정과 검정을 수행할 수 있다. 이 때 x의 평균과 분산이 각각 $E(x) = np$와 $Var(x) = np(1-p)$임을 앞장에서 설명한 바 있다.

한편 표본의 크기 n이 충분히 큰 경우 3장에서 설명한 중심극한정리에 의해 표본비율 $\hat{p}$의 분포는 근사적으로 정규분포에 가까워지며, 이 때 $\hat{p}$의 평균과 표준편차는 각각 다음과 같다.

$$E(\hat{p}) = p, \quad Var(\hat{p}) = p(1-p)/n. \tag{4.7}$$

따라서 표본의 크기가 충분히 큰 경우

$$z = \frac{\hat{p} - p}{\sqrt{p(1-p)/n}} \ \dot{\sim}\ N(0,\ 1) \tag{4.8}$$

가 성립한다는 사실을 이용하여, 다음과 같이 근사(approximate) 신뢰구간을 구할 수 있다.

모비율에 대한 정규근사 신뢰구간

표본크기 n이 충분히 큰 경우(대략 $n\hat{p} \geq 5$ 또는 $n(1-\hat{p}) \geq 5$), 모비율 p에 대한 $100(1-\alpha)\%$ 정규근사 신뢰구간은

$$\left(\hat{p} - z_{\alpha/2}\sqrt{\frac{\hat{p}(1-\hat{p})}{n}}\ ,\ \ \hat{p} + z_{\alpha/2}\sqrt{\frac{\hat{p}(1-\hat{p})}{n}}\right).$$

FREQ 프로시저의 이용

다음 <예 4.3>에서와 같이 FREQ 프로시저를 이용하면 모비율에 대하여 이항분포에 의한 정확한 신뢰구간과 정규근사 신뢰구간을 얻을 수 있다.

<예 4.3> 모비율에 대한 신뢰구간 계산: FREQ 프로시저

```
DATA exam.poll;
    INPUT yesno $ count;
CARDS;
YES  250
NO   150
;
RUN;

PROC FREQ DATA=exam.poll ORDER=DATA;
    WEIGHT count;
    EXACT BINOMIAL;
    TABLES yesno / ALPHA=0.05;
RUN;
```

```
                    FREQ 프로시저

                                         누적        누적
yesno        빈도         백분율         빈도       백분율
---------------------------------------------------------
YES           250         62.50          250        62.50
NO            150         37.50          400       100.00

                    yesno= YES
                  에 대한 이항비

          ---------------------------------
          비율(P)                    0.6250
```

```
ASE                  0.0242
95%  신뢰하한         0.5776
95%  신뢰상한         0.6724

정확 신뢰한계
95%  신뢰하한         0.5755
95%  신뢰상한         0.6726
```

<예 4.3>에서는 TABLES 명령문에 ALPHA= 옵션에 의해 신뢰수준을 (1 − 0.5) = 95%로 지정하였으며, EXACT 명령문에 BINOMIAL 옵션을 사용하여 이항분포에 의한 정확한 신뢰구간을 함께 출력하도록 지정하였다(EXACT 명령문이 지정되지 않으면 정규근사 신뢰구간만 출력된다). FREQ 프로시저의 일반적 사용형식과 이들 옵션들의 기능에 대해서는 2.6절 및 9.5절을 참조하기 바란다.

예를 들어 어떤 선구구의 유권자 중에서 400명을 임의로 추출하여 입후보자 A에 대한 지지여부를 알아본 결과 250명이 지지하는 것으로 나타났다고 할 때, 지지율 p에 대한 95% 신뢰구간을 구해보도록 하자. 이 예에서 표본 지지율은 $\hat{p} = 250/400 = 0.625$이고 근사 표준오차(ASE, asymptotic standard error)는 $\sqrt{\hat{p}(1-\hat{p})/n} = 0.024$이며 $Z_{0.025} = 1.96$(부록의 부표 3 참조)이므로, 지지율 p에 대한 95% 정규근사 신뢰구간은 다음과 같이 계산된다.

$$(0.625 - 1.96 \times 0.024,\ 0.625 + 1.96 \times 0.024) = (0.578,\ 0.672).$$

한편 위의 결과에서 이항분포에 의한 정확한 신뢰구간은 (0.576, 0.673)으로 계산되었다는 것을 알 수 있는데, 사실 정규근사 신뢰구간은 표본크기가 큰 경우 계산상 편의를 위해 사용되는 것이므로 표본크기가 작은 경우에는 이항분포에 의해 정확한 신뢰구간을 구하는 것이 바람직하다.

<예 4.3>에서 사용된 ORDER=DATA 옵션은 데이터세트에서 먼저 입력된 범주 'YES'의 모비율에 대해 신뢰구간을 출력하도록 지정한 것이다. 만약 이 옵션을 생략하면 알파벳 순서에서 NO가 YES보다 앞서므로 범주 'NO'의 모비율에 대한 검정결과가 출력된다(9.5절 참조).

4.1.4 모분산과 모표준편차에 대한 추정

모평균 μ와 모분산 σ^2을 가지는 정규모집단에서 표본크기 n인 확률표본을 추

출하는 경우 표본분산

$$s^2 = \frac{1}{n-1}\sum_{i=1}^{n}(x_i - \bar{x})^2$$

을 계산하면 s^2은 모분산 σ^2의 불편추정량이 된다. 또한 다음 확률변수

$$\chi^2 = \frac{(n-1)s^2}{\sigma^2}$$

은 자유도가 $n-1$인 카이제곱분포를 따른다는 것을 3장에서 설명한 바 있다.

따라서 이와 같은 사실을 이용하면

$$P\left(\chi^2_{1-\alpha/2}(n-1) < \frac{(n-1)s^2}{\sigma^2} < \chi^2_{\alpha/2}(n-1)\right) = 1-\alpha \qquad (4.9)$$

가 성립함을 보일 수 있고, 따라서 모분산 σ^2에 대한 $100(1-\alpha)\%$ 신뢰구간은 다음과 같이 주어진다.

모분산에 대한 신뢰구간

정규모집단 $N(\mu,\ \sigma^2)$의 모분산 σ^2에 대한 $100(1-\alpha)\%$ 신뢰구간은

$$\left(\frac{(n-1)s^2}{\chi^2_{\alpha/2}(n-1)},\ \frac{(n-1)s^2}{\chi^2_{1-\alpha/2}(n-1)}\right).$$

앞의 <예 4.1>에 출력된 '서비스 만족도'의 예에서 모분산 σ^2에 대한 95% 신뢰구간을 구해보도록 하자. 먼저 출력결과로부터 표본분산이 $s^2 = 134.56$임을 알 수 있으며, 부록의 '부표 5'로부터 $\chi^2_{0.025}(24) = 39.36$과 $\chi^2_{0.975}(24) = 12.40$임을 찾을 수 있다. 따라서 서비스 만족도의 모분산에 대한 95% 신뢰구간은 다음과 같다.

$$\left(\frac{(24)(134.56)}{39.36},\ \frac{(24)(134.56)}{12.40}\right) = (82.04,\ 260.41)$$

또한 모표준편차 σ에 대한 95% 신뢰구간은 다음과 같다.

$$\left(\sqrt{82.04},\ \sqrt{260.41}\right) = (9.06,\ 16.14)$$

4.1.5 표본크기의 결정

모집단에 대한 조사를 설계하는 단계에서 가장 먼저 생각해야 할 것은 표본크기를 몇으로 정해야 할 것인가 하는 문제이다. 이것은 조사목적과 추론결과의 정밀도에 대한 요구에 따라 결정되는 것인데, 여기서는 모평균과 모비율의 추정에 있어서 표본크기를 결정하는 문제를 소개하기로 하겠다.

모평균의 추정에 있어서 표본크기의 결정

모평균을 추정하는 경우, 표본크기가 추정값의 정밀도에 어떠한 영향을 미치는지 생각해 보자. 표본크기가 고정되어 있는 경우 신뢰수준이 높을수록 신뢰구간의 길이는 길어지게 되어 정밀도는 떨어지게 된다. 따라서 똑같은 신뢰수준을 유지하면서 신뢰구간의 정밀도를 높이기 위해서는 표본크기를 크게 해야 한다. 그러나 표본크기를 무한정 크게 할 수는 없다. 왜냐하면 표본크기는 곧 소요되는 시간과 비용에 직결되기 때문이다. 따라서 신뢰구간이 요구하는 정밀도를 만족하기 위해서 필요한 최소 표본크기는 어떻게 결정해야 하는지 알아보도록 하자.

정규모집단의 모분산 σ^2이 알려져 있는 경우 모평균 μ에 대한 $100(1-\alpha)\%$의 신뢰구간은 다음과 같다는 것을 앞에서 설명한 바 있다.

$$\left(\bar{x} - z_{\alpha/2}\frac{\sigma}{\sqrt{n}}\ ,\ \ \bar{x} + z_{\alpha/2}\frac{\sigma}{\sqrt{n}}\right).$$

이 때 $z_{\alpha/2}\ \sigma/\sqrt{n}$은 추정값 $\bar{x}$와 모평균 μ의 차이를 표현하는 값으로 **오차한계**(誤差限界, limit of error)라고 하며 이것은 추정값의 정밀도를 표시한다. 여기서 알 수 있듯이 오차한계는 표본크기 n에 의존하게 된다. 즉, 표본크기 n이 커지면 오차한계는 작아지고 추정값의 정도는 높아지게 된다.

한편, 연구자는 실험이나 조사를 실시하기 전에 모평균 μ를 어느 정도의 오차범위 내에서 추정하려 하는가를 구체적으로 정해놓아야 하는데 이를 **최대 허용오차**라고 한다. 이 때 연구자는 오차한계를 사전에 규정된 최대 허용오차 d보다 작거나 같게 하기를 원하게 되는데, 따라서 필요한 표본크기는 다음과 같이 결정된다.

$$z_{\alpha/2}\frac{\sigma}{\sqrt{n}} \le d \tag{4.10}$$

이제 위 식을 n에 관하여 풀면 다음과 같은 식을 얻는다.

모평균의 추정에서 표본크기 n의 결정: $100(1-\alpha)\%$ 오차한계를 d 이하로 하고자 하는 경우 ———

$$n \ge \left(\frac{z_{\alpha/2}\ \sigma}{d}\right)^2$$

그런데 위와 같은 식을 실제 문제에 적용하는 경우 모분산 σ^2을 모르는 경우가 많기 때문에 적용상 어려움이 따르게 된다. 따라서 과거의 경험으로부터 σ^2에 대해 예측되는 값을 이용하거나, 작은 크기의 표본을 예비적으로 추출하여 얻어지는 표본분산으로 σ^2을 추정하여 사용하기도 한다.

모비율의 추정에 있어서 표본크기의 결정

모비율에 대한 구간추정의 경우에도 정규근사법을 사용하여 모평균의 경우와 유사하게 표본크기를 결정할 수 있다. 즉, 모비율 p에 대한 추정에 있어 근사 오차한계가 $z_{\alpha/2}\sqrt{\hat{p}(1-\hat{p})/n}$이 된다는 것을 앞에서 설명한 바 있는데, 이를 이용하여 표본크기를 결정할 수 있다. 그런데 이 경우도 데이터가 수집되기 전에는 $\hat{p}$을 알 수 없으므로, 실제로는 사전정보를 이용하여 모비율 p에 가까울 것으로 예측되는 값 p^*를 이용하게 된다. 즉, 최대 허용오차를 d라고 할 때

$$d \geq z_{\alpha/2}\sqrt{p^*(1-p^*)/n} \tag{4.11}$$

를 만족하는 n을 표본크기로 결정하는 것이다. 한편, p에 대한 사전정보가 전혀 없는 경우에는 $p^* = 0.5$로 두어 표본크기를 계산하기도 한다.

모비율의 추정에서 표본크기 n의 결정: $100(1-\alpha)\%$ 오차한계를 d 이하로 하고자 하는 경우

$$n \geq p^*(1-p^*)\left(\frac{z_{\alpha/2}}{d}\right)^2$$

예를 들어 p에 대한 사전정보가 없는 경우 최대 허용오차 d를 0.03(즉 3%)으로 한다면, $n \geq (1/2)(1-1/2)(1.96/0.03)^2 = (1/4)(1.96/0.03)^2 = 1068$로부터 필요한 표본크기가 $n = 1068$임을 알 수 있다.

4.2 통계적 가설검정

일상생활에서 주관적인 판단이나 경험적 사실을 토대로 어떠한 집단의 특성에 대하여 가설을 설정하고 데이터를 통하여 그 가설이 맞는지에 대한 타당성을 검토해 보는 경우가 있다. 이와 같이 관심이 되는 모집단의 특성에 대한 어떠한 주장을 확인하기 위하여 그 모집단으로부터 표본을 추출하여 분석해 봄으로써 모집단에 대한 어떠한 주장의 타당성을 검토해 보는 것을 가설검정이라 한다. 앞 장에서 소개한 점추정 및 구간추정이 미지의 모수를 추정하는데 목적이 있다면, 가설검정(또는 검증)은 모수에 관한 가설의 타당성에 대하여 경험적 증거를 제시하는데 목적이 있다 하겠다. 이 절에서는 통계적 가설검정의 기본개념과 절차에 대해서 설명할 것이다.

4.2.1 귀무가설과 대립가설

통계적 가설(statistical hypothesis)이란 모집단의 특성인 모수에 관한 주장이나 서술을 의미한다. 예를 들어, '가구당 월소득의 평균은 250만원이다', '새로운 약품의 치유율이 기존 약품의 치유율보다 더 높다', '남학생과 여학생의 학업성취 능력의 평균은 같다' 등은 통계적 가설의 예이다. 모수에 관한 이러한 가설은 표본으로부터 도출된 (검정)통계량에 기초한 일련의 통계적 검정절차를 통해 그 가설의 진위여부에 관한 결론을 유도하게 되는데, 이를 통계적 **가설검정**(假說檢定, testing hypothesis)이라 한다.

통계적 가설검정에서는 모수에 관한 가설을 두 개로 설정하고, 표본으로 얻어진 데이터를 분석하여 두 가설 중 어느 하나를 선택하는 방법을 사용한다. 예를 들어, '새로운 약품의 평균 치료기간(μ)은 기존 약품의 평균 치료기간(15일)보다 작다고 할 수 있는가?'와 같은 문제를 검정하는 경우 고려되는 두 개의 가설은 다음과 같이 표현할 수 있다.

- $H_0 : \mu = 15$ (새로운 약품의 평균 치료기간은 15일이다.)
- $H_1 : \mu < 15$ (새로운 약품의 평균 치료기간은 15일보다 작다.)

이와 같은 두 개의 가설에서 **대립가설**(對立假說, alternative hypothesis)은 관측된 데이터를 통해 입증하고자 하는 가설로 H_1으로 표기하고, **귀무가설**(歸無假說, null hypothesis)은 대립가설에 상반되는 가설로 H_0로 표기한다.

- 귀무가설(H_0): 효과가 없다, 차이가 없다, 서로 다르지 않다. (반증의 대상)
- 대립가설(H_1): 효과가 있다, 차이가 있다, 서로 다르다. (연구의 관심)

사례 1. 소비자 고발센타에 접수된 불만은 치약의 함량이 기준치인 150g을 대부분 미달한다는 것이었다. 이러한 접수결과를 검정하기 위하여 귀무가설과 대립가설을 설정하면 다음과 같다.

- 귀무가설(H_0): 치약의 함량기준치가 150g이다.
- 대립가설(H_1): 치약의 함량기준치가 150g에 미달한다.

사례 2. 휴대폰을 만드는 회사에서 휴대폰의 색상에 따라 남성과 여성의 선호도가 같은지를 알기 위하여 설문조사를 하였다. 이 때 선호도를 검정하기 위하여 귀무가설과 대립가설을 설정하면 다음과 같다.

- 귀무가설(H_0): 휴대폰의 색상에 따라 남성과 여성의 선호도가 같다.

– 대립가설(H_1): 휴대폰의 색상에 따라 남성과 여성의 선호도가 다르다.

4.2.2 검정통계량과 기각역

귀무가설과 대립가설 중 어느 하나를 채택하는데 사용되는 통계량을 **검정통계량**(檢定統計量, test statistic)이라고 한다. 예를 들어, x_1, x_2, $\cdots$, x_n이 정규분포를 따르는 모집단으로부터 추출되었고 모분산 σ^2이 알려져 있다고 가정할 때, 다음과 같은 가설을 검정하고자 하는 경우

$$H_0 : \mu \geq 15 \quad \text{vs} \quad H_1 : \mu < 15$$

표본평균 $\bar{x}$를 검정통계량으로 이용할 수 있다. 즉, 모평균의 추정량인 $\bar{x}$의 값이 15보다 작으면 작을수록 대립가설 $H_1 : \mu < 15$를 채택할 수 있는 강한 증거로 여길 수 있다는 것이다.

이러한 검정통계량은 가설의 형태와 대상 모집단의 분포에 관한 가정에 의해서 달라지게 된다. 또한 검정통계량의 실제값에 따른 결정은 '귀무가설 H_0를 기각할 수 있다' 또는 '귀무가설 H_0를 기각할 수 없다'는 형식으로 이루어지는데, 귀무가설 H_0를 기각하여 대립가설 H_1을 채택하는 검정통계량의 영역을 **기각역**(棄却域, rejection region, critical region)이라고 한다. 앞의 예에서는 기각역이 적절한 상수 c에 대해 '$\bar{x} \leq c$'의 형태로 주어지게 된다.

4.2.3 제1종 오류와 제2종 오류

가설검정을 할 때마다 매번 옳은 결정을 하게 하는 검정방법을 사용할 수 있다면 좋은 일이겠지만 대부분의 경우 현실적으로 이러한 검정방법은 존재하지 않으며, 통계적 가설검정이 표본이라는 모집단의 부분정보에 기초하는 귀납적 추론의 범주에 속하므로 의사결정에 따른 오류의 수반은 필연적이라 할 수 있다. 통계적 가설검정에서 고려될 수 있는 오류는 다음과 같은 두 가지이다.

- 제1종 오류: 귀무가설이 사실일 때 귀무가설을 기각하는 오류
- 제2종 오류: 대립가설이 사실일 때 귀무가설을 채택하는 오류

이러한 오류를 살인사건의 재판에 비유하여 보자. 검사는 혐의자를 기소하여 유죄를 주장한다. 이 경우 검사의 주장은 대립가설 H_1이 된다. 그러나 모든 사람은 재판의 유죄판결이 있기까지는 무죄이며, 이러한 무죄의 주장이 귀무가설

<표 5.1> 가설검정에서 발생하는 오류의 형태

실제 의사결정	H_0가 참 (H_1이 거짓)	H_0가 거짓 (H_1이 참)
H_0를 채택 (H_1을 기각)	옳은 결정 $(1-\alpha)$	제2종 오류 (β)
H_0를 기각 (H_1을 채택)	제1종 오류 (α)	옳은 결정 $(1-\beta)$

H_0가 된다. 재판에서 검사는 유죄를 입증할 증거나 자료를 제시하게 함으로써 유죄의 주장을 할 것이다. 그러나 이러한 증거가 불충분할 때 피고는 자동적으로 본연의 위치인 무죄로 판결을 받게 된다. 그러므로 유죄를 뒷받침하지 못하면 무죄는 저절로 성립된다.

여기서 무죄인 혐의자가 유죄판결을 받는 잘못은 귀무가설이 참일 때 이를 기각하여 생기는 오류와 유사하며, 이러한 오류를 **제1종 오류**(type I error)라 부른다. 즉, 귀무가설 H_0가 맞는데도 불구하고 잘못하여 이를 기각하고 대립가설 H_1을 채택하는 오류로서 α로 표시한다.

반대로 살인자가 무죄 판결로 풀려나는 오판과 같이 대립가설이 참일 때 이를 기각하고 귀무가설을 채택하여 생기는 오류가 있는데, 이런 오류를 **제2종 오류**(type II error)라고 부른다. 즉, 대립가설 H_1이 맞는데도 불구하고 귀무가설 H_0를 채택하는 오류로 β로 표시한다.

이와 같이 두 종류의 오류는 전혀 다른 것으로 꼭 구별되어야 할 것이다. 그리고 가설검정에서 오류를 완전히 배제할 수는 없으며, 단지 어느 정도의 작은 확률로 이를 피하고자 할 수밖에 없다. 즉 제1종 오류를 범하는 확률 α를 0으로 하면, 제2종 오류를 범하는 확률 β를 1로 만들게 된다. 이는 마치 죄없는 선량한 백성에게 유죄판결이 되지 않게 하려면, 범인을 포함한 모든 사람을 무죄로 하면 될 것이다. 반대로 범인을 하나도 빠뜨리지 않고 유죄판결이 되도록 하려면, 이를 확실하게 하는 방법은 모든 사람을 유죄로 하면 된다.

실제로 가설검정을 수행할 때 이와 같은 두 가지 오류를 범할 확률을 되도록 작게 하는 것이 바람직 할 것이다. 그러나 두 가지 오류를 동시에 최소로 할 수 있는 검정방법은 일반적으로 존재하지 않고, 따라서 실제적으로 보다 중요한 의미를 가지는 제1종 오류(즉, 귀무가설이 사실임에도 불구하고 대립가설을 채택하여 연구자의 주장을 받아들이는 오류)를 범할 확률을 미리 지정된 확률 이하로 하는 검정방법을 사용한다. 이 때, 제1종 오류를 범할 확률의 최대 허용한계를 유의수준(有意水準, significance level)이라 하고 보통 $\alpha = 0.01,\ 0.05,\ 0.10$과 같은 값을 선택한다. 즉, 유의수준이 0.05(5%)인 검정방법이란 제1종 오류를 범할 확률이 0.05 이하인 검정방법을 의미한다.

한편 살인사건의 재판에서 혐의자에게 무죄의 판결을 내리는 것이 혐의자가 실제로 죄가 없음을 증명하는 것이 아닌 것과 같이(즉, 유죄의 판결을 내리기에는 현재의 증거가 불충분함을 의미한다) 귀무가설을 채택한다는 것이 귀무가설이 실제로 사실이라는 것을 증명하는 것은 아니다. 이는 다만 현재의 표본(데이터)으로부터 얻어진 정보로는 대립가설이 사실임을 주장할 만한 충분한 증거가 되지 못한다는 것을 의미한다.

4.2.4 양측검정과 단측검정

대립가설은 보통 세 가지 형태 중 하나를 취하게 되는데, 대립가설의 형태에 따라 양측검정(two-sided test; two-tailed test)과 단측검정(one-sided test; one-tailed test)으로 구분된다.

양측검정 (two-sided test)

양측검정은 기각역이 각각 왼쪽과 오른쪽의 두 부분으로 구성되는 가설검정이다. 예를 들어 어느 회사에서 생산하는 치약의 함량치가 150g인지 아닌지에 대하여 검정하고자 하는 경우 귀무가설과 대립가설은 다음과 같이 표현할 수 있고

$$H_0 : \mu = 150 \quad vs \quad H_1 : \mu \neq 150$$

이 검정에 대한 기각역은 <그림 4.1>과 같이 주어진다.

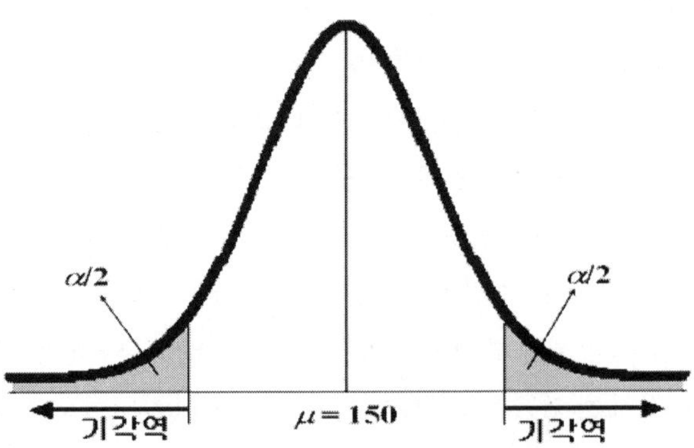

<그림 4.1> 양측검정에서의 기각역

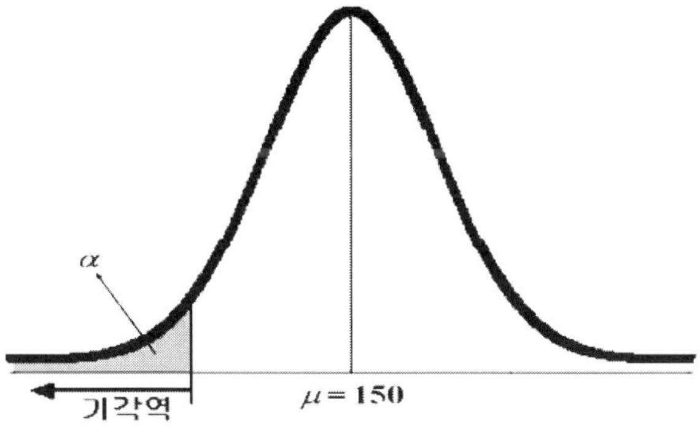

<그림 4.2> 왼쪽 단측검정에서의 기각역

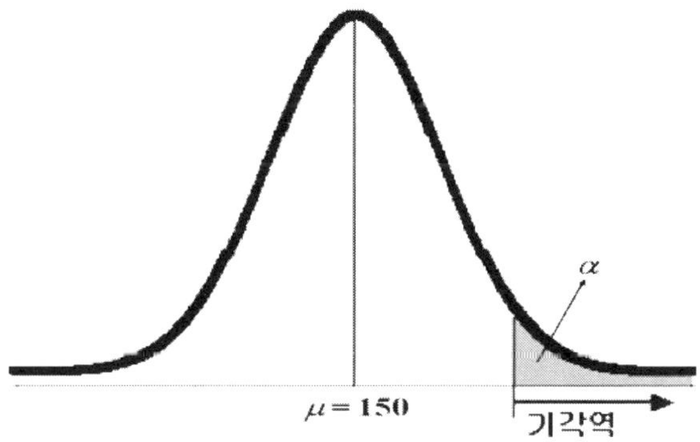

<그림 4.3> 오른쪽 단측검정에서의 기각역

단측검정 (one-sided test)

단측검정은 기각역이 왼쪽 또는 오른쪽의 한쪽으로만 구성되는 가설검정으로 각각 왼쪽 검정과 오른쪽 검정으로 구분된다. 즉, 왼쪽 검정(left-sided test)은 기각역이 왼쪽에 있는 검정방법이고, 오른쪽 검정(right-sided test)은 기각역이 오른쪽에 있는 검정방법이다.

예를 들어, 치약의 함량치가 150g인지 아니면 그보다 작은지에 대하여 검정하고자 하는 경우 귀무가설과 대립가설은 다음과 같고(왼쪽 단측검정),

$$H_0 : \mu = 150(\text{또는 } \mu \geq 150) \quad vs \quad H_1 : \mu < 150$$

이 검정에 대한 기각역은 <그림 4.2>와 같이 주어진다.

또한 치약의 함량치가 150g인지 아니면 그보다 큰지에 대하여 검정하고자 하는 경우 귀무가설과 대립가설은 다음과 같이 표현할 수 있고(오른쪽 단측검정),

$$H_0 : \mu = 150(\text{또는 } \mu \leq 150) \quad vs \quad H_1 : \mu > 150$$

이 검정에 대한 기각역은 <그림 4.3>과 같이 주어진다.

4.3 단일모집단에 대한 검정

이 절에서는 단일모집단에서 모평균(μ), 모비율(p), 모분산(σ^2)에 대한 검정을 설명하고자 한다.

4.3.1 모평균에 대한 검정 (단일표본 t-검정)

정규분포 $N(\mu, \sigma^2)$을 따르는 모집단으로부터 n개의 표본 x_1, x_2, $\cdots$, x_n이 추출되었고 모분산 σ^2이 알려져 있는 경우, 모평균 μ에 대한 가설검정은 표본평균 $\bar{x}$의 함수인 다음과 같은 검정통계량을 이용하여 수행할 수 있다.

$$Z = \frac{\bar{x} - \mu_0}{\sigma/\sqrt{n}} \tag{4.12}$$

모평균 μ에 대한 검정: 모분산 σ^2이 알려져 있는 경우

검정통계량:

$$Z = \frac{\bar{x} - \mu_0}{\sigma/\sqrt{n}}$$

기각역:

	귀무가설	대립가설	기각역
(a)	$H_0 : \mu \leq \mu_0$	$H_1 : \mu > \mu_0$	$Z \geq z_\alpha$
(b)	$H_0 : \mu \geq \mu_0$	$H_1 : \mu < \mu_0$	$Z \leq -z_\alpha$
(c)	$H_0 : \mu = \mu_0$	$H_1 : \mu \neq \mu_0$	$\lvert Z\rvert \geq z_{\alpha/2}$

그러나 모분산 σ^2을 알지 못하는 경우가 많기 때문에, 실제로는 위와 같은 검정통계량을 사용하기가 어렵게 된다. 따라서 이 경우 σ^2의 추정치인 표본분산 s^2을 고려한 다음과 같은 통계량을 사용하여 검정을 수행할 수 있다.

$$T = \frac{\bar{x} - \mu_0}{s/\sqrt{n}}, \tag{4.13}$$

이 통계량은 H_0가 사실일 때 자유도(degree of freedom)가 $n-1$인 t-분포를 따른다는 것을 3장에서 설명한 바 있고, 이러한 사실을 이용하여 단일모집단의 평균에

대한 가설검정을 수행할 수 있다. 한편 모분산 σ^2이 알려져 있지 않은 경우라도 표본크기 n이 충분히 크다면(대략 $n > 30$인 경우), $t_\alpha(n-1)$(또는 $t_{\alpha/2}(n-1)$)이 z_α(또는 $z_{\alpha/2}$)와 거의 같게 되므로, 정규분포로부터 기각역을 구할 수도 있다.

모평균 μ에 대한 검정: 모분산 σ^2이 알려져 있지 않은 경우

검정통계량:

$$T = \frac{\bar{x} - \mu_0}{s/\sqrt{n}}$$

기각역:

	귀무가설	대립가설	기각역
(a)	$H_0 : \mu \le \mu_0$	$H_1 : \mu > \mu_0$	$T > t_\alpha(n-1)$
(b)	$H_0 : \mu \ge \mu_0$	$H_1 : \mu < \mu_0$	$T \le -t_\alpha(n-1)$
(c)	$H_0 : \mu = \mu_0$	$H_1 : \mu \ne \mu_0$	$\lvert T \rvert \ge t_{\alpha/2}(n-1)$

TTEST 프로시저의 이용

SAS에서는 TTEST 프로시저를 이용하여 모평균에 대한 여러 가지 가설검정을 쉽게 수행할 수 있다(TTEST 프로시저의 일반적 사용형식에 대해서는 5장을 참조하기 바란다).

예를 들어, <예 4.1>의 데이터에 대해서 '서비스 만족도의 모평균이 70 이상'이라는 대립가설에 대해 검정을 수행하여 보자. 즉,

$$H_0 : \mu = 70 \quad vs \quad H_1 : \mu > 70$$

과 같은 가설에 대해 유의수준 5% 하에서 검정을 수행해 보도록 하자. 이 경우 다음 <예 4.4>에서와 같이 PROC TTEST 명령문에 H0= 옵션을 이용하여 μ_0를 70으로 지정하면 된다.

<예 4.4>의 출력결과를 살펴보면 먼저 표본평균(Mean)이 $\bar{x} = 72.32$이고 표준편차(Std Dev)가 $s = 11.60$임을 알 수 있고, 검정통계량 T의 값을 구하면 다음과 같다(여기서 평균에 대한 표준오차(Std Err)는 $s/\sqrt{n} = 2.32$이다) .

$$T = \frac{\bar{x} - \mu_0}{s/\sqrt{n}} = \frac{72.32 - 70}{11.60/\sqrt{25}} = \frac{2.32}{2.32} = 1.000$$

<예 4.4> 단일모집단의 모평균에 대한 검정 : TTEST 프로시저

```
PROC TTEST DATA=exam.csi H0=70;
    VAR csi;
RUN;
```

```
                          The TTEST Procedure

                              Statistics

                    Lower CL             Upper CL  Lower CL
Variable       N       Mean      Mean       Mean   Std Dev   Std Dev

csi           25     67.532     72.32     77.108    9.0576      11.6

                              Statistics

                 Upper CL
      Variable   Std Dev     Std Err     Minimum     Maximum

      csi         16.137        2.32          49          95


                                T-Tests

             Variable       DF      t Value     Pr > |t|

             csi            24         1.00       0.3273
```

또한 부록의 '부표 4'에서 기각치가 $t_{0.05}(24) = 1.711$임을 알 수 있다. 따라서 검정통계량의 값 1.000은 기각치인 1.711보다 크지 않으므로 H_0를 기각할 수 없고 '서비스 만족도의 모평균이 70 이상'이라고 할 수 없다.

한편 위 결과에는 모평균에 대한 신뢰구간 (67.53, 77.11)과 모표준편차에 대한 신뢰구간 (9.06, 16.14)도 함께 출력되어 있는데, 모평균에 대한 신뢰구간이 $\mu_0 = 70$을 포함하고 있다는 것을 확인할 수 있다.

UNIVARIATE 프로시저의 이용

UNIVARIATE 프로시저를 이용해서도 동일한 결과를 얻을 수 있는데, 다음 <예 4.5>에서와 같이 PROC UNIVARIATE 명령문에 MU0= 옵션을 이용하여 μ_0를 70으로 지정하면 된다. 또한 앞의 4.1절에서 설명한 바와 같이 ALPHA= 옵션을 이용하여 α를 지정하고 CIBASIC 옵션을 함께 사용하면 모평균 μ에 대한 $100(1-\alpha)\%$ 신뢰구간도 출력된다.

<예 4.5> 단일모집단의 모평균에 대한 검정: UNIVARIATE 프로시저

```
PROC UNIVARIATE DATA=exam.csi MU0=70 ALPHA=0.05 CIBASIC;
    VAR csi;
RUN;
```

```
                        기본 통계 측도

            위치측도                      변이측도

        평균      72.32000      표준편차            11.60000
        중간값    74.00000      분산               134.56000
        최빈값    63.00000      범위                46.00000
                                사분위 범위         17.00000

        NOTE: The mode displayed is the smallest of 3 modes
                          with a count of 2.

                   정규성 가정하 기본 신뢰 한계

        모수              추정값            95% 신뢰한계

        평균             72.32000       67.53176     77.10824
        표준편차         11.60000        9.05761     16.13737
        분산            134.56000       82.04028    260.41455

                      위치모수 검정: Mu0=70

        검정             --통계량---      -------p-값-------

        스튜던트의 t     t          1      Pr >  |t|    0.3273
        부호             M          2      Pr >= |M|    0.5413
        부호 순위        S         33      Pr >= |S|    0.3562
```

한편, 이와 같은 t-검정은 데이터가 정규분포로부터 추출되었다는 가정 하에서만 수행할 수 있다. 따라서 정규성의 가정이 만족되지 않는다면 t-검정 대신 비모수적인 방법인 부호검정(Sign test)이나 부호순위검정(Signed Rank test)을 시도하는 것이 바람직하다(UNIVARIATE 프로시저에서는 이러한 비모수적 검정의 결과도 출력해 준다). 비모수적 검정방법에 대해서는 10장에서 다루고 있으므로 이를 참조하기 바란다.

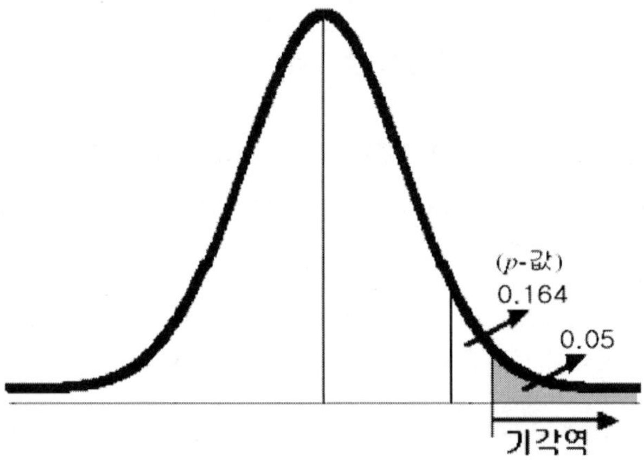

<그림 4.4> p-값과 유의수준(α)

4.3.2 유의확률 (p-값)

앞의 예에서 볼 수 있듯이 통계적 가설검정에서는 검정통계량의 값과 기각치를 비교하여 결론을 내리게 된다. 즉 데이터로부터 구한 검정통계량의 값이 기각역에 포함되면 귀무가설을 기각하고, 검정통계량의 값이 기각역에 포함되지 않으면 귀무가설을 채택하게 된다.

그런데 이와 같은 과정에서는 연구자가 검정통계량의 확률밀도함수 또는 확률분포표를 이용하여 매번 기각치를 찾아야 하므로 여간 불편한 일이 아니다. 따라서 SAS를 비롯한 대부분의 통계 소프트웨어에서는 소위 p-값(p-value)이라고 불리는 **유의확률**(significance probability)을 제공하여 연구자가 가설검정을 쉽게 수행할 수 있도록 도움을 주고 있다. 여기서 p-값은 꼬리확률이라고도 하는데, 이는 '귀무가설 하에서, 관측된 검정통계량의 값보다 더 극단적인 값이 나올 확률(즉, 관측된 데이터(검정통계량)에 근거하여 귀무가설을 기각하였을 때 범할 제1종 오류의 확률)'로서 그 값이 작을수록 귀무가설 H_0에 반하는 강한 증거가 된다.

앞의 예에서는 p-값$= P(t \geq 1.000) = 0.164$로서 유의수준 $\alpha = 0.05$보다 크므로 귀무가설 '$H_0 : \mu = 70$'을 기각할 수 없다. SAS에서는 t-검정에 대해 양측검정 p-값만을 출력해 주는데, 단측검정 p-값을 얻고자 하는 경우 출력된 양측검정 p-값을 2로 나누어 계산하면 된다. 즉, 이 경우 단측검정 p-값은 0.327/2=0.164가 된다.

즉, 이 예를 통해서 알 수 있듯이 검정통계량의 값이 기각역에 포함되면 p-값이 유의수준(α)보다 작게 되고, 검정통계량의 값이 기각역에 포함되지 않으면 p-값이 유의수준(α)보다 크게 된다. 따라서 이러한 사실을 이용하면 굳이 확률분포표로부터 기각치를 찾지 않아도 소프트웨어에서 제공하는 p-값을 통해 가설검정을 쉽게 수행할 수 있다.

결론적으로 말하자면 p-값(유의확률)이 유의수준(α)보다 작으면 검정통계량의 실제값이 기각역에 포함되어서 귀무가설을 기각하고 대립가설을 채택할 수 있다는 것을 의미하며, p-값이 유의수준(α)보다 크면 귀무가설을 기각할 수 없다는 것을 의미한다.

4.3.3 모비율에 대한 검정

찬성률, 치료율, 불량률 등과 같이 모집단 내에서 특정한 그룹이 차지하는 비율 p에 대한 가설검정에 대해 살펴보자. 예를 들어, 어느 제조회사에서 새로운 공정방법을 도입하려고 하는데 기존의 공정방법에 의한 불량률은 15%라고 하자. 이 회사에서는 새로운 공정방법에 의한 불량률이 15%보다 작은지를 알아보기 위해 n개의 제품을 생산하였고 그 중 불량품이 x개 였다. 이 경우 관심이 되는 가설은

$$H_0 : p \geq p_0(= 0.15) \quad \text{vs} \quad H_1 : p < p_0(= 0.15)$$

이고, 검정통계량 x가 이항분포 $B(n, p)$를 따른다는 것을 이용하면 유의확률(p-값)은 다음과 같이 계산된다.

$$\sum_{k=0}^{x} \binom{n}{k} p_0^k (1 - p_0)^{n-k}. \tag{4.14}$$

모비율 p에 대한 검정: 표본크기가 충분히 큰 경우

검정통계량:

$$z = \frac{\hat{p} - p_0}{\sqrt{p_0(1 - p_0)/n}}$$

기각역:

	귀무가설	대립가설	기각역
(a)	$H_0 : p \leq p_0$	$H_1 : p > p_0$	$Z \geq z_\alpha$
(b)	$H_0 : p \geq p_0$	$H_1 : p < p_0$	$Z \leq -z_\alpha$
(c)	$H_0 : p = p_0$	$H_1 : p \neq p_0$	$\|Z\| \geq z_{\alpha/2}$

한편 표본의 크기 n이 충분히 큰 경우 표본비율 $\hat{p} = x/n$은 평균이 p이고 분산이 $p(1-p)/n$인 정규분포를 따른다는 것을 앞절에서 설명한 바 있는데, 따라서 이 경우 다음과 같은 검정통계량을 사용하여 모비율에 대한 정규근사 검정을 수행할 수도 있다.

모비율에 대한 검정의 예를 들어보도록 하자. 어느 회사의 제품에 대한 불량률은 15% 정도이며, 이 불량률을 줄이기 위해 새로운 재료를 사용하려고 한다. 새로운 재료를 사용한 제품 중 400개를 뽑아 조사한 결과 54개의 불량품이 발견되었다. 불량률이 종전(15%)에 비해 낮아졌다고 할 수 있는지를 유의수준 5% 하에서 검정하여 보자.

먼저 이 예에 대한 귀무가설과 대립가설은 다음과 같고

$$H_0 : p = 0.15 \quad vs \quad H_1 : p < 0.15$$

검정통계량 Z 값을 구하면 다음과 같다.

$$Z = \frac{\hat{p} - p_0}{\sqrt{p_0(1-p_0)/n}} = \frac{0.135 - 0.15}{\sqrt{(0.15)(0.85)/400}} = -0.84$$

또한 부록의 '부표 3'에서 기각치가 $-z_{0.05} = -1.645$임을 알 수 있고, 검정통계량의 값 -0.84는 기각치인 -1.645보다 크므로 귀무가설 H_0를 기각할 수 없다. 따라서 불량률이 종전(15%)보다 낮아졌다고 할 수 없다.

FREQ 프로시저의 이용

SAS에서는 FREQ 프로시저를 이용하여 모평균에 대한 여러 가지 가설검정을 쉽게 수행할 수 있는데(FREQ 프로시저의 일반적 사용형식에 대해서는 9장을 참조하기 바란다), 다음 <예 4.6>은 위의 예에 대해서 FREQ 프로시저를 이용하여 이항비율검정(test of binomial proportion)을 수행한 것이다. 여기서는 EXACT 명령문에 BINOMIAL 옵션을 사용하여 이항분포에 의한 정확검정의 결과를 출력하도록 지정하였고, TABLES 명령문에 BINOMIAL(P=0.15) 옵션을 사용하여 $p_0 = 0.15$를 지정하였다.

<예 4.6> 단일모집단의 모비율에 대한 검정: FREQ 프로시저

```
DATA exam.goods;
    INPUT state $ count @@;
CARDS;
Poor  54      Good  346
```

```
;
RUN;

PROC FREQ DATA=exam.goods ORDER=DATA;
    WEIGHT count;
    EXACT BINOMIAL;
    TABLES state / BINOMIAL(P=0.15) ALPHA=0.05;
RUN;
```

FREQ 프로시저

state	빈도	백분율	누적 빈도	누적 백분율
Poor	54	13.50	54	13.50
Good	346	86.50	400	100.00

state= Poor
에 대한 이항비

비율(P)	0.1350
ASE	0.0171
95% 신뢰하한	0.1015
95% 신뢰상한	0.1685
정확 신뢰한계	
95% 신뢰하한	0.1031
95% 신뢰상한	0.1724

H0:P = 0.15
의 검정

H0 하에서의 ASE	0.0179
Z	-0.8402
단측 Pr < Z	0.2004
양측 Pr > |Z|	0.4008
정확 검정	
단측 Pr <= P	0.2226
양측 = 2* 단측	0.4452

표본 크기 = 400

이 결과를 살펴보면 이항분포에 의한 정확한 유의확률(이 예는 단측검정의 문제이므로 출력결과 중 '단측 Pr<=P'를 살펴보아야 한다)이 0.2226이므로 이 경우 귀무가설을 기각할 수 없다(정규근사 검정통계량의 값은 $Z = -0.8402$이고 이에 대응되는 단측검정 p-값은 0.2004이다). 즉, 새로운 공정법에 의한 불량률이 15%보다 작다고 말할 수 없다. 또한, 모비율 p에 대한 95% 신뢰구간은 (0.1031, 0.1724)이므로 $p_0 = 0.15$는 신뢰구간에 포함된다는 것을 확인할 수 있다.

4.3.4 모분산에 대한 검정

고도의 정밀도를 요구하는 현대산업에서 분산에 관한 정보는 매우 중요시 된다. 제품의 균일성 확보나 품질의 향상은 분산을 줄이는 것과 밀접한 관련이 있기 때문이다. 이제 정규모집단의 모분산 σ^2에 대해 다음과 가설을 고려해 보자.

$$H_0 : \sigma^2 = \sigma_0^2 \ \ vs \ \ H_1 : \sigma^2 < \sigma_0^2$$

이 때 크기가 n인 확률표본으로부터 구한 표본분산 s^2의 값이 작을수록 대립가설 H_1이 사실이라고 할 수 있을 것이다.

통계량 $(n-1)s^2/\sigma^2$이 자유도가 $n-1$인 카이제곱분포를 따른다는 것을 앞장에서 설명한 바 있는데, 따라서 다음과 같은 검정통계량을 사용하여 모분산에 대한 검정을 수행할 수 있다.

모분산 σ^2에 대한 검정

검정통계량:

$$\chi^2 = \frac{(n-1)S^2}{\sigma_0^2}$$

기각역:

	귀무가설	대립가설	기각역
(a)	$H_0 : \sigma^2 \le \sigma_0^2$	$H_1 : \sigma^2 > \sigma_0^2$	$\chi^2 \ge \chi^2_{\alpha}(n-1)$
(b)	$H_0 : \sigma^2 \ge \sigma_0^2$	$H_1 : \sigma^2 < \sigma_0^2$	$\chi^2 \le \chi^2_{1-\alpha}(n-1)$
(c)	$H_0 : \sigma^2 = \sigma_0^2$	$H_1 : \sigma^2 \ne \sigma_0^2$	$\chi^2 \ge \chi^2_{\alpha/2}(n-1)$ 또는 $\chi^2 \le \chi^2_{1-\alpha/2}(n-1)$

모분산에 대한 검정의 예를 들어보도록 하자. 다음은 새 측정기구의 정확도를 검사하기 위해 어떤 액체에 포함된 불순물의 양을 16번 측정한 결과이다.

$$3.6\ 3.4\ 3.6\ 3.7\ 3.3\ 3.2\ 3.7\ 3.6\ 3.5\ 3.3\ 3.4\ 3.4\ 3.1\ 3.3\ 3.5\ 3.2$$

기존 측정기구의 분산이 0.09로 알려져 있다고 할 때, 새 측정기구의 분산이 0.09보다 작다고 할 수 있는지 유의수준 5% 하에서 검정하여 보자.

먼저 이 예에 대한 귀무가설과 대립가설은 다음과 같고,

$$H_0 : \sigma^2 = 0.09 \quad vs \quad H_1 : \sigma^2 < 0.09$$

검정통계량 χ^2 값을 구하면 다음과 같다.

$$\chi^2 = \frac{(n-1)s^2}{\sigma_0^2} = \frac{(15)(0.034)}{0.09} = 5.667$$

또한 부록의 '부표 5'에서 기각치가 $\chi^2_{0.95}(15) = 7.261$임을 알 수 있고, 검정통계량의 값 5.667은 기각치인 7.261보다 작으므로 귀무가설 H_0를 기각할 수 있다. 따라서 새 측정기구의 분산이 0.09보다 작다고 할 수 있다.

4.4 연습문제

4-1. 한 자동차 회사에서는 새로 생산된 자동차의 연비가 평균적으로 리터당 20km라고 한다. 이 회사의 주장이 정당한지를 검정하기 위해 자동차 20대를 임의로 선택하여 조사해 본 결과 다음과 같은 데이터를 얻었다.

```
21.0   22.7   25.8   20.6   18.5   21.4   19.3
17.6   22.7   20.6   17.9   18.3   24.7   23.3
24.3   21.5   20.0   19.8   22.9   19.9
```

적절한 가설을 세우고 유의수준 5% 하에서 검정하여라.

4-2. 사슴의 앞다리(foreleg)와 뒷다리(hindleg)에 관한 데이터로부터 다리길이의 차이(diff=hindleg-foreleg)를 계산하고, 이에 대한 일변량 통계분석을 수행하기 SAS 프로그램이 다음과 같이 주어져 있다.

```
DATA exam.deer;
    INPUT hindleg foreleg @@;
    diff=hindleg-foreleg;
CARDS;
142 138   140 136   144 147   144 139   142 143
146 141   149 143   150 145   142 136   148 146
;
RUN;
```

```
PROC UNIVARIATE DATA=exam.deer NORMAL PLOT;
    VAR diff;
RUN;
```

(가) 이 데이터에 대해서 연구자가 어떤 생각으로 표본을 생산하게 되었는지를 서술하여 보아라.

(나) (가)에 서술한 내용에 대응되는 귀무가설과 대립가설을 세워보아라.

(다) (나)의 통계적 가설에 대해 생각할 수 있는 두 가지 유형의 오류(혹은 그의 확률)의 내용을 구체적으로 설명하여라.

(라) "유의수준을 5%로 한다"라는 말의 의미를 이 데이터에 기초하여 설명하고, 통상적으로 제2종 오류(β) 대신 제1종 오류(α)를 고정하고 통계적 검정을 수행하는 이유를 정당화하여 보아라.

(마) 출력되는 중요통계량(대표값, 변이, 분위수 등)에 기초하여 이 데이터의 전반적 내용을 요약하여라.

(바) 줄기-잎 그림, 상자그림 등을 이용하여 변수 diff의 분포형태를 묘사하여라.

(사) (나)에 규정된 관심대상의 가설을 검정하고, 그 결과를 서술하여라.

4-3. 우리나라 프로농구팀에 소속된 농구선수들 중에서 81명을 표본추출 하였다. 이 선수들의 신장을 조사한 결과 평균신장은 198㎝이고 표준편차는 4㎝이다. 전체 농구선수들의 평균신장이 얼마인지 95% 신뢰구간을 구하여라.

4-4. H 대학교 학생 중 100명을 무작위로 뽑아 나이를 조사하니 평균 나이는 20세이고 표준편차는 2이다. 이 대학교 학생의 평균나이에 대한 95%의 신뢰구간을 구하여라.

4-5. 대한민국 군인의 평균키는 171㎝이고 표준편차는 6㎝라고 한다.

(가) 100명의 군인을 표본으로 반복하여 뽑을 때 표본평균들의 95%가 포함되리라고 예상되는 구간을 구하여라.

(나) 위에서 400명의 군인을 표본으로 할 때는 구간은 어떠하겠는가? 또한 문제 (가)에서 구한 구간이 (나)보다 큰 이유 무엇인가?

4-6. 어느 공장에서 생산되는 제품인 나사 5개를 무작위로 뽑아 나사직경을 측정한 결과는 6.33, 6.37, 6.32, 6.36, 6.37(단위:㎜)과 같다. 나사직경의 모평균과 모분산에 대한 불편추정치를 구하고, 95% 신뢰구간을 구하여라.

4-7. 커피 한잔에 포함되어 있는 카페인의 양을 조사하기 위하여 50잔의 커피를 조사하였더니 평균 114㎎, 표준편차 8.4㎎이었다. 이 커피 한잔에 포함된 카페인의 평균 양의 95% 신뢰구간을 구하여라.

4-8. H 대학교 총학생회장 선거에서 A, B 두 학생이 후보자로 나섰다. 100명의 학생을 뽑아 조사하니 그 중 55명이 A학생을 지지하는 것으로 나타났다. 이 때 A학생 지지율에 대한 95% 신뢰구간을 구하여라.

4-9. 가족계획연구소에서 아들 선호도 경향을 알아보기 위해 100쌍의 신혼부부를 뽑아 조사하니 67쌍이 딸보다 아들을 원하였다. 아들 선호도 비율에 대한 99%의 신뢰구간을 구하여라.

4-10. 새로운 법안에 대한 지지율을 알아보기 위해 여론조사를 실시하고자 한다. 이 때 모집단의 지지율에 대한 신뢰구간을 구함에 있어 오차한계를 0.03으로 하고 신뢰계수가 $1-\alpha=0.95$가 되도록 하려고 한다. 이 때 적절한 표본의 크기를 구하여라.

4-11. 어느 대학교 의과대학에서 흰쥐를 뽑아 주사함으로써 새로 만든 약품의 반응시간을 추정하고자 한다. 예비실험으로 반응시간의 표준편차가 12초임을 알았을 때 평균 반응시간의 추정오차 한계가 4초가 넘지 않도록 하고, 신뢰계수를 95%로 할 때 몇 마리의 흰쥐가 필요한가?

4-12. 전구와 같이 일상용품에 있어서는 그 수명의 표준편차를 알고 있는 것이 어떤 일정기간 후에 모든 전구를 바꾸어 끼울 것인가 아니면 그때그때 바꿔 끼울 것인가 하는 문제를 결정하는데 중요한 역할을 한다. 전구의 개수가 71이고 전구의 수명에 대한 표본편차가 4라고 할 때 귀무가설 $H_0:\sigma^2=30$과 대립가설 $H_1:\sigma^2<30$에 대하여 유의수준 5% 하에서 검정하여 보아라.

4-13. 어느 농부가 재배한 호박의 평균무게를 조사하기 위하여 표본을 추출하고자 한다. 이 때 오차의 허용한계를 0.1㎏으로 하고 신뢰계수를 95%되게 하고자 할 때 표본을 몇 개 이상 추출해야 하는가? 단, 호박무게의 표준편차는 2㎏이다.

4-14. 어느 지역에서 200명의 표본을 추출하여 건강조사를 실시하였다. 지난 1년간 의사의 처방전을 받은 횟수를 조사한 결과 평균과 표준편차로 각각 6.7과 2.8을 얻었다. 모집단의 평균을 μ라 할 때 귀무가설 $H_0 : \mu = 5.0$이고 대립가설 $H_1 : \mu > 5.0$일 때 유의수준 5% 하에서 가설을 검정하여 보아라.

4-15. 어느 대학교 학생의 IQ는 근사적으로 분산이 100인 정규분포를 따른다고 한다. $H_0 : \mu = 110 \ vs \ H_1 : \mu > 110$의 검정을 위해 이 학교 학생 16명을 뽑아 IQ조사를 해보니 평균 IQ는 113.5였다. 유의수준 5% 하에서 귀무가설 H_0를 기각할 것인지 아닌지를 검정하여 보아라.

4-16. 건강한 성인의 맥박은 1분에 평균 60회 정도이고 표준편차는 5로 알려져 있다. 성인 16명을 대상으로 주변온도를 높여서 맥박을 조사한 결과 1분에 평균 70번으로 나타났다. 이 때 성인의 맥박이 주변온도에 따라서 변화가 있다고 말할 수 있는지 유의수준 5% 하에서 가설을 검정하여 보아라.

4-17. 담배회사와 소비자보호연맹 사이에 담배에 포함된 니코틴 함유량 문제로 의견이 대립되고 있다. 담배 한 개피당 니코틴 함유량이 14mg이라는 회사측의 설명에 대하여 소비자보호연맹에서는 그 이상이라고 주장하기 때문이다. 이러한 문제를 해결하기 위하여 무작위 추출로 20개피의 담배를 분석한 결과, 니코틴 함유량이 평균 14.8mg이고 표준편차가 2.4mg으로 나왔다. 이 때 적절한 가설을 설정하고 유의수준 5% 하에서 가설을 검정하여 보아라.

4-18. 어떤 야금학자가 망간이 녹는 온도를 측정한 결과 1269℃, 1271℃, 1263℃, 1265℃를 얻었다. 이 학자는 망간이 녹는 평균 온도가 1267℃라고 주장하려한다. 이 주장을 유의수준 10% 하에서 검정하여 보아라. 단, 망간이 녹는 온도는 분산이 5인 정규분포라고 가정한다.

4-19. 어떤 자동차 회사의 사장은 휘발유 1ℓ당 20km를 주행할 수 있다고 주장한 차종을 판매해 왔다. 이 종류의 차량 8대를 뽑아 검사한 결과 1ℓ당 평균 18km를 주행하고 표준편차는 3km이다. 이 회사의 주장이 옳은지 아니면 이 차종의 주행거리가 20km보다 작은지를 유의수준 5% 하에서 검정하여 보아라.

4-20. 어느 회사의 평균 출근율이 90%라고 한다. 3일의 연휴 다음날 출근상태를 조사한 결과 200명 가운데 40명이 결근하였다. 이 때 평균 출근율과 같다고

말할 수 있는지를 유의수준 5% 하에서 검정하여 보아라.

4-21. 해충을 죽이는 효과가 50%인 살충제에 다른 특수약품을 첨가한 다음 200마리의 해충에 뿌려보니 120마리가 죽었다. 특수약품을 첨가함으로서 전보다 살충효과가 좋아졌는지를 유의수준 5% 하에서 검정하여 보아라.

4-22. 어떤 주사위를 240회 던져보니 6이 52회 출현하였다. 이 주사위가 바른 주사위인지 아닌지를 유의수준 10% 하에서 검정하여 보아라.

4-23. 시험공부를 전혀 하지 않은 학생이 O, × 문제에서 그 답을 추측하는 능력이 동전을 던져 판단하는 것보다는 나은지에 관해 알아보려고 한다. 총 200문항에서 110개의 답을 맞추었다고 할 때 유의수준 5% 하에서 검정하여 보아라.

4-24. 서울시의 고등학교 3학년생에 대하여 영어 종합고사를 실시한 결과 그 중 40%가 불합격권에 들었다. 그런데 강남고등학교 3학년생 중 120명을 조사해보니 그 중 54명이 불합격권에 속한다고 한다. 강남고등학교 3학년생의 영어 실력이 서울시 전체에 비교하여 열등한지를 유의수준 5%에서 검정하여 보아라.

4-25. 어느 산부인과 의사에 따르면 요즘 출생한 어린이는 여아보다 남아가 많다고 한다. 이를 확인하기 위하여 갓난 아이 200명에 대하여 성별을 조사한 결과 110명이 남아였고 90명은 여아였다. 이를 근거로 하여 산부인과 의사의 주장이 옳은지를 유의수준 5% 하에서 검정하여 보아라.

4-26. 시계추의 진동폭 분산이 0.04cm이내이면 좋은 제품이라고 한다. 이것을 확인하기 위하여 시계추의 진동폭을 9번 조사한 결과 그 분산이 0.038cm임을 알았다. 이 데이터를 이용하여 시계추의 진동폭 분산이 0.04cm 이하라고 말할 수 있는지 유의수준 5% 하에서 검정하여 보아라.

제 5 장
두 모집단에 대한 비교

앞장에서 단일모집단에서 하나의 모평균, 모비율, 모분산에 대한 가설검정을 설명하였다. 그러나 실제 현실에 적용되는 경우는 대부분 두 개 이상의 모집단의 특성을 비교하는 것이다. 예를 들면, 새로운 약품을 개발했을 때 새로운 약품의 효능을 임상실험을 통하여 검증하게 된다. 즉 새로운 약품을 사용한 환자와 사용하지 않은 환자 간의 데이터를 비교함으로써 새로운 약품의 효능을 검토할 수 있다. 또한 이동통신 회사의 마케팅 부서에서는 휴대폰의 사용시간이 성별(남, 여)에 따라 차이가 있는지를 검토하여 여러 가지 새로운 마케팅을 제안할 수 있을 것이다.

이 이외에도 사회현상에 대한 남녀별 인식정도의 차이, 흡연 집단과 비흡연 집단 간의 폐암 발생률의 차이, 두 가지 교수법에 의한 학업성취도의 차이, 두 가지 치료방법에 의한 치료율의 차이, 두 회사 제품에 대한 소비자들의 선호도 차이 등 두 집단에 대한 비교는 매우 많이 존재한다. 이 장에서는 두 모집단의 모평균, 모비율, 모분산의 차이에 대한 가설검정 문제를 소개하고자 한다.

5.1 독립표본에 의한 두 모평균의 비교: 독립표본 t-검정

'남학생과 여학생의 학업성취능력에 대한 평균이 같은가?' 또는 '서로 다른 두 공장에서 생산된 냉장고에 있어 냉각능력의 평균은 같은가?'와 같이 두 모집단 평균의 동일성 검정을 실시하는 경우를 생각해 보자.

두 집단에 대해 확률표본 $x_{11},\ x_{12}, \cdots, x_{1n_1}$과 $x_{21},\ x_{22}, \cdots, x_{2n_2}$가 각각 정규분포 $N(\mu_1, \sigma_1^2)$과 $N(\mu_2, \sigma_2^2)$로부터 추출되었다고 하자. 이 때, 각 집단에서의 표본평균과 표본분산은 다음과 같다.

$$\bar{x}_1 = \frac{1}{n_1}\sum_{i=1}^{n_1} x_{1i}, \quad \bar{x}_2 = \frac{1}{n_2}\sum_{i=1}^{n_2} x_{2i} \tag{5.1}$$

$$s_1^2 = \frac{1}{n_1 - 1}\sum_{i=1}^{n_1}(x_{1i} - \bar{x}_1)^2, \quad s_2^2 = \frac{1}{n_2 - 1}\sum_{i=1}^{n_2}(x_{2i} - \bar{x}_2)^2 \tag{5.2}$$

5.1.1 모분산 σ_1^2과 σ_2^2이 알려져 있는 경우

두 모분산 σ_1^2과 σ_2^2이 모두 알려져 있는 경우에 두 모평균의 차$(\mu_1 - \mu_2)$에 대한 추정량은 두 표본평균의 차$(\bar{x}_1 - \bar{x}_2)$로 생각할 수 있다. 여기서 통계적 추론을 실시하기 위해서는 추정량 $\bar{x}_1 - \bar{x}_2$의 분포를 알아야 하는데, 이는 다음과 같은 평균과 분산을 갖는 정규분포를 따른다.

$$E(\bar{x}_1 - \bar{x}_2) = E(\bar{x}_1) - E(\bar{x}_2) = \mu_1 - \mu_2, \tag{5.3}$$

$$Var(\bar{x}_1 - \bar{x}_2) = Var(\bar{x}_1) + Var(\bar{x}_2) = \frac{\sigma_1^2}{n_1} + \frac{\sigma_2^2}{n_2}. \tag{5.4}$$

따라서 다음과 같은 표준화 변환을 취하면 표준화된 새로운 확률변수 Z은 표준정규분포 $N(0,1)$을 따르게 되고,

$$Z = \frac{(\bar{x}_1 - \bar{x}_2) - (\mu_1 - \mu_2)}{\sqrt{\sigma_1^2/n_1 + \sigma_2^2/n_2}} \quad \sim \quad N(0,1) \tag{5.4}$$

이와 같은 사실을 이용하여 $H_0 : \mu_1 - \mu_2 = \delta_0$에 대한 통계적 추론을 수행할 수 있다. 여기서 δ_0는 연구자가 검정하고자 하는 모평균의 차로서, 만약 $\delta_0 = 0$으로 두면 이는 $H_0 : \mu_1 = \mu_2$(즉, 두 모평균이 동일한지)를 검정하는 것이 된다.

모평균의 차이에 대한 추론: σ_1^2과 σ_2^2이 알려져 있는 경우

$\mu_1 - \mu_2$에 대한 $100(1-\alpha)\%$ 신뢰구간:

$$\left((\bar{x}_1 - \bar{x}_2) - z_{\alpha/2}\sqrt{\frac{\sigma_1^2}{n_1} + \frac{\sigma_2^2}{n_2}}\ ,\ (\bar{x}_1 - \bar{x}_2) + z_{\alpha/2}\sqrt{\frac{\sigma_1^2}{n_1} + \frac{\sigma_2^2}{n_2}} \right) \tag{5.5}$$

검정통계량:

$$Z = \frac{(\bar{x}_1 - \bar{x}_2) - \delta_0}{\sqrt{\sigma_1^2/n_1 + \sigma_2^2/n_2}} \tag{5.6}$$

기각역:

	귀무가설	대립가설	기각역
(a)	$H_0 : \mu_1 - \mu_2 \le \delta_0$	$H_1 : \mu_1 - \mu_2 > \delta_0$	$Z \ge z_\alpha$
(b)	$H_0 : \mu_1 - \mu_2 \ge \delta_0$	$H_1 : \mu_1 - \mu_2 < \delta_0$	$Z \le -z_\alpha$
(c)	$H_0 : \mu_1 - \mu_2 = \delta_0$	$H_1 : \mu_1 - \mu_2 \ne \delta_0$	$\lvert Z \rvert \ge z_{\alpha/2}$

그러나 위와 같은 공식은 모분산 σ_1^2과 σ_2^2을 알지 못하는 경우가 많기 때문에, 실제로는 이를 사용하기가 어렵게 된다. 따라서 이 경우 두 모분산의 추정치인 표본분산 s_1^2과 s_2^2을 고려한 통계량을 사용하여 검정을 수행하게 되는데, 이제 이러한 내용에 대해서 살펴보도록 하자.

5.1.2 모분산 σ_1^2과 σ_2^2이 알려져 있지 않은 경우: 표본크기가 충분히 클 때

표본의 크기가 충분히 큰 경우에는 중심극한정리에 의해 모집단의 분포에 관계없이 $\bar{x}_1$과 $\bar{x}_2$가 근사적으로 정규분포를 따른다. 따라서 앞의 검정통계량 (5.6)에

서 모분산 σ_1^2과 σ_2^2 대신에 표본분산 s_1^2과 s_2^2을 대입하여 다음과 같은 검정통계량을 사용할 수 있는데,

$$Z = \frac{(\bar{x}_1 - \bar{x}_2) - \delta_0}{\sqrt{s_1^2/n_1 + s_2^2/n_2}} \;\dot\sim\; N(0,1) \tag{5.7}$$

이 통계량은 귀무가설 하에서 근사적으로 표준정규분포 $N(0,1)$을 따른다.

5.1.3 모분산 σ_1^2과 σ_2^2이 알려져 있지 않은 경우: $\sigma_1^2 = \sigma_2^2 (= \sigma^2)$일 때

두 모집단의 모분산이 알려져 있지 않지만, 모분산이 동일한 것으로 가정할 수 있는 경우(즉, $\sigma_1^2 = \sigma_2^2 (= \sigma^2)$, 두 모분산의 동일성에 대한 검정은 5.5절에서 다룰 것이다), $\mu_1 - \mu_2$의 추정량 $\bar{x}_1 - \bar{x}_2$의 분포는 다음과 같은 평균과 분산을 가지는 정규분포를 따른다.

$$E(\bar{x}_1 - \bar{x}_2) = \mu_1 - \mu_2, \tag{5.8}$$

$$Var(\bar{x}_1 - \bar{x}_2) = \sigma^2(\frac{1}{n_1} + \frac{1}{n_2}). \tag{5.9}$$

이 때 공통분산 σ^2의 **합동추정량**(pooled estimator)은 다음과 같으며,

$$s_p^2 = \frac{(n_1 - 1)s_1^2 + (n_2 - 1)s_2^2}{n_1 + n_2 - 2} \tag{5.10}$$

자유도 $n_1 + n_2 - 2$인 t-분포를 따르는 다음과 같은 통계량을 구할 수 있다.

$$T = \frac{(\bar{x}_1 - \bar{x}_2) - (\mu_1 - \mu_2)}{s_p\sqrt{1/n_1 + 1/n_2}} \;\sim\; t(n_1 + n_2 - 2) \tag{5.11}$$

모평균의 차이에 대한 추론: $\sigma_1^2 = \sigma_2^2 (= \sigma^2)$인 경우

$\mu_1 - \mu_2$에 대한 $100(1-\alpha)\%$ 신뢰구간:

$$\left((\bar{x}_1 - \bar{x}_2) - t_{\alpha/2}\, s_p\sqrt{\frac{1}{n_1} + \frac{1}{n_2}}\,,\;\; (\bar{x}_1 - \bar{x}_2) + t_{\alpha/2}\, s_p\sqrt{\frac{1}{n_1} + \frac{1}{n_2}}\right) \tag{5.12}$$

검정통계량:

$$T = \frac{(\bar{x}_1 - \bar{x}_2) - \delta_0}{s_p\sqrt{1/n_1 + 1/n_2}} \tag{5.13}$$

기각역.

	귀무가설	대립가설	기각역
(a)	$H_0 : \mu_1 - \mu_2 \le \delta_0$	$H_1 : \mu_1 - \mu_2 > \delta_0$	$T \ge t_\alpha(n_1 + n_2 - 2)$
(b)	$H_0 : \mu_1 - \mu_2 \ge \delta_0$	$H_1 : \mu_1 - \mu_2 < \delta_0$	$T \le -t_\alpha(n_1 + n_2 - 2)$
(c)	$H_0 : \mu_1 - \mu_2 = \delta_0$	$H_1 : \mu_1 - \mu_2 \ne \delta_0$	$\|T\| \ge t_{\alpha/2}(n_1 + n_2 - 2)$

5.1.4 모분산 σ_1^2과 σ_2^2이 알려져 있지 않은 경우: $\sigma_1^2 \neq \sigma_2^2$일 때

두 모집단의 모분산이 서로 다른 경우($\sigma_1^2 \neq \sigma_2^2$)에는 앞에서 설명한 통계량이 t-분포를 따르지 않는다. 그러나 다음 검정통계량은

$$T = \frac{(\bar{x}_1 - \bar{x}_2) - \delta_0}{\sqrt{s_1^2/n_1 + s_2^2/n_2}} \tag{5.14}$$

다음과 같이 자유도(df)를 수정하면 근사적으로 t-분포를 따르게 된다.

$$df = \frac{(s_1^2/n_1 + s_2^2/n_2)^2}{(s_1^2/n_1)^2/(n_1-1) + (s_2^2/n_2)^2/(n_2-1)} \tag{5.15}$$

따라서 이러한 검정통계량 T와 수정 자유도를 이용하여 검정을 수행할 수 있다(SAS에서는 Satterthwaite 및 Cochran & Cox 방법 등을 제공한다).

5.1.5 TTEST 프로시저의 이용

이제 TTEST 프로시저를 이용하여 독립표본 t-검정을 수행해 보도록 하자. 다음 <예 5.1>의 데이터는 새로운 강의방식이 초등학생들의 독해력 향상에 도움을 주는지 알아보기 위해 16명의 대상학생들을 8명씩 랜덤추출하여 두 집단으로 나누고, 한 집단에는 새로운 강의방식(group=2)을 그리고 다른 한 집단에는 기존의 방식(group=1)을 적용한 후 시험을 통해서 얻은 독해력 성적(score)에 관한 데이터이다.

이 데이터를 이용하여 두 강의방법에 따른 독해력의 평균 차이를 검정하기 위해서는 <예 5.1>에서와 같이 프로그램을 작성하면 된다. 즉, CLASS 명령문에 분류변수로 group을 지정하고 VAR 명령문에서 변수 score를 지정하면 된다. 한편, 이 프로그램에서 사용된 COCHRAN 옵션은 Cochran & Cox의 근사방법을 이용하여 T-값과 유의확률을 계산할 목적으로 지정하였다. 만약 이 옵션을 사용하지 않으면 Satterthwaite의 근사방법에 의한 결과만 출력된다.

<예 5.1> 독립표본(independent sample) t-검정: TTEST 프로시저

```
DATA exam.edu;
    INPUT group score @@;
CARDS;
1 65  1 70  1 76  1 63  1 72  1 71  1 68  1 68
2 75  2 80  2 72  2 77  2 69  2 81  2 71  2 78
;
RUN;
```

```
PROC TTEST DATA=exam.edu COCHRAN;
    CLASS group;
    VAR score;
RUN;
```

```
                         The TTEST Procedure

                              Statistics

                                    Lower CL          Upper CL  Lower CL
Variable  group               N       Mean     Mean      Mean   Std Dev

score                  1      8     65.709   69.125    72.541    2.7016
score                  2      8     71.719   75.375    79.031    2.8915
score     Diff (1-2)                -10.79    -6.25    -1.712    3.0984

                               Statistics

                                    Upper CL
Variable  group            Std Dev   Std Dev  Std Err  Minimum  Maximum

score                  1    4.0861    8.3164   1.4447       63       76
score                  2    4.3732    8.9007   1.5462       69       81
score     Diff (1-2)        4.2321    6.6744   2.1161

                                T-Tests

  Variable    Method           Variances      DF    t Value    Pr > |t|

  score       Pooled           Equal          14      -2.95      0.0105
  score       Satterthwaite    Unequal      13.9      -2.95      0.0105
  score       Cochran          Unequal         7      -2.95      0.0213

                        Equality of Variances

   Variable     Method        Num DF    Den DF    F Value    Pr > F

   score        Folded F           7         7       1.15    0.8624
```

앞에서 설명한 바와 같이 등분산 가정(두 집단의 모분산이 같다는 가정)에 따라서 t-검정 방법이 달리 적용되어야 하므로, 이 결과에서 먼저 살펴보아야 할 부분은 '분산의 동일성'(Equality of Variances)에 대한 검정이다. <예 5.1>의 출력결과

를 살펴보면 F-값이 1.15이고 이에 대응되는 유의확률(Pr>F)이 0.8624로서 매우 크므로 두 집단의 모분산이 동일하다고 결론지을 수 있다. 따라서 모분산이 동일하다는 가정 하에 검정을 수행하면 된다(즉, t-검정의 결과 중 분산이 동일한 경우를 기초로 검정을 수행하면 된다). <예 5.1>에는 세 가지 방법(Pooled, Satterthwaite, Cochran)에 의한 t-검정의 결과가 출력되어 있는데, 여기에서 'Pooled'에 해당하는 결과를 이용하면 된다.

이 예에서는 T-값이 -2.95이고 이에 대응되는 유의확률(Pr> |t|)이 0.0105이므로, 유의수준 0.05 하에서 귀무가설 $H_0 : \mu_1 = \mu_2(\mu_1 - \mu_2 = 0)$을 기각하고 대립가설 $H_1 : \mu_1 \neq \mu_2(\mu_1 - \mu_2 \neq 0)$을 채택할 수 있다(대립가설을 $H_1 : \mu_1 < \mu_2$로 하는 경우 유의확률은 $0.0105/2 = 0.00525$이다). 즉, 새로운 강의방식이 기존의 방식보다 독서력 향상에 도움을 준다고 할 수 있다. 또한 두 모평균의 차이에 대한 추정치가 $\bar{x}_1 - \bar{x}_2 = 69.125 - 75.375 = -6.25$이며, 모평균의 차이에 대한 신뢰구간이 $(-10.79, \ -1.712)$로서 $\delta_0 = 0$을 포함하고 있지 않다는 것을 알 수 있다.

만약 모분산에 대한 검정결과에서 두 모분산의 동일성을 받아들일 수 없다면, Satterthwaite나 Cochran & Cox의 근사방법에 의한 검정을 수행해야 한다.

5.2 쌍 관측에 의한 두 모평균의 비교: 대응표본 t-검정

앞 절에서는 두 표본이 서로 다른 모집단으로부터 독립적으로 추출된 경우를 다루었다. 이와 같은 실험에서 주의해야 할 것은 두 모집단의 실험단위들이 동질적이도록 해야 한다는 것이다. 예를 들어 두 종류의 약품을 비교자 하는 경우 실험단위들이 동질하지 않으면, 반응값의 차이가 순수한 처리효과에 의한 차이인지 아니면 성, 나이, 증상 등 실험에서 고려되지 않고 있는 다른 요인에 의한 차이인지를 구별할 수 없게 된다. 즉, 실험에서 조절할 수 없는 요인(교락요인: confounding factor)으로 인해 순수한 실제 처리효과의 차이를 알기 어렵게 되는 것이다. 예를 들어 두 종류의 운동화의 마모량을 비교하고자 하는 경우, 실험대상의 나이, 성, 보행습관 등에 의해 순수한 운동화의 품질차이를 알 수 없게 하는 경우이다.

그러나 성, 나이, 습관, 증상 등이 모두 동일한 개체들만으로 실험을 한다는 것은 현실적으로 매우 어렵고, 따라서 이와 같은 문제점을 해결하는 방법 중의 하나가 대응표본(짝지은 표본)을 구성하여 실험을 수행하는 것이다. 즉 실험단위를 동질적인 쌍으로 묶은 다음 각 쌍에 대해 랜덤하게 두 처리를 적용하고, 각 쌍에서 얻어진 반응값의 차이를 이용하여 두 모평균을 비교하는 것이다.

<표 5.1> 대응표본(paired sample)에서의 데이터구조

번호	1	2	$\cdots$	n
처리 1 (x)	x_1	x_2	$\cdots$	x_n
처리 2 (y)	y_1	y_2	$\cdots$	y_n
차이 ($D = x - y$)	$d_1 = x_1 - y_1$	$d_2 = x_2 - y_2$	$\cdots$	$d_n = x_n - y_n$

정규모집단으로부터 n개의 대응표본 (x_1, y_1), $(x_2, y_2), \cdots$, (x_n, y_n)을 얻었을 때, $d_i = x_i - y_i (i = 1, \cdots, n)$이라고 하자. 그러면 두 반응값의 평균에 대한 가설 $\mu_x = \mu_y$를 검정하는 것은 $\mu_d = \mu_x - \mu_y = 0$을 검정하는 것과 같다. 여기서 변수 d는 다음과 같은 표본평균과 표본분산을 가진다.

$$\bar{d} = \frac{1}{n}\sum_{i=1}^{n} d_i, \quad s_d^2 = \frac{1}{n-1}\sum_{i=1}^{n}(d_i - \bar{d})^2 \tag{5.16}$$

따라서 귀무가설 $H_0 : \mu_d = 0$을 검정하기 위한 검정통계량은 다음과 같고, 이러한 T 통계량은 귀무가설 하에서 자유도 $n-1$인 t-분포를 따른다.

대응표본에서 모평균의 차이에 대한 추론

검정통계량:

$$T = \frac{\bar{d} - \delta_0}{s_d/\sqrt{n}} \tag{5.17}$$

기각역:

	귀무가설	대립가설	기각역
(a)	$H_0 : \mu_1 - \mu_2 \le \delta_0$	$H_1 : \mu_1 - \mu_2 > \delta_0$	$T \ge t_\alpha(n-1)$
(b)	$H_0 : \mu_1 - \mu_2 \ge \delta_0$	$H_1 : \mu_1 - \mu_2 < \delta_0$	$T \le -t_\alpha(n-1)$
(c)	$H_0 : \mu_1 - \mu_2 = \delta_0$	$H_1 : \mu_1 - \mu_2 \ne \delta_0$	$\lvert T\rvert \ge t_{\alpha/2}(n-1)$

TTEST 프로시저의 이용

다음 <예 5.2>는 학생 15명에게 컴퓨터 교육을 실시하기 이전의 통계학 시험성적(pretest)과 교육실시 후의 성적(posttest)을 얻은 것이다. 이 예에서와 같이 대응표본(paired sample; 짝지은 표본) t-검정을 수행하기 위해서는 PAIRED 명령문에 비교하고자 하는 변수들을 지정해 주면 된다(5.6절 참조).

<예 5.2> 대응표본(paired sample) t-검정: TTEST 프로시저

```
DATA exam.paired;
    INPUT id pretest posttest @@;
CARDS;
01 80 82   02 73 71   03 70 95   04 60 69   05 88 100
06 84 71   07 65 75   08 37 60   09 91 95   10 98  99
11 52 65   12 78 83   13 40 60   14 79 86   15 59  62
;
RUN;

PROC TTEST DATA=exam.paired;
    PAIRED pretest*posttest;
RUN;
```

```
                    The TTEST Procedure

                        Statistics

                              Lower CL           Upper CL  Lower CL
  Difference             N      Mean      Mean      Mean   Std Dev

  pretest - posttest    15    -13.43   -7.933    -2.433    7.2712

                        Statistics

                                   Upper CL
 Difference             Std Dev    Std Dev   Std Err  Minimum  Maximum

 pretest - posttest      9.9317     15.663    2.5643      -25       13

                         T-Tests

         Difference                DF     t Value     Pr > |t|

         pretest - posttest        14       -3.09       0.0079
```

<예 5.2>의 결과를 살펴보면 T-값이 -3.09이고 이에 대응되는 유의확률(Pr> |t|)이 0.0079이므로, 귀무가설 $H_0 : \mu_d = \mu_x - \mu_y = 0$를 기각할 수 있다. 또한 $\bar{x} - \bar{y} = -13.43$이므로 교육을 실시한 후의 성적이 평균적으로 13점 정도 높다는 것을 알 수 있다.

5.3 독립표본에 의한 두 모비율의 비교

두 모집단의 모비율 차이에 대한 검정에서는 표본의 데이터가 연속적인 값이 아닌 성공횟수로 나타난다. 즉 첫 번째 모집단에서의 표본크기를 n_1 그리고 성공회수를 x_1이라 하고, 이와는 독립적으로 두 번째 모집단에서의 표본크기를 n_2 그리고 성공회수를 x_2라 하자. 이 때 두 모집단의 모비율 차이 $p_1 - p_2$에 대한 추정량으로 표본비율의 차이 $\hat{p_1} - \hat{p_2} (= x_1/n_1 - x_2/n_2)$를 생각할 수 있고, 이 표본비율의 차이에 대한 평균과 분산은 다음과 같다.

$$E(\hat{p}_1 - \hat{p}_2) = p_1 - p_2 \tag{5.18}$$

$$Var(\hat{p}_1 - \hat{p}_2) = \frac{p_1(1-p_1)}{n_1} + \frac{p_2(1-p_2)}{n_2} \tag{5.19}$$

여기서 표본크기 n_1과 n_2가 충분히 크면 $\hat{p}_1 - \hat{p}_2$는 근사적으로 정규분포를 따르게 되므로, 다음과 같은 표준화 변환을 취하면 근사적으로 표준정규분포 $N(0,1)$을 따르는 확률변수 Z을 얻을 수 있다.

$$Z = \frac{(\hat{p}_1 - \hat{p}_2) - (p_1 - p_2)}{\sqrt{p_1(1-p_1)/n_1 + p_2(1-p_2)/n_2}} \quad \sim \quad N(0,1) \tag{5.20}$$

따라서 두 모비율의 차이 $p_1 - p_2$에 대한 $100(1-\alpha)\%$ 신뢰구간은 다음과 같이 주어진다.

$$(\hat{p}_1 - \hat{p}_2) \pm z_{\alpha/2}\sqrt{\frac{\hat{p}_1(1-\hat{p}_1)}{n_1} + \frac{\hat{p}_2(1-\hat{p}_2)}{n_2}} \tag{5.21}$$

이제 두 모비율의 차이에 대한 가설검정 문제를 생각해 보자. 일반적으로 모비율에 관한 통계적 추론에서는 두 모비율의 차이에 대한 동일성에 관심이 있는 경우가 대부분이라고 할 수 있는데, 이 경우 귀무가설은 $H_0 : p_1 = p_2$이다. 이러한 귀무가설 하에서는 두 모비율이 서로 같으므로(즉 $p_1 = p_2 = p$), 다음과 같은 합동추정량

$$\hat{p} = \frac{x_1 + x_2}{n_1 + n_2} \tag{5.22}$$

$\hat{p}$으로 공통인 모비율 p를 추정할 수 있다. 이 때 두 표본비율의 차이인 $\hat{p}_1 - \hat{p}_2$에 대한 표준오차는 다음과 같다.

$$\sqrt{\frac{\hat{p}(1-\hat{p})}{n_1} + \frac{\hat{p}(1-\hat{p})}{n_2}} = \sqrt{\hat{p}(1-\hat{p})\left(\frac{1}{n_1} + \frac{1}{n_2}\right)} \tag{5.23}$$

따라서 다음과 같은 검정통계량

$$Z = \frac{\hat{p}_1 - \hat{p}_2}{\sqrt{\hat{p}(1-\hat{p})(1/n_1 + 1/n_2)}} \tag{5.24}$$

이 근사적으로 표준정규분포 $N(0,1)$을 따른다는 사실을 이용하여 두 모비율 차이에 대한 검정을 수행할 수 있다.

모비율 차이에 대한 검정: 표본크기가 충분히 큰 경우

검정통계량:

$$Z = \frac{\hat{p}_1 - \hat{p}_2}{\sqrt{\hat{p}(1-\hat{p})(1/n_1 + 1/n_2)}} \tag{5.25}$$

기각역:

	귀무가설	대립가설	기각역
(a)	$H_0 : p_1 \le p_2$	$H_1 : p_1 > p_2$	$Z \ge z_\alpha$
(b)	$H_0 : p_1 \ge p_2$	$H_1 : p_1 < p_2$	$Z \le -z_\alpha$
(c)	$H_0 : p_1 = p_2$	$H_1 : p_1 \ne p_2$	$\lvert Z \rvert \ge z_{\alpha/2}$

두 모비율에 대한 차이를 검정하는 예를 들어보도록 하자. 현 정부에 대한 지지율이 성인 남녀별로 차이가 있는가를 알아보기 위해 조사를 해 본 결과, 임의로 뽑은 250명의 성인 남자 중 110명이 현 정부를 지지하였고, 200명의 성인 여자 중 104명이 현정부를 지지하는 것으로 나타났다. 성인 남녀별로 현정부에 대한 지지율이 차이가 있는지(즉, $H_0 : p_1 = p_2 \;\; vs \;\; H_1 : p_1 \ne p_2$)를 유의수준 5% 하에서 검정하여 보자.

먼저 두 표본비율과 공통비율을 계산하면 각각 $\hat{p}_1 = 110/250 = 0.440$, $\hat{p}_2 = 104/200 = 0.520$, $\hat{p} = (110+104)/(250+200) = 0.476$이므로, 검정통계량 Z 값을 구하면 다음과 같다.

$$Z = \frac{\hat{p}_1 - \hat{p}_2}{\sqrt{\hat{p}(1-\hat{p})(1/n_1 + 1/n_2)}} = \frac{0.440 - 0.520}{\sqrt{(0.476)(0.524)(1/250 + 1/200)}} = 1.6883$$

또한 부록의 '부표 3'에서 기각치가 $z_{0.025} = 1.96$임을 알 수 있고, 검정통계량의 값 $|Z| = 1.6883$은 기각치인 1.96보다 작으므로 귀무가설 H_0를 기각할 수 없다. 따라서 정부에 대한 지지율이 남녀별로 차이가 있다고 할 수 없다.

FREQ 프로시저의 이용

표준정규분포에 따르는 확률변수 z의 제곱은 자유도가 1인 카이제곱분포를 따르게 되는데(3.5절 참조), 따라서 카이제곱검정을 수행하여 동일한 검정결과를 얻을 수 있다. FREQ 프로시저를 이용하면 모비율에 대한 다양한 형태의 카이제곱 검정을 수행할 수 있으며 이항분포 및 다항분포에 의한 정확한(exact) 검정도 수행할 수 있다(카이제곱검정 및 FREQ 프로시저의 사용형식에 대해서는 9장에서 자세히 다루고 있으니 이를 참조하기 바란다).

<예 5.3> 두 모비율의 차이에 대한 검정: FREQ 프로시저

```
DATA exam.support;
    INPUT gender $ yesno $ count @@;
CARDS;
남자  YES  110   남자  NO   140
여자  YES  104   여자  NO    96
;
RUN;

PROC FREQ DATA=exam.support ORDER=DATA;
    WEIGHT count;
    TABLES gender*yesno / CHISQ FISHER NOPERCENT NOCOL;
RUN;
```

```
                gender * yesno 교차표

          gender      yesno

                빈도|
           행 백분율|YES     |NO      |   총합
          -----------+--------+--------+
          남자       |    110 |    140 |    250
                     |  44.00 |  56.00 |
          -----------+--------+--------+
          여자       |    104 |     96 |    200
                     |  52.00 |  48.00 |
          -----------+--------+--------+
          총합            214      236      450

          gender * yesno 테이블에 대한 통계량

통계량                          자유도          값      확률값
-------------------------------------------------------------
카이제곱                           1       2.8513      0.0913
우도비 카이제곱                    1       2.8528      0.0912
연속성 수정 카이제곱               1       2.5395      0.1110
Mantel-Haenszel 카이제곱           1       2.8449      0.0917
파이 계수                                 -0.0796
분할 계수                                  0.0793
크래머의 V                                -0.0796
```

```
        Fisher의 정확 검정
-----------------------------
(1,1) 셀 빈도(F)           110
하단측 p값 Pr <= F      0.0555
상단측 p값 Pr >= F      0.9628

테이블 확률 (P)         0.0183
양측 p값 Pr <= P        0.1063

          표본 크기 = 450
```

예를 들어 <예 5.3>은 앞의 예에 대해서 FREQ 프로시저를 이용하여 카이제곱검정을 수행한 것으로, 여기서는 TABLES 명령문에 CHISQ(카이제곱검정의 결과를 출력한다)와 FISHER(Fisher의 정확검정 결과를 출력한다) 옵션을 지정하여 두 모비율의 차이에 대한 검정을 수행하였다.

이 출력결과를 살펴보면 카이제곱 통계량의 값이 2.8513(즉, $Z = 1.6883$의 제곱)이고 이에 대응되는 유의확률은 0.0913이므로 '지지율이 남녀별로 차이가 없다'는 귀무가설을 기각할 수 없다(Fisher의 정확검정에 의한 양측검정 유의확률은 0.1063으로 출력되어 있다).

5.4 쌍 관측에 의한 두 모비율의 비교: McNemer 검정

두 독립표본에 대한 비율차이 검정을 앞절에서 다루었고, 이에 대한 검정은 카이제곱 통계량을 이용할 수도 있다는 것을 설명하였다. 이제 대응표본으로부터 두 표본비율 $\hat{p}_A$과 $\hat{p}_B$를 얻은 경우, 모비율 p_A과 p_B에 대한 추론에 대해서 다루어 보도록 하자.

예를 들어 100명의 소비자에게 두 개의 제품 A와 B를 모두 사용하게 해본 후, 두 제품에 대한 호감여부를 조사하여 다음과 같은 데이터를 얻었다고 하자.

<표 5.2> 대응표본에 대한 교차표

		B		
		예(1)	아니오(0)	합계
A	예(1)	n_{11}	n_{10}	n_A
	아니오(0)	n_{01}	n_{00}	$1-n_A$
	합계	n_B	$1-n_B$	n

이 때 두 표본비율 $p_A = n_A/n$과 $p_B = n_B/n$는 서로 독립이 아니므로 앞절에서 설명한 방법을 적용할 수 없으며, 이러한 대응표본의 모비율 차이에 대해서는 귀무가설 '$H_0: \ p_A = p_B$' 하에서 n_{01}이 이항분포 $B(n_{01}+n_{10}, 1/2)$를 따른다는 사실을 이용하여 검정을 수행할 수 있다.

또한 다음과 같은 정규근사를 이용할 수도 있는데,

$$Z = \frac{n_{01} - (n_{01}+n_{10})/2}{\sqrt{(n_{01}+n_{10})/4}} = \frac{n_{01} - n_{10}}{\sqrt{n_{01}+n_{10}}} \tag{5.26}$$

이 때 검정통계량 Z은 귀무가설 하에서 표준정규분포를 따르므로 Z^2은 자유도 1인 카이제곱분포를 따르며, 이 Z^2을 맥니머(McNemer)의 카이제곱 통계량이라고도 한다.

<예 5.4> McNemer 검정: FREQ 프로시저

```
DATA exam.mcpaired;
    INPUT pre $ post $ count @@;
CARDS;
YES  YES  63   YES  NO    4
NO   YES  21   NO   NO   12
;
RUN;

PROC FREQ DATA=exam.mcpaired ORDER=DATA;
    WEIGHT count;
    EXACT MCNEM;
    TABLES pre*post / NOCOL;
RUN;
```

```
          pre * post 교차표

pre          post

       빈도|
     백분율|
  행 백분율|YES     |NO      |  총합
-----------+--------+--------+
YES        |     63 |      4 |     67
           |  63.00 |   4.00 |  67.00
           |  94.03 |   5.97 |
-----------+--------+--------+
NO         |     21 |     12 |     33
           |  21.00 |  12.00 |  33.00
           |  63.64 |  36.36 |
-----------+--------+--------+
총합             84       16      100
              84.00    16.00   100.00
```

```
pre * post 테이블에 대한 통계량

          McNemar 검정
  -----------------------------
  통계량 (S)          11.5600
  자유도                    1
  근사적인 Pr >  S     0.0007
  정확한   Pr >= S  9.105E-04

        표본 크기 = 100
```

McNemar 검정의 예를 하나 들어보도록 하자. 정부에서 어떤 정책을 발표하기 이전과 이후에 정부에 대한 지지율이 변하였는지를 알아보기 위해 100명의 유권자를 조사하여 <예 5.4>와 같은 데이터를 얻었다고 하자. 여기서는 동일한 100명에 대해서 발표 이전과 이후의 응답을 얻었으며, 만약 발표 이전과 이후에 서로 다른 100명씩(전체 200명)을 조사하였다면 앞절에서 설명한 두 집단의 모비율 차이에 대한 검정을 수행하여야 한다.

위의 출력결과를 살펴보면 McNemar 검정에 대한 근사 유의확률(Pr>S)이 0.007로서 정책을 발표하기 이전과 이후의 정부에 대한 지지율이 달라졌다고 할 수 있다(이항분포에 의한 정확한 유의확률은 9.105E-04=0.000091이다). 또한 발표 이후의 표본 지지율은 84/100=84%로서 발표 이전의 지지율 67/100=67%보다 높아졌다는 것을 알 수 있다.

5.5 모분산의 동일성에 대한 검정

고도의 정밀도를 요구하는 현대산업에 있어서 생산된 제품의 정밀도에 대한 측도를 나타내는 분산에 대한 비교는 매우 중요하다. 특히 두 모집단의 분산에 대한 비교의 경우가 이에 해당된다. 예를 들어, 일정한 규격의 베어링을 생산하는 경우 각 제조공정에 따라 베어링의 평균지름은 같으나 분산이 다르다면 심각한 문제가 발생할 수 있게 된다. 또한 5.1절에서 언급한 바와 같이 두 모집단의 평균 차이를 검정하는 과정에서 두 모분산의 동일성($H_0 : \sigma_1^2 = \sigma_2^2$)에 대한 검정을 수행해야 할 필요가 있게 된다.

앞의 3.5절에서 다음과 같이 정의되는 통계량은 자유도가 $(n_1 - 1,\ n_2 - 1)$인 F-분포를 따른다는 것을 설명한 바 있다. 즉,

$$F = \frac{s_1^2/\sigma_1^2}{s_2^2/\sigma_2^2} \quad \sim \quad F(n_1 - 1,\ n_2 - 1) \tag{5.27}$$

여기서 귀무가설 $H_0 : \sigma_1^2 = \sigma_2^2$ 하에서는 $F = s_1^2/s_2^2$이 되므로 이러한 사실을 이용하여 모분산에 대한 동일성을 검정하게 되는 것이다.

모분산의 동일성에 대한 검정

두 모분산의 비 σ_1^2/σ_2^2에 대한 $100(1-\alpha)\%$ 신뢰구간:

$$\left(\frac{1}{F_{\alpha/2}(n_1-1, n_2-1)}\frac{s_1^2}{s_2^2}\ ,\ \ F_{\alpha/2}(n_2-1, n_1-1)\frac{s_1^2}{s_2^2}\right) \tag{5.28}$$

검정통계량:

$$F = s_1^2/s_2^2 \tag{5.29}$$

기각역:

	귀무가설	대립가설	기각역
(a)	$H_0 : \sigma_1^2 \le \sigma_2^2$	$H_1 : \sigma_1^2 > \sigma_2^2$	$F \ge F_{\alpha}(n_1-1, n_2-1)$
(b)	$H_0 : \sigma_1^2 \ge \sigma_2^2$	$H_1 : \sigma_1^2 < \sigma_2^2$	$F \le F_{1-\alpha}(n_1-1, n_2-1)$
(c)	$H_0 : \sigma_1^2 = \sigma_2^2$	$H_1 : \sigma_1^2 \ne \sigma_2^2$	$F \ge F_{\alpha/2}(n_1-1, n_2-1)$ 또는 $F < F_{1-\alpha/2}(n_1-1, n_2-1)$

이러한 두 모분산의 동일성에 대한 검정은 5.1절에서 설명한 TTEST 프로시저의 F-검정에 대한 출력결과를 이용하여 수행할 수 있다.

5.6 TTEST 프로시저의 일반적 사용형식

TTEST 프로시저는 앞에서 설명한 바와 같이 정규모집단에서의 단일표본(one sample), 독립표본(independent sample), 대응표본(paired sample)에 관한 t-검정을 수행하기 위해 사용할 수 있는 프로시저로써 사용형식은 다음과 같다.

```
PROC TTEST options;
    CLASS variable;
    PAIRED variables;
    BY variables;
    VAR variables;
    FREQ variable;
```

```
        WEIGHT variable;
    RUN;
```

PROC TTEST 명령문

TTEST 프로시저를 호출하기 위한 명령문으로, 여기에는 다음과 같은 여러 가지 옵션들을 지정할 수 있다.

- DATA=SAS-data-set : 분석에 사용하고자 하는 입력 데이터세트를 지정하는 것으로 생략하면 가장 나중에 만들어진 데이터세트를 사용한다.
- ALPHA=α : 모평균에 대한 $(1-\alpha)\%$ 신뢰구간을 구하고자 할 때 α를 지정하는 것으로 디폴트는 ALPHA=0.05이다.
- CI=EQUAL | UMPU | NONE : 모표준편차에 대한 신뢰구간을 출력하고자 할 때 사용하는 옵션으로 CI=EQUAL로 지정하면 양쪽 꼬리부분의 면적이 같은 신뢰구간을 구하게 되고, CI=UMPU이면 UMPU(Uniformly Most Powerful Unbiased) 검정에 기초한 신뢰구간을 구하게 된다. 신뢰구간의 출력을 원하지 않을 경우 CI=NONE으로 지정하면 된다.
- COCHRAN : 모분산이 동일하지 않은 경우에 Cochran과 Cox의 근사방법을 이용하여 t-통계량과 유의확률을 계산하고자 할 때 지정한다.
- H0=μ_0 : 단일 모집단의 평균에 대한 귀무가설 $H_0 : \mu = \mu_0$를 검정하고자 할 때 μ_0를 지정하는 것으로, 지정하지 않으면 $\mu_0 = 0$이다.

CLASS 명령문

독립표본 t-검정을 할 경우 전체 관찰값을 지정된 두 집단으로 나누는데 사용되는 분류변수를 지정하는 것으로 지정된 변수는 반드시 두 수준의 값을 가져야 한다. 단일표본과 대응표본에 기초한 t-검정을 할 경우에는 사용할 수 없다.

PAIRED 명령문

대응표본 t-검정에서 비교하고자 하는 변수들을 지정할 때 사용하는 명령문으로 CLASS와 VAR 명령문을 함께 사용할 수 없다. 변수들은 반드시 *(asterisk) 또는 :(colon)을 사용하여 지정해야 하는데, 각각의 사용법에 대한 몇 가지 예는 다음 <표 5.3>과 같다.

<표 5.3> PAIRED 명령문의 사용 예

변수의 지정	비교하고자 하는 변수
PAIRED A*B;	A-B
PAIRED A*B C*D;	A-B, C-D
PAIRED (A B)*(C D);	A-C, A-D, B-C, B-D
PAIRED (A1-A2)*(B1-B2);	A1-B1, A1-B2, A2-B1, A2-B2
PAIRED (A1-A2):(B1-B2);	A1-B1, A2-B2

5.7 연습문제

5-1. 어떤 기업연구가는 신용등급이 FP(finantial performance) 지표에 영향을 줄 것이라는 생각을 하고 있다. 이를 알아보기 위해 신용등급이 좋은 12개의 회사와 나쁜 12개의 회사를 임의로 선택하여 FP 지표를 조사하고 다음과 같은 데이터를 얻었다.

신용등급 좋음	0.58 2.80 2.77 3.50 2.67 2.97 2.18 3.24 1.49 2.19 2.70 2.57
신용등급 나쁨	2.28 1.06 1.08 0.07 0.16 0.70 0.75 1.61 0.34 1.15 0.44 0.86

(가) 신용등급에 따른 FP 지표의 모평균에 차이가 있는지를 유의수준 5% 하에서 검정하여라.
(나) 두 모평균의 차이에 대한 95% 신뢰구간을 구하여라.

5-2. 공기중의 수은농도를 측정하는 두 가지 형태의 기기에 대해 정밀도를 $1cm^2$당 마이크로그램으로 검사하여 다음과 같은 데이터를 얻었다.

기기 A	0.95 0.82 0.78 0.96 0.71 0.86 0.99
기기 B	0.89 0.91 0.94 0.91 0.90 0.89

두 모집단의 분산이 동일하다고 할 수 있는가에 대해 유의수준 5% 하에서 검정하여라.

5-3. 땅콩을 두 조각으로 쪼개어 한쪽은 생으로, 다른 한쪽은 볶아서 각각 함유하고 있는 단백질의 함량을 조사하여 다음과 같은 데이터를 얻었다.

생 땅콩	61 60 56 63 56 63 69 56 44 61
볶은 땅콩	56 54 47 59 51 51 57 54 63 58

단백질 함량의 평균에 차이가 있다고 할 수 있는가?

5-4. A, B 두 생명보험에 대하여 계약파기비율이 다른지를 조사하고자 한다. 지난 일 년간의 데이터는 다음과 같다. 두 보험에 대한 계약파기비율이 다르다고 할 수 있는지를 유의수준 5% 하에서 가설을 검정하여 보아라.

	총계약자 수	계약파기자 수
A 생명보험사	2,350	580
B 생명보험사	5,210	1,500

5-5. 두 개의 다른 제조방법에 의해서 생산된 자동차 바테리의 수명시간을 측정한 결과이다.

A 방법	2.0 2.1 2.5 3.0 3.3 4.2 4.2 4.3 6.8 7.6
B 방법	3.6 3.7 3.9 3.9 3.9 4.0 4.0 4.0 4.1 4.2 4.3

(가) A방법에 의해서 생산된 바테리의 분산이 B방법에 의해서 생산된 바테리의 분산보다 크다고 할 수 있는지를 검정하여 보아라.
(나) 두 분산의 비에 대한 95%의 신뢰구간을 구하여라.

5-6. 연습문제 4-2에 대해서 TTEST 프로시저를 이용하여 사슴의 앞다리와 뒷다리 길이의 평균에 차이가 있는지를 검정하여라. 또한 이 결과를 4-2의 결과와 비교하여라.

5-7. 철사의 강도를 조사하기 위하여 종류 A에서 20개의 표본을 추출하여 계산한 결과 평균 강도 $\bar{x}_1$가 32.5ksi이다. 같은 종류의 철사에 전기처리를 한 후에 같은 실험으로 25개의 표본을 추출하여 계산한 결과 평균 강도 $\bar{x}_2$가 36.4ksi의 값을 얻었다. 이 때 철사의 강도는 표준편차가 각각 3과 4인 정규분포를 따른다고 가정하고 다음을 답하여라.

(가) 각 모집단의 평균을 μ_1, μ_2라 하고 각각의 95% 신뢰구간을 구하여라.
(나) $\mu_1 - \mu_2$의 95% 신뢰구간을 구하여라.

(다) 귀무가설 $H_0 : \mu_1 - \mu_2 = 0$과 대립가설 $\mu_1 < \mu_2$에 대해 유의수준 5% 하에서 검정하고, 이 때의 $p-$값을 구하여라.

5-8. 배기량이 동일한 자동차 A와 자동차 B의 연료소비량에 차이가 있는지를 조사하기 위하여 1ℓ의 연료를 넣고 자동차 A는 9번을 자동차 B는 16번의 주행거리(㎞)를 실험하여 다음과 같은 결과를 얻었다.

	평균	분산
자동차 A	14.5	4
자동차 B	13.0	16

이 결과로부터 두 자동차의 연료소비량은 같다고 말할 수 있는지 유의수준 5% 하에서 검정하여 보아라.

5-9. 벼의 시험재배에서 품종 A와 품종 B의 수확량을 비교하고자 한다. 임의로 24개의 지역을 택하여 두 품종의 벼를 경작하여 다음과 같은 자료를 얻었다.

품종 A	31 34 29 26 32 35 38 34 30 29 32 31
품종 B	26 24 28 29 30 29 32 26 31 29 32 28

(가) A품종이 B품종보다 더 수확량이 많다고 할 수 있는가를 검정하여 보아라.

(나) 두 품종간의 수확량의 차에 대한 95% 신뢰구간을 계산하여 보아라.

5-10. 우편물의 국내외 취급은 우체국을 통하게 되어 있다. 그러나 최근 들어 수출입 상품의 견본 등 지급을 요하는 우편물(소포포함)의 양이 증가함에 따라 이들 지급 우편물의 배달을 전문으로 하는 회사가 생겼다. 어느 중소 업체에서는 이들 두 가지(우체국과 전문회사) 중 어느 곳을 택하는 것이 좋은지 알아보기 위하여 12곳의 거래 회사로 견본을 보내어 배달에 걸린 일수를 기록하였다.

	1	2	3	4	5	6	7	8	9	10	11	12
우체국	4	6	8	3	3	7	4	5	9	10	9	7
전문회사	3	4	6	2	5	8	3	5	10	9	8	5
차이	1	2	2	1	-2	-1	1	0	-1	1	1	2

전문회사에 맡기는 것이 빠르다고 주장하려면 어떠한 가설을 세워야 하는가? 또한 세운 가설을 유의수준 5% 하에서 검정하여 보아라.

5-11. 두 콜라회사 제품에서 A 성분의 함유량을 조사한 결과 다음과 같았다. 두 회사의 A 성분 함유량이 다른지를 유의수준 5% 하에서 검정하여 보아라.

갑	1 2 3 4 5 6 7
을	1 2 2 1 2 1 1

5-12. 적당한 육체적 운동이 당뇨의 양에 영향을 미치는지를 알기 위하여 20명의 당뇨병 환자를 표본으로 추출하여 500m 달리기를 하기 1시간 전과 2시간 후에 당뇨의 양을 측정하였다.

번호	달리기전	달린후	번호	달리기전	달린후
1	1.45	0.19	2	2.37	1.03
3	0.79	0.15	4	0.77	0.35
5	0.93	1.19	6	0.77	0.27
7	1.35	0.67	8	0.33	0.58
9	0.80	0.39	10	1.42	0.68
11	2.50	1.58	12	0.51	0.82
13	0.41	1.58	14	2.83	1.28
15	1.56	0.91	16	1.01	2.02
17	1.93	0.28	18	0.81	0.24
19	1.35	0.12	20	3.48	0.36

적당한 양의 운동이 좋다는 것을 위의 자료로부터 증명하고자 한다. 유의수준 5% 하에서 검정하여 보아라.

5-13. 여학생들의 신진대사에 대한 조사에서 7시간 이상 수면을 취하는 집단과 7시간 미만 수면을 취하는 집단으로 구분하여 각 집단이 하루에 소비하는 에너지의 양을 측정하여 다음의 결과를 얻었다.

7시간 이상	35.3 35.9 37.2 33.0 31.9 33.7 36.0 35.0 33.3 36.6 37.9 35.6 29.0 33.7 35.7
7시간 미만	32.4 34.0 34.4 31.8 35.0 34.6 34.6 33.5 33.6 31.5 33.8

(가) 7시간 이상 수면을 취하는 집단이 7시간 미만 수면을 취하는 집단보다 에너지 소비량의 분산이 크다고 할 수 있는지를 5% 유의수준 하에서 검정하여라.

(나) 두 집단의 표준편차의 비에 대한 95% 신뢰구간을 구하여 보아라.

제 6 장
분산분석

앞장에서 두 독립적인 정규모집단의 모평균의 차이를 검정하기위해 t-검정을 다룬 바 있는데, 이 장에서 설명할 **분산분석**(分散分析, ANOVA; analysis of variance)은 t-검정을 확장하여 두 개 이상의 정규모집단의 경우에 적용할 수 있는 분석방법이다. 여기서는 일변량(univariate) 분산분석을 중심으로 여러 가지 형태의 분산분석 모형에 대해서 다루어 보도록 하자(보다 복잡한 형태의 분산분석 모형과 분석에 대해서는 강현철 등(2004)을 참조하기 바란다).

6.1 실험연구의 제 개념

분산분석은 실험연구(experimental research)에서 주로 발생하게 되는데, 여기서는 실험연구에서 나타나는 여러가지 개념과 용어에 대해서 간단히 살펴보도록 하자.

실험연구에서 사용되는 용어

- **반응변수**(response variable): 처리에 의해 변화하면서 연구대상이 되는 변수로, 종속변수(從屬變數, dependent variable)라고도 한다.
- **요인**(factor): 반응변수에 영향을 주는 변수로, 설명변수(說明變數, exploratory variable) 또는 독립변수(獨立變數, independent variable)라고도 한다.
- **처리**(treatment): 실험단위에 적용되는 특정한 실험조건(요인의 특정한 값)으로 수준(水準, level)이라고도 한다.

예를 들어, 네 종류(F1, F2, F3, F4)의 비료에 따른 농작물의 평균 수확량에 차이가 있는지를 알아보기 위해 동일한 면적을 가진 16개의 경작지로부터 <표 6.1>과 같은 데이터를 얻었다고 하자. 이 때 '비료의 종류'를 실험통계 용어로 요인(要因)이라 하고, 선택된 비료의 종류 F1, F2, F3, F4를 비료의 종류라는 요인의 각 처리(處理)라고 한다. 또한 '수확량'을 반응변수(反應變數)라고 한다.

또 다른 예로써, 금속공학에서 담금질이 알루미늄 합금의 강도(強度)에 어떤 영향을 미치는지를 알아보기 위한 실험을 생각하여 보자. 연구자는 담금질에 사용되는 세 가지 용액들(기름, 소금물, 기름과 소금물의 혼합용액)간의 비교에 관심이 있다고 하자. 이 때 '담금질 용액'은 반응변수 '알루미늄 합금의 강도'에 영향을 줄 것으로 생각되는 요인이고, '기름', '소금물', '기름과 소금물의 혼합용액'은 담금질 용액이라는 요인의 각 처리수준이 된다.

<표 6.1> '수확량' 데이터

비료의 종류	F1	F2	F3	F4
수확량	148	166	264	335
	76	153	214	436
	134	255	327	423
	98		304	380
				465

이와 같이 분산분석은 여러 처리(수준)들에 의한 반응변수의 평균 차이를 비교하는 문제로 생각할 수 있는데, 이때 반응변수의 평균 차이를 **효과**(效果, effect)라고 한다. 두 처리 간의 효과를 비교하는 문제는 5장에서 소개한 t-검정을 이용하여 해결할 수 있으나 분산분석을 이용해도 동일한 결과를 얻게 된다.

실험연구에서 지켜야 할 세 가지 중요한 원칙으로 확률화, 반복화, 블록화를 들 수 있다.

- **확률화**(randomization): 실험단위의 배치 및 실험 순서가 임의로(랜덤으로) 결정되어야 한다는 것으로, 이는 실험의 객관성을 보장하며 실험에서 고려되지 않고 있는 다른 요인들의 영향을 상쇄하는 역할을 한다. 예를 들어 광고에 대한 소비자의 호감도에는 광고의 종류뿐만 아니라 성, 연령, 소득과 같은 요인들도 영향을 미칠 수 있으므로, 이러한 모든 요인들을 고려하여 통제하는 것이 이상적이다. 그러나 실제로는 실험 상의 어려움, 경제성, 관련 지식의 부족 등의 이유로 몇 개의 가능한 요인만 통제되게 되는데, 이러한 경우 확률화는 실험 외적인 요인들의 영향을 상쇄하는 기능을 갖는다.
- **반복화**(replication): 같은 처리 내에서 여러 번의 실험을 수행하는 것으로, 이는 통계적 오차를 제어하고 추정 가능하게 하는 역할을 한다. 즉, 실험단위들은 서로 동일하지 않으므로 실험오차가 개입하게 되며 각 반응값은 확률변수로서 변이를 가지기 때문에 반복이 없는 단 한번의 측정은 통계적인 의미가 없게 된다.
- **블록화**(blocking): 실험단위들이 서로 이질적인 경우 교락(confounding; 어떤 두 변수가 반응변수에 미치는 효과가 구별될 수 없을 때 이 두변수는 교락되어 있다고 한다)되어 있는 요인들을 통제하여 실험의 정도(precision)를 향상시키고자 하는 원리이다. 예를 들어, 성, 연령, 소득 등이 동일한(유사한) 소비자들을 하나의 블록으로 묶어 실험을 수행한 후 이를 고려하여 분석을 수행함으로서 실험 및 분석의 정도를 높일 수 있게 된다.

한편, 실제로 실험을 수행하는 과정에 따라서 통계적 모형이나 적용되는 분석방법이 달라지게 된다. 예를 들어 300명의 소비자를 모은 후에 100명씩 3개의 그룹으로 나누고 각 그룹에게 하나의 광고만을 보여주는 경우, 이를 **독립표본**(independent sample)에 의한 실험이라고 한다. 앞장 5.1절에서 설명한 독립표본 t-검정의 상황은 간단한 독립표본 실험의 예이다.

반면에 5.2절에서 설명한 바와 같이 **대응표본**(paired sample)을 구성하여 실험을 수행할 수도 있는데, 예를 들어 100명의 소비자를 모은 후에 A, B, C 광고를 모두 보여주고 각 소비자들로부터 3번의 반응값을 얻는 경우를 생각할 수 있다(이 경우 소비자 각각이 일종의 블록이 된다). 특히 동일한 실험단위에 대해 시간의 흐름에 따라서 반복적으로 측정된 데이터를 반복측정(repeated measurement) 데이터라고도 한다.

앞장에서도 설명한 바와 같이 이러한 대응표본 실험은 독립표본 실험에 비해 필요한 실험단위의 수를 줄일 수 있고 실험 및 분석의 정도를 높일 수 있게 된다. 그러나 한 실험단위에 대해 여러 번의 실험이 수행되어야 하므로 시간이 많이 소요될 수 있고, 먼저 수행된 처리가 다음의 처리에 영향을 주는 소위 이월효과(carry-over effect)가 생길 수 있으므로 실험 수행시 주의를 기울여야 한다.

대응표본에 의한 실험에서는 동일한 실험단위로부터 얻은 반응값들 간에 서로 상관이 생기게 되므로 이러한 상관성을 고려하여 분석이 수행되어야 하는데, 다변량(multivariate) 분산분석이나 복합대칭성(또는 구형성)을 고려한 일변량적 분석이 사용될 수 있다(다변량 분산분석이나 반복측정 데이터에 대한 분산분석에 대해서는 박용규·송혜향(1998) 및 성내경(1997) 등을 참조하기 바란다).

6.2 일원분류 분산분석

일원배치(one-way layout)란 하나의 요인에 대해 여러 처리수준들 간의 실험결과를 비교·분석하고자 하는 것으로, 특히 실험을 하는데 있어서 각 처리의 순서를 랜덤하게 이루어지도록 하므로 **완전임의화계획법**(completely randomized design, CRD)이라고도 한다.

6.2.1 일원분류 분산분석 모형과 F-검정

처리수준이 k개인 일원설계로부터 얻어진 데이터의 구조는 다음 <표 6.2>와 같이 나타낼 수 있는데, 이러한 데이터를 분석하기 위한 **일원분류**(一元分類, one-

<표 6.2> 일원분류 분산분석의 데이터 구조

처리	1	$\cdots$	i	$\cdots$	k
반응값	y_{11} $\vdots$ y_{1j} $\vdots$ y_{1n_1}	$\cdots$	y_{i1} $\vdots$ y_{ij} $\vdots$ y_{in_i}	$\cdots$	y_{k1} $\vdots$ y_{kj} $\vdots$ y_{kn_k}
평균	$\bar{y}_{1.} = \sum_{j=1}^{n_1} y_{1j}/n_1$		$\bar{y}_{i.} = \sum_{j=1}^{n_i} y_{ij}/n_i$		$\bar{y}_{k.} = \sum_{j=1}^{n_k} y_{kj}/n_k$
제곱합	$\sum_{j=1}^{n_1}(y_{1j} - \bar{y}_{1.})^2$		$\sum_{j=1}^{n_i}(y_{ij} - \bar{y}_{i.})^2$		$\sum_{j=1}^{n_k}(y_{kj} - \bar{y}_{k.})^2$

way) 분산분석 모형은 식 (6.1)과 같이 표현할 수 있다.

여기서 ϵ_{ij}는 **오차항**(誤差項, error term)으로서 기대값 0과 분산 σ^2을 가지며 서로 독립인 확률변수이다(즉, $\epsilon_{ij} \sim N(0, \sigma^2)$). 오차항에 대해 이러한 분포가정을 하는 이유는 효과에 대한 통계적 추론을 하기 위해서이다.

일원분류 분산분석모형

$$
\begin{aligned}
y_{ij} &= \mu_i + \epsilon_{ij} \\
&= \mu + \alpha_i + \epsilon_{ij}, \quad i = 1, \cdots, k; \ j = 1, \cdots, n_i.
\end{aligned}
\tag{6.1}
$$

y_{ij} : i번째 처리를 받은 n_i개의 개체 중 j번째 개체에 대한 반응변수의 값

μ : 전체 모평균

μ_i : i번째 처리의 모평균

$\alpha_i (= \mu_i - \mu)$: i번째 처리의 효과

ϵ_{ij} : 오차항으로서 서로 독립인 확률변수, $\epsilon_{ij} \sim N(0, \sigma^2)$

일원분류 분산분석모형에서의 주 관심은 모든 처리수준에서의 모평균이 모두 같다는 다음과 같은 가설

$$H_0 : \mu_1 = \mu_2 = \cdots = \mu_k = \mu \ (\text{또는 } H_0 : \alpha_1 = \alpha_2 = \cdots = \alpha_k = 0) \tag{6.2}$$

을 검정하는 것이라고 할 수 있는데(예를 들면, 비료의 종류에 따라서 수확량의 모평균이 동일하다고 할 수 있는지를 검정하는 경우), 이러한 가설을 검정하는 F-통계량은 전체제곱합에 대한 다음과 같은 분할로부터 유도된다.

$$\begin{array}{ccccc} \sum_{i=1}^{k}\sum_{j=1}^{n_i}(y_{ij}-\bar{y}_{..})^2 & = & \sum_{i=1}^{k} n_i(\bar{y}_{i.}-\bar{y}_{..})^2 & + & \sum_{i=1}^{k}\sum_{j=1}^{n_i}(y_{ij}-\bar{y}_{i.})^2 \\ TSS & = & SST & + & SSE \end{array} \tag{6.3}$$

위 식에서 좌변의 항을 **전체제곱합**(TSS, total sum of squares)이라고 하며, 이는 반응값들의 총변동(total variation)을 나타낸다. 한편 우변의 첫 항은 **처리제곱합**(SST, sum of squares for treatment)으로서 처리간제곱합(between sum of squares)이라고도 하며, 우변의 두 번째 항은 **잔차제곱합**(SSE, sum of squares for residual)으로서 처리내제곱합(within sum of squares)이라고도 한다. 이와 같은 제곱합의 분할에서 처리제곱합은 반응값들의 전체 변동 중에서 처리에 의해서 생기는 변동을 나타내므로, 전체제곱합에 비해 처리제곱합이 크다면 처리수준들 간에 평균 차이가 존재할 것으로 추론할 수 있게 된다.

일반적으로 제곱합을 자유도로 나누면 어떤 미지의 분산의 추정량이 되는데 이를 **평균제곱**(mean squares)이라고 한다. 즉 처리평균제곱과 잔차평균제곱은 각각 다음과 같으며

$$\begin{aligned} MST &= SST/(k-1), \\ MSE &= SSE/(n-1). \end{aligned} \tag{6.4}$$

잔차평균제곱 MSE는 오차분산 σ^2의 불편추정량이 된다(즉, $E(MSE)=\sigma^2$. 단, $n=\sum_{i=1}^{k} n_i$).

이와 같은 내용을 표로 요약하여 나타낸 것을 **분산분석표**(分散分析表, ANOVA table)라고 하는데(표 6.3 참조), 여기서 두 평균제곱의 비인 F 통계량은 모든 처리효과가 같다는 가설(즉, $H_0: \alpha_1=\alpha_2=\cdots=\alpha_k=0$)을 검정하는 검정통계량으로서 귀무가설 H_0 하에서 자유도가 $(k-1,\ n-k)$인 F-분포를 따른다. 따라서 계산된 F 값이 기각치 $F_\alpha(k-1,\ n-k)$보다 크면 귀무가설 H_0를 기각하게 된다.

<표 6.3> 분산분석표: 일원분류

요인	자유도	제곱합	평균제곱합	F 통계량
처리	$k-1$	SST	$MST=SST/(k-1)$	$F=MST/MSE$
오차	$n-k$	SSE	$MSE=SSE/(n-k)$	
전체	$n-1$	TSS		

일원분류 분산분석에서 가설 $H_0 : \alpha_1 = \alpha_2 = \cdots = \alpha_k (= 0)$에 대한 검정법

검정통계량: $F = \dfrac{MST}{MSE} = \dfrac{SST/(k-1)}{SSE/(n-k)}$

기각역: $F > F_\alpha(k-1,\ n-k)$

6.2.2 ANOVA 프로시저의 이용

다음 <예 6.1>은 앞의 <표 6.1>의 '수확량' 데이터에 대해 ANOVA 프로시저를 이용하여 일원분류 분산분석을 수행하기 위한 프로그램이다(6.6절 참조). 여기서는 CLASS 명령문을 이용하여 변수 fertil이 분류변수(이산형 변수)임을 지정하였고, MODEL 명령문을 이용하여 반응변수 yield와 요인 fertil을 지정하였다.

<예 6.1> 일원분류 분산분석: ANOVA 프로시저

```
DATA exam.harvest;
    INPUT fertil $ yield @@;
CARDS;
F1 148 F1  76 F1 134 F1  98
F2 166 F2 153 F2 255
F3 264 F3 214 F3 327 F3 304
F4 335 F4 436 F4 423 F4 380 F4 465
;
RUN;

PROC ANOVA DATA=exam.harvest;
    CLASS fertil;
    MODEL yield = fertil;
    MEANS fertil / HOVTEST=BARTLETT;
    MEANS fertil / TUKEY CLDIFF ALPHA=0.10;
    MEANS fertil / TUKEY LINES  ALPHA=0.10;
RUN;
```

다음 <결과 6.1a>는 출력결과 중 분산분석표를 제시한 것인데, 이 결과를 살펴보면 F 통계량의 값이 30.90이고 이에 대응되는 유의확률이 0.0001로서 유의수준 5%(또는 10%) 하에서 유의하다는 것을 알 수 있다. 따라서 귀무가설 $H_0 : \mu_1 = \mu_2 = \mu_3 = \mu_4$(또는 $H_0 : \alpha_1 = \alpha_2 = \alpha_3 = \alpha_4 (= 0)$)를 기각하여, 비료의 종류에 따라 수확량의 모평균에 차이가 있다고 할 수 있다.

<결과 6.1a> 분산분석표

```
                         The ANOVA Procedure

Dependent Variable: yield
                                  Sum of
 Source              DF          Squares   Mean Square  F Value  Pr > F
 Model                3      209803.5333    69934.5111    30.90  <.0001
 Error               12       27158.2167     2263.1847
 Corrected Total     15      236961.7500

       R-Square     Coeff Var      Root MSE    yield Mean
       0.885390      18.21846      47.57294      261.1250

 Source              DF         Anova SS   Mean Square  F Value  Pr > F
 fertil               3      209803.5333    69934.5111    30.90  <.0001
```

<결과 6.1b> 표본평균과 표준편차

```
Level of            ------------yield------------
fertil        N             Mean          Std Dev

F1            4       114.000000       32.9443976
F2            3       191.333333       55.5187656
F3            4       277.250000       49.5538428
F4            5       407.800000       50.9185624
```

<결과 6.1c> 분산의 동일성에 대한 검정

```
Bartlett's Test for Homogeneity of yield Variance

  Source        DF    Chi-Square    Pr > ChiSq
  fertil         3        0.6953        0.8743
```

한편 <예 6.1>의 프로그램에서 MEANS 명령문은 각 처리수준별 표본평균 및 표준편차을 출력하고자 할 때 사용할 수 있으며(결과 6.1b 참조), 여기에는 다중비교(6.2.3절 참조) 및 분산의 동일성에 대한 검정 결과를 출력하도록 옵션을 지정할 수 있다.

분산의 동일성에 대한 검정방법은 HOVTEST= 옵션을 이용하여 지정할 수 있는데, 여기서는 BARTLETT(Bartlett), BF(Brown & Forsythe), LEVENE(Levene), OBRIEN(O'Brien) 등의 방법을 사용할 수 있다. 앞에서 설명한 바와 같이 분석

분석에서는 각 처리수준에서의 모분산들이 동일하다는 가정을 하고 있기 때문에, 만약 분산의 동일성(homogeneity of variances) 가정을 받아들일 수 없는 경우에는 10장에서 설명할 비모수적 분석방법을 이용하는 것이 바람직하다. 이 예에서는 Bartlett 검정에 의한 유의확률이 0.8743으로서 분산의 동일성에 대한 가정을 받아들일 수 있다는 것을 알 수 있다(결과 6.1c 참조).

6.2.3 사후분석 - 다중비교

이 예에서와 같이 F-검정에 의해 귀무가설 $H_0 : \alpha_1 = \alpha_2 = \cdots = \alpha_k (= 0)$이 기각되어 처리수준의 효과가 모두 같지는 않다고 판정되면, 어느 수준들 간의 차이가 유의한 지를 알아보는 **다중비교**(multiple comparison)에 관심을 갖게 된다.

다중비교 결과를 얻기 위해서는 앞의 <예 6.1>에서와 같이 MEANS 명령문에 원하는 다중비교방법과 유의수준(α)을 지정하면 되는데, 주로 사용되는 방법은 Fisher의 최소유의차(LSD; least significant difference)를 이용하는 방법, Duncan의 다중범위검정(DUNCAN; multiple range test), Tukey의 정직유의차(TUKEY; honestly significant difference), Scheffe의 방법(SHEFFE) 등이 있다. 이 중 Tukey의 HSD 방법은 Fisher의 LSD 방법이나 Duncan의 MRT 방법에 비해 조금 더 보수적인(즉, 귀무가설 $H_0 : \mu_i = \mu_j$를 덜 기각하는 경향이 있는) 방법으로 알려져 있다(다중비교방법들에 대한 자세한 설명은 강현철 등(2004) 및 손중권·김영훈(1992) 등을 참조하기 바란다).

<결과 6.1d> 다중비교(Tukey의 HSD 방법): CLDIFF 옵션을 지정한 경우

```
                 Tukey's Studentized Range (HSD) Test for yield

        NOTE: This test controls the Type I experimentwise error rate.

                  Alpha                                   0.1
                  Error Degrees of Freedom                 12
                  Error Mean Square                  2263.185
                  Critical Value of Studentized Range  3.62071

         Comparisons significant at the 0.1 level are indicated by ***.

                             Difference
                 fertil         Between      Simultaneous 90%
               Comparison         Means     Confidence Limits

               F4    - F3        130.55       48.85    212.25  ***
               F4    - F2        216.47      127.52    305.42  ***
```

```
F4    - F1         293.80       212.10   375.50  ***
F3    - F4        -130.55      -212.25   -48.85  ***
F3    - F2          85.92        -7.11   178.94
F3    - F1         163.25        77.13   249.37  ***
F2    - F4        -216.47      -305.42  -127.52  ***
F2    - F3         -85.92      -178.94     7.11
F2    - F1          77.33       -15.69   170.36
F1    - F4        -293.80      -375.50  -212.10  ***
F1    - F3        -163.25      -249.37   -77.13  ***
F1    - F2         -77.33      -170.36    15.69
```

또한 MEANS 명령문에는 다중비교의 출력형식을 지정하는 두 개의 옵션을 사용할 수가 있다. 그 중 CLDIFF 옵션을 사용하면 위의 <결과 6.1d>에서와 같이 표본평균의 차이와 모평균의 차이에 대한 신뢰구간을 출력하며, 주어진 유의수준 하에서 통계적으로 유의한 경우(즉 모평균의 차이에 대한 신뢰구간이 0을 포함하지 않는 경우)에 대해서 '***'로 표시를 해준다.

예를 들어, 위의 결과에서 비료의 종류 F4와 F3는 표본평균의 차이가 130.55이며, 모평균의 차이에 대한 90% 신뢰구간이 (48.85, 212.25)로서 0을 포함하고 있지 않으므로 유의수준 10% 하에서 귀무가설 $H_0 : \mu_4 = \mu_3$를 기각할 수 있다. 즉, 비료의 종류 F4와 F3 간에는 수확량의 모평균에 차이가 있다고 할 수 있다. 반면에 F3와 F2의 경우에는 모평균의 차이에 대한 90% 신뢰구간이 (−7.11, 178.94)로서 0을 포함하고 있으므로 유의수준 10% 하에서 귀무가설 $H_0 : \mu_3 = \mu_2$를 기각할 수 없다. 즉 두 모평균에 차이가 있다고 할 수 없다.

<결과 6.1e> 다중비교(Tukey의 HSD 방법): LINES 옵션을 지정한 경우

```
        Tukey's Studentized Range (HSD) Test for yield

NOTE: This test controls the Type I experimentwise error rate, but
      it generally has a higher Type II error rate than REGWQ.

       Alpha                                           0.1
       Error Degrees of Freedom                         12
       Error Mean Square                          2263.185
       Critical Value of Studentized Range         3.62071
       Minimum Significant Difference               87.548
       Harmonic Mean of Cell Sizes                3.870968

                   NOTE: Cell sizes are not equal.

Means with the same letter are not significantly different.
```

```
Tukey Grouping          Mean      N    fertil

             A        407.80      5    F4

             B        277.25      4    F3
             B
        C    B        191.33      3    F2
        C
        C             114.00      4    F1
```

한편 LINES 옵션을 사용하면 <결과 6.1e>에서와 같이 표본평균의 크기에 따라 처리수준을 나열한 후 유의한 차이를 보이지 않는 처리수준들을 그룹화하여 출력한다. 여기에서 그룹화(grouping)를 표시하기 위해 사용된 문자 자체는 아무런 의미가 없으며, 다만 같은 문자로 그룹화되어 표시된 수준들 간에는 평균의 차이가 유의하지 않음를 나타낸다(Means with the same letter are not significantly different).

이와 같이 LINES 옵션을 사용하면 표본평균의 크기를 한 눈에 비교할 수 있으므로 편리하다. 그러나 각 처리수준별 표본크기가 다른 경우에는 표본크기들의 조화평균(harmonic mean)으로 모든 처리수준의 표본크기를 보정하는 공식을 사용하기 때문에 올바르지 않은 결과가 제시될 수가 있다. 따라서 각 처리수준별 표본크기가 크게 다르지 않은 경우에만 이 옵션을 사용하는 것이 바람직하다.

6.3 이원분류 분산분석: 반복이 없는 경우

앞절에서 설명한 일원분류 분산분석은 하나의 요인에 대해 여러 처리수준에

<표 6.4> 이원분류 분산분석의 데이터 구조: 반복이 없는 경우

처리	B_1	$\cdots$	B_j	$\cdots$	B_b	평균
A_1	y_{11}	$\cdots$	y_{1j}	$\cdots$	y_{1b}	$\bar{y}_{1.}$
$\vdots$	$\vdots$	$\cdots$	$\vdots$	$\cdots$	$\vdots$	$\vdots$
A_i	y_{i1}	$\cdots$	y_{ij}	$\cdots$	y_{ib}	$\bar{y}_{i.}$
$\vdots$	$\vdots$	$\cdots$	$\vdots$	$\cdots$	$\vdots$	$\vdots$
A_a	y_{a1}	$\cdots$	y_{aj}	$\cdots$	y_{ab}	$\bar{y}_{a.}$
평균	$\bar{y}_{.1}$	$\cdots$	$\bar{y}_{.j}$	$\cdots$	$\bar{y}_{ab}$	$\bar{y}_{..}$ (총평균)

<표 6.5> '주행거리' 데이터

	자동차			
휘발유	B1	B2	B3	B4
A1	9.9	8.0	8.4	7.6
A2	9.7	8.1	8.6	8.1
A3	9.1	7.9	7.6	9.0

따른 효과가 차이가 있는지를 검정하는 분석방법이다. 그러나 실험을 통해 얻어지는 데이터들은 한 가지 요인뿐만 아니라 여러 요인이 관계되는 경우가 많다.

이원분류 분산분석은 반응값에 영향을 주는 두 개의 요인에 대해 그 영향을 알아보고자 할 때 사용하는 기법으로, 각 수준의 조합에서 반복이 없는 경우와 있는 경우로 나눌 수 있다. 먼저 이 절에서는 반복이 없는 이원분류 분석분석에 대해서 다루어 보도록 하자.

6.3.1 반복이 없는 이원분류 분산분석 모형과 F-검정

두 개의 처리를 A와 B로 표현하고 요인 A의 수준이 a개, 요인 B의 수준이 b개라 할 때 이원분류 분산분석의 데이터구조는 앞의 <표 6.4>와 같이 요약할 수 있다(예를 들면, <표 6.5>의 주행거리 데이터에서 요인 휘발유의 종류(A1, A2, A3)와 자동차의 종류(B1, B2, B3, B4)에 따라 주행거리가 어떻게 달라지는지를 알고자 하는 경우). 이러한 데이터형태의 이원설계에서는 요인 A의 효과와 요인 B의 효과가 반응값에 영향을 주게 되는데, 이 때 분산분석모형은 다음과 같이 표현할 수 있다.

이원분류 분산분석모형: 반복이 없는 경우

$$y_{ij} = \mu + \alpha_i + \beta_j + \epsilon_{ij}, \quad i = 1, \cdots, a; \ j = 1, \cdots, b. \tag{6.6}$$

y_{ij} : 요인 A의 i번째 처리와 요인 B의 j번째 처리를 받은 반응변수의 값

μ : 전체 모평균

α_i : 요인 A의 i번째 처리의 효과

β_j : 요인 B의 j번째 처리의 효과

ϵ_{ij} : 오차항으로서 서로 독립인 확률변수, $\epsilon_{ij} \sim N(0, \sigma^2)$

<표 6.6> 분산분석표: 반복이 없는 이원분류

요인	자유도	제곱합	평균제곱합	F-통계량
A	$a-1$	SSA	$MSA = \dfrac{SSA}{a-1}$	$F_A = \dfrac{MSA}{MSE}$
B	$b-1$	SSB	$MSB = \dfrac{SSB}{b-1}$	$F_B = \dfrac{MSB}{MSE}$
잔차	$(a-1)(b-1)$	SSE	$MSE = \dfrac{SSE}{(a-1)(b-1)}$	
전체	$ab-1$	TSS		

이 때 관심이 되는 가설은 '요인 A에 대해서 각 수준에서의 효과가 같다'(예를 들면, 휘발유의 종류에 따라 주행거리의 평균에 차이가 없다)는 가설

$$H_0 : \alpha_1 = \alpha_2 = \cdots = \alpha_a (= 0) \tag{6.7}$$

과 '요인 B에 대해서 각 수준에서의 효과가 같다'(예를 들면, 자동차의 종류에 따라 주행거리의 평균에 차이가 없다)는 가설

$$H_0 : \beta_1 = \beta_2 = \cdots = \beta_b (= 0) \tag{6.8}$$

이라고 할 수 있다.

이와 같은 가설들에 대한 검정통계량은 일원분류 분산분석에서와 유사하게 전체제곱합(TSS)에 대한 다음과 같은 분할로부터 유도된다.

$$\begin{aligned}\sum_{i=1}^{a}\sum_{j=1}^{b}(y_{ij}-\bar{y}_{..})^2 &= b\sum_{i=1}^{a}(\bar{y}_{i.}-\bar{y}_{..})^2 \\ &+ a\sum_{j=1}^{b}(\bar{y}_{.j}-\bar{y}_{..})^2 \\ &+ \sum_{i=1}^{a}\sum_{j=1}^{b}(y_{ij}-\bar{y}_{i.}-\bar{y}_{.j}+\bar{y}_{..})^2.\end{aligned} \tag{6.9}$$

이 식에서 우변의 첫 번째 항을 요인 A의 제곱합(SSA), 두 번째 항을 요인 B의 제곱합(SSB), 그리고 세 번째 항을 잔차제곱합(SSE)이라고 하며, 이들로부터 <표 6.6>과 같은 분산분석표가 만들어진다.

<표 6.6>에서 두 개의 F-통계량 F_A와 F_B는 대응되는 귀무가설 (6.7)과 (6.8) 하에서 각각 자유도가 $(a-1, (a-1)(b-1))$, $(b-1, (a-1)(b-1))$인 F-분포를 따르므로, 이에 기초하여 두 가설에 대한 검정이 수행된다.

반복이 없는 이원분류 분산분석에서의 검정법

- 귀무가설 $H_0 : \alpha_1 = \alpha_2 = \cdots = \alpha_a (= 0)$

  검정통계량: $F_A = MSA/MSE$

  기각역: $F_A > F_\alpha(a-1, (a-1)(b-1))$

- 귀무가설 $H_0 : \beta_1 = \beta_2 = \cdots = \beta_b (= 0)$

  검정통계량: $F_B = MSB/MSE$

  기각역: $F_B > F_\alpha(b-1, (a-1)(b-1))$

6.3.2 임의화완전블록설계

반복이 없는 이원배치는 소위 임의화완전블록설계(RCBD: randomized complete block design)에서 흔히 발생하는데, 완전임의화블록설계에서는 동질적인 실험단위들을 블록으로 간주하여 블록의 효과를 제거한 다음 처리 효과의 유의성을 검정하기 때문에 통계분석이 더 정밀해 진다. 예를 들어, <표 6.5>의 '주행거리' 데이터에서 요인 '자동차의 종류'는 효과 비교의 주 관심 대상인 처리요인이고, '휘발유의 종류'는 처리 효과의 비교를 더 정밀하게 수행하기 위해 통제된 블록으로 간주할 수도 있을 것이다.

완전임의화블록설계의 다른 예를 하나 더 들어 보도록 하자. <표 6.7>은 5명의 소비자에게 4개의 제품을 모두 사용해 보도록 한 다음 선호도를 10점 만점으로 측정한 것이다(각 반응값이 20명의 독립적인 소비자들로부터 얻어진 것이 아니라는 점에 주의하기 바란다). 여기서 각 소비자를 블록으로 간주할 수 있는데, 일반적으로 블록은 효과 비교의 관심 대상이 아니며 처리 효과의 비교를 더 정밀

<표 6.7> '제품선호도' 데이터

		소비자					
		1	2	3	4	5	평균
제품	A1	5	7	9	10	8	7.8
	A2	2	3	4	5	2	3.2
	A3	4	7	6	5	7	5.8
	A4	6	4	2	2	1	3.0

하게 수행하기 위한 목적으로 사용된다. 즉, 소비자를 블록으로 사용하는 것은 블록(소비자)에 따른 차이가 처리(제품)들 간의 효과 차이를 불명확하게 만들 수 있기 때문에 블록의 효과를 제거하여 더 정밀한 분석을 수행하고자 하는 것이다.

6.3.3 ANOVA 프로시저의 이용

다음 <예 6.2>는 <표 6.7>의 '제품선호도' 데이터에 대해서 분산분석을 수행하기 위한 프로그램(6.6절 참조)과 그 출력결과 중 일부이다. 여기서는 CLASS 명령문을 이용하여 변수 product와 customer가 분류변수임을 지정하였고, MODEL 명령문을 이용하여 반응변수 prefer와 요인 product, customer를 지정하였다.

<예 6.2> 반복이 없는 이원분류 분산분석: ANOVA 프로시저

```
DATA exam.prefer;
    DO product = 'A1', 'A2', 'A3', 'A4';
        DO customer = 1 TO 5 BY 1;
    INPUT prefer @@;
    OUTPUT;
        END;
    END;
CARDS;
5  7  9 10  8
2  3  4  5  2
4  7  6  5  7
6  4  2  2  1
;
RUN;
PROC ANOVA DATA=exam.prefer;
    CLASS product customer;
    MODEL prefer = product customer;
    MEANS product / DUNCAN TUKEY ALPHA=0.10;
RUN;
```

```
                    The ANOVA Procedure

Dependent Variable: prefer

                                Sum of
Source              DF         Squares   Mean Square  F Value  Pr > F
Model                7      83.2500000    11.8928571     3.59  0.0253
Error               12      39.7000000     3.3083333
Corrected Total     19     122.9500000

       R-Square     Coeff Var      Root MSE    prefer Mean
       0.677105      36.74510      1.818882       4.950000
```

```
Source              DF       Anova SS    Mean Square  F Value  Pr > F
product              3    78.55000000    26.18333333     7.91  0.0035
customer             4     4.70000000     1.17500000     0.36  0.8356


                Duncan's Multiple Range Test for prefer

NOTE: This test controls the Type I comparisonwise error rate, not
                the experimentwise error rate.

                  Alpha                              0.1
                  Error Degrees of Freedom            12
                  Error Mean Square             3.308333

          Number of Means             2           3           4
          Critical Range          2.050       2.150       2.208

    Means with the same letter are not significantly different.

   Duncan Grouping          Mean       N    product

                 A         7.800       5    A1
                 A
                 A         5.800       5    A3

                 B         3.200       5    A2
                 B
                 B         3.000       5    A4


          Tukey's Studentized Range (HSD) Test for prefer

NOTE: This test controls the Type I experimentwise error rate, but
      it generally has a higher Type II error rate than REGWQ.

            Alpha                                   0.1
            Error Degrees of Freedom                 12
            Error Mean Square                  3.308333
            Critical Value of Studentized Range 3.62071
            Minimum Significant Difference       2.9452

     Means with the same letter are not significantly different.

       Tukey Grouping           Mean       N    product

                  A            7.800       5    A1
                  A
             B    A            5.800       5    A3
             B
             B                 3.200       5    A2
             B
             B                 3.000       5    A4
```

출력결과 중 먼저 분산분석표를 살펴보면 변수 product(제품)에 대한 F-값은 7.91이고 유의확률은 0.0035로서 유의수준 5%(또는 10%) 하에서 유의함을 알 수 있다(즉, 제품의 종류에 따른 모평균의 차이는 통계적으로 유의하다). 반면에 변수 customer(소비자)에 대한 유의확률은 0.8356으로서 유의한 차이를 보이고 있지 않다. 또한 표본평균 및 DUNCAN의 방법에 의한 다중비교 결과를 살펴보면 제품 'A1'과 'A3'의 경우가 'A2'와 'A4'에 비해서 선호도의 평균이 높다는 것을 알 수 있다.

6.4 이원분류 분산분석: 반복이 있는 경우

일반적으로 각 수준의 조합에서 단 1회의 실험을 실시하는 것보다 여러 번의 실험을 반복하는 것이 실험결과의 신뢰도를 높일 수 있게 된다.

<표 6.8> 이원분류 분산분석의 데이터 구조: 반복이 있는 경우

처리	B_1	$\cdots$	B_j	$\cdots$	B_b	평균
	y_{111}		y_{1j1}		y_{1b1}	
	y_{112}		y_{1j2}		y_{1b2}	
A_1	$\vdots$	$\cdots$	$\vdots$	$\cdots$	$\vdots$	$\bar{y}_{1..}$
	y_{11r}		y_{1jr}		y_{1br}	
	$\bar{y}_{11.}$		$\bar{y}_{1j.}$		$\bar{y}_{1b.}$	
$\vdots$	$\vdots$	$\cdots$	$\vdots$	$\cdots$	$\vdots$	$\vdots$
	y_{i11}		y_{ij1}		y_{ib1}	
	y_{i12}		y_{ij2}		y_{ib2}	
A_i	$\vdots$	$\cdots$	$\vdots$	$\cdots$	$\vdots$	$\bar{y}_{i..}$
	y_{i1r}		y_{ijr}		y_{ibr}	
	$\bar{y}_{i1.}$		$\bar{y}_{ij.}$		$\bar{y}_{ib.}$	
$\vdots$	$\vdots$	$\cdots$	$\vdots$	$\cdots$	$\vdots$	$\vdots$
	y_{a11}		y_{aj1}		y_{ab1}	
	y_{a12}		y_{aj2}		y_{ab2}	
A_a	$\vdots$	$\cdots$	$\vdots$	$\cdots$	$\vdots$	$\bar{y}_{a..}$
	y_{a1r}		y_{ajr}		y_{abr}	
	$\bar{y}_{a1.}$		$\bar{y}_{aj.}$		$\bar{y}_{ab.}$	
평균	$\bar{y}_{.1.}$	$\cdots$	$\bar{y}_{.j.}$	$\cdots$	$\bar{y}_{.b.}$	$\bar{y}_{...}$ (총평균)

6.4.1 반복이 있는 이원분류 분산분석 모형과 F-검정

먼저 처리 A의 수준이 a개 그리고 처리 B의 수준이 b개이며, 각 수준의 조합에서의 반복회수가 r인 이원분류 분산분석을 고려해 보자. 이 때 이원분류 분산분석의 데이터 구조는 <표 6.8>과 같이 요약할 수 있다.

이원분류 분산분석모형: 반복이 있는 경우

$$\begin{aligned} y_{ijk} &= \mu + \alpha_i + \beta_j + \gamma_{ij} + \epsilon_{ijk}, \\ & \quad i=1,\cdots,a;\ j=1,\cdots,b;\ k=1,\cdots,r, \end{aligned} \tag{6.10}$$

y_{ij} : 처리 A_i와 B_j의 조합에 대해 r번째 반복에서 얻은 반응변수의 값

μ : 전체 모평균

α_i : 요인 A의 i번째 처리의 효과

β_j : 요인 B의 j번째 처리의 효과

γ_{ij} : 처리 A_i와 B_j의 상호작용 효과

ϵ_{ijk} : 오차항으로서 서로 독립인 확률변수, $\epsilon_{ijk} \sim N(0, \sigma^2)$

반복이 있는 이원분류 분산분석에서는 요인 A와 B의 효과에 대한 가설 이외에 상호작용의 효과가 존재하는가 하는 다음과 같은 가설에 관심을 두게 되는데,

$$H_0 : \gamma_{ij} = 0, \quad i=1,\cdots,a;\ j=1,\cdots,b. \tag{6.11}$$

상호작용(interaction, 교호작용)에 대해서는 다음 예에서 자세히 설명할 것이다.

반복이 있는 이원분류 분산분석에서도 앞에서와 유사하게 전체제곱합(TSS)을 다음과 같이 분할할 수 있는데,

$$\begin{aligned} \sum_{i=1}^{a}\sum_{j=1}^{b}\sum_{k=1}^{r}(y_{ijk} - \bar{y}_{...})^2 &= br\sum_{i=1}^{a}(\bar{y}_{i..} - \bar{y}_{...})^2 \\ &+ar\sum_{j=1}^{b}(\bar{y}_{.j.} - \bar{y}_{...})^2 \\ &+r\sum_{i=1}^{a}\sum_{j=1}^{b}(y_{ij.} - \bar{y}_{i..} - \bar{y}_{.j.} + \bar{y}_{...})^2 \\ &+\sum_{i=1}^{a}\sum_{j=1}^{b}\sum_{k=1}^{r}(y_{ijk} - \bar{y}_{ij.})^2 \end{aligned} \tag{6.12}$$

이 식에서 우변의 첫 번째 항을 요인 A의 제곱합(SSA), 두 번째 항을 요인 B의 제곱합(SSB), 세 번째 항을 상호작용의 제곱합(SSAB), 그리고 네 번째 항을 잔차

<표 6.9> 분산분석표: 반복이 있는 이원분류

요인	자유도	제곱합	평균제곱합	F-통계량
A	$a-1$	SSA	$\text{MSA}=\dfrac{\text{SSA}}{a-1}$	$F_A=\dfrac{\text{MSA}}{\text{MSE}}$
B	$b-1$	SSB	$\text{MSB}=\dfrac{\text{SSB}}{b-1}$	$F_B=\dfrac{\text{MSB}}{\text{MSE}}$
상호작용	$(a-1)(b-1)$	SSAB	$\text{MSAB}=\dfrac{\text{SSAB}}{(a-1)(b-1)}$	$F_{AB}=\dfrac{\text{MSAB}}{\text{MSE}}$
오차	$ab(r-1)$	SSE	$\text{MSE}=\dfrac{\text{SSE}}{ab(r-1)}$	
전체	$abr-1$	TSS		

제곱합(SSE)이라고 한다. 반복이 있는 이원분류 분산분석에 대한 분산분석표는 <표 6.9>와 같고, 여기서 세 개의 $F-$통계량 F_A, F_B, F_{AB}는 대응되는 귀무가설 하에서 각각 자유도가 $(a-1, abr-1)$, $(b-1, abr-1)$, $((a-1)(b-1), abr-1)$인 F-분포를 따르고, 가설 (6.7), (6.8), (6.11)에 대한 검정통계량으로 사용된다.

반복이 있는 이원분류 분산분석에서의 검정법

- 귀무가설 $H_0 : \alpha_1 = \alpha_2 = \cdots = \alpha_a (= 0)$

  검정통계량 : $F_A = MSA/MSE$

  기각역 : $F_A > F_\alpha(a-1, abr-1)$

- 귀무가설 $H_0 : \beta_1 = \beta_2 = \cdots = \beta_b (= 0)$

  검정통계량 : $F_B = MSB/MSE$

  기각역 : $F_B > F_\alpha(b-1, abr-1)$

- 귀무가설 $H_0 : \gamma_{ij} = 0, \quad i = 1, \cdots, a; \ j = 1, \cdots, b.$

  검정통계량 : $F_{AB} = MSAB/MSE$

  기각역 : $F_{AB} > F_\alpha((a-1)(b-1), abr-1)$

6.4.2 ANOVA 프로시저의 이용

한 회사에서는 새로운 제품에 대한 디자인을 설계함에 있어서 A, B, C 세

<표 6.10> '판매량' 데이터

도시구분	디자인		
	A	B	C
대	23, 20, 21	22, 19, 20	19, 18, 21
중	22, 20, 19	24, 25, 22	20, 19, 22
소	18, 18, 16	21, 23, 20	20, 22, 24

가지 중의 하나를 선택하려고 한다. 이를 위해 지역을 대, 중, 소도시로 구분하여 각각 9개씩(총 27개)의 매장을 선정하고, 새로운 제품을 시범적으로 판매하여 <표 6.10>과 같은 판매량 데이터를 얻었다. 여기서 디자인(design)과 도시구분(city)은 두 개의 처리이고 각 처리 조합에 대한 반복회수는 3이다.

다음 <예 6.3>은 '판매량' 데이터에 대해 분산분석을 수행하기 위한 프로그램으로, MODEL 명령문에 주효과(main effect) design, city와 상호작용의 효과(interaction effect) design*city가 지정되어 있다.

<예 6.3> 반복이 있는 이원분류 분산분석: ANOVA 프로시저

```
DATA exam.sales;
    DO city = 'Lagre ', 'Middle', 'Small ';
        DO design = 'A', 'B', 'C';
            DO rep = 1, 2, 3;
                INPUT sales @@;
                OUTPUT;
            END;
        END;
    END;
CARDS;
23 20 21   22 19 20   19 18 21
22 20 19   24 25 22   20 19 22
18 18 16   21 23 20   20 22 24
;
RUN;

PROC ANOVA DATA=exam.sales;
    CLASS city design ;
    MODEL sales = city design city*design;
    MEANS city design city*design;
RUN;
```

```
                        The ANOVA Procedure

Dependent Variable: sales
                                 Sum of
 Source               DF        Squares   Mean Square  F Value  Pr > F
 Model                 8     74.6666667     9.3333333     3.88  0.0081
 Error                18     43.3333333     2.4074074
 Corrected Total      26    118.0000000

        R-Square      Coeff Var      Root MSE    sales Mean
        0.632768       7.507656      1.551582      20.66667

 Source               DF        Anova SS  Mean Square  F Value  Pr > F
 city                  2      8.22222222   4.11111111     1.71  0.2094
 design                2     20.22222222  10.11111111     4.20  0.0318
 city*design           4     46.22222222  11.55555556     4.80  0.0082

      Level of            ------------sales------------
      city          N             Mean          Std Dev
      Lagre         9       20.3333333       1.58113883
      Middle        9       21.4444444       2.12785756
      Small         9       20.2222222       2.58736245

      Level of            ------------sales------------
      design        N             Mean          Std Dev
      A             9       19.6666667       2.17944947
      B             9       21.7777778       1.98606255
      C             9       20.5555556       1.87823794

Level of      Level of              ------------sales------------
city          design         N             Mean          Std Dev
Lagre         A              3       21.3333333       1.52752523
Lagre         B              3       20.3333333       1.52752523
Lagre         C              3       19.3333333       1.52752523
Middle        A              3       20.3333333       1.52752523
Middle        B              3       23.6666667       1.52752523
Middle        C              3       20.3333333       1.52752523
Small         A              3       17.3333333       1.15470054
Small         B              3       21.3333333       1.52752523
Small         C              3       22.0000000       2.00000000
```

앞에서도 설명한 바와 같이 반복이 있는 이원분류 분산분석에서는 각 처리 수준의 조합에서 생기는 상호작용의 효과를 분리하여 검정할 수 있는데, **상호작용**(interaction)의 효과가 있다는 것은 요인 A의 수준 변화에 따라서 요인 B의 효과가 변한다는 것을 의미한다. 이 예의 경우 출력결과 중 분산분석표를 살펴보면,

상호작용 'design*city'에 대응되는 유의확률(p-값)이 0.0082로서 유의수준 5%(또는 10%) 보다 작다는 것을 알 수 있는데, 따라서 이 경우 상호작용의 효과는 통계적으로 유의하다고 할 수 있다.

상호작용의 의미를 보다 자세히 살펴보도록 하자. 예를 들어, 앞의 결과에서 디자인과 도시구분의 각 처리 조합에 따른 평균들을 살펴보면, 대도시에서는 디자인 A의 만족도가 가장 높은 반면에 중도시에서는 B가 그리고 소도시에서는 C의 판매량이 가장 많다는 것을 알 수 있다. 따라서 도시구분에 따라서 디자인의 효과가 변화하고 있으며, 이 경우 두 처리에 의한 상호작용의 효과가 존재한다고 할 수 있다.

<예 6.4> 평균 프로파일 도표의 작성

```
PROC SUMMARY DATA=exam.sales NWAY;
    CLASS city design;
    VAR sales;
    OUTPUT OUT=meanout MEAN(sales)=mean;
RUN;

SYMBOL1 I=JOIN W=1 V=DOT    CV=BLACK H=2;
SYMBOL2 I=JOIN W=1 V=CIRCLE CV=RED   H=2;
SYMBOL3 I=JOIN W=1 V=SQUARE CV=BLUE  H=2;

PROC GPLOT DATA=meanout;
    PLOT mean*city=design;
RUN;
```

이러한 상호작용의 효과는 평균 프로파일 도표를 이용하면 보다 쉽게 파악할 수 있다. <그림 6.1>은 판매량 데이터에 대한 평균 프로파일 도표로써 도시구분에 따라 디자인의 효과가 달라진다는 것을 쉽게 살펴볼 수 있다. 만약 상호작용의 효과가 존재하지 않는다면 평균 프로파일 도표가 일정한 간격을 두고 평행선을 이루는 형태를 가지게 될 것이다.

반복이 있는 이원분류 분산분석에 있어서는 상호작용 유무에 따라 개별 요인의 효과에 대한 해석에 주의를 기울여야 한다. 예를 들어, 이 예에서의 경우 변수 city(도시구분)에 대한 F-검정의 결과 유의학률이 0.2094라고 해서 city의 주효과가 유의하지 않다고 성급히 결론을 내려서는 안된다. 즉, 변수 city의 수준에 따라 변수 design의 효과가 달라지므로 city의 효과는 design의 수준을 조건으로 하여 평가해야 한다. 또한 변수 design에 대해서도 단순히 '디자인 B가 A 보다 평

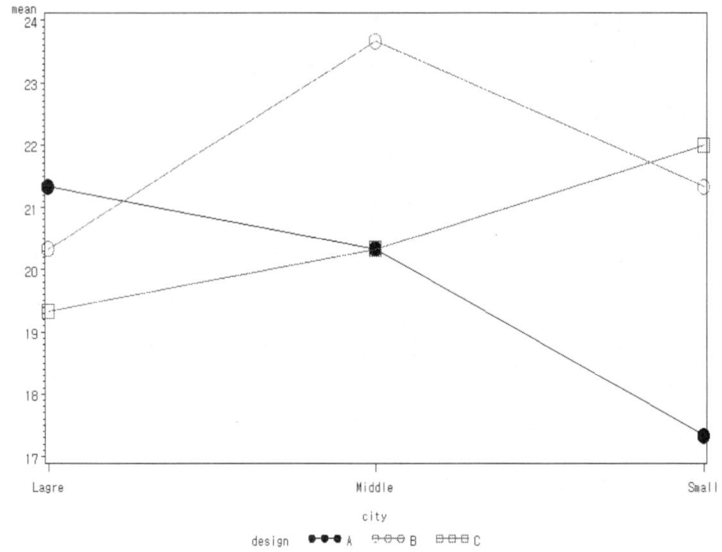

<그림 6.1> 평균 프로파일 도표

균 판매량이 높다'와 같이 해석할 것이 아니라 각 도시구분별로 디자인의 효과를 비교해야 할 것이다. 이러한 상호작용의 양상에 따른 후속 분석에 대해 보다 자세한 설명은 임성수·허명회(1998)를 참조하기 바란다.

6.5 공분산분석

다음 '심리점수' 데이터는 20명의 사람을 10명씩 두 개의 집단으로 나눈 다음, 집단 A(비교집단)에는 기존의 방법으로 교육을 실시하고 집단 B(실험집단)에는 새로운 방법으로 교육을 실시한 후 특별한 심리검사를 통해 점수를 얻은 것이다.

이제 집단 A와 집단 B의 심리검사 점수를 각각 y_1과 y_2라고 할 때, 앞의 5.1절에서 다룬 바 있는 t-검정(또는 6.2절의 일원분류 분산분석)을 고려하면 다음과 같

<표 6.11> '심리점수' 데이터

집단 A	나이	31	28	25	34	39	26	30	26	31	23
(비교집단)	심리점수	30	0	10	40	55	20	65	5	40	0
집단 B	나이	36	33	31	29	41	36	32	32	27	32
(실험집단)	심리점수	65	50	90	25	99	60	25	80	5	99

은 모형을 생각할 수 있다.

$$\begin{cases} y_{1j} = \mu_1 + \epsilon_{1j} = \mu + \alpha_1 + \epsilon_{1j}, & j = 1, \cdots, 10 \\ y_{2j} = \mu_2 + \epsilon_{2j} = \mu + \alpha_2 + \epsilon_{2j}, & j = 1, \cdots, 10 \end{cases} \tag{6.13}$$

이와 같은 모형 하에서는 두 집단의 모평균의 차이 $\mu_1 - \mu_2 = \alpha_1 - \alpha_2$에 대한 추정치로 표본평균의 차이 $\bar{y}_1 - \bar{y}_2$가 사용될 수 있다는 것을 5.1절 및 6.2절에서 설명한 바 있다.

그런데 <표 6.11>의 데이터를 자세히 살펴보면 나이가 증가함에 따라 심리검사 점수도 커지는 경향이 있다는 것을 알 수 있고, 또한 집단 B에 속한 사람들의 나이가 집단 A에 속한 사람들의 나이보다 다소 많다는 것을 알 수 있다. 즉, 나이가 심리검사 점수와 밀접한 관련이 있으며 두 집단에서 나이의 평균 차이가 존재하는 것으로 생각되므로 이러한 사실을 고려하여 분석을 수행해야 한다는 것을 알 수 있다.

6.5.1 공분산분석 모형

이제 변수 나이(x)의 효과를 고려하여 다음과 같은 모형을 생각하자.

$$\begin{cases} y_{1j} = \mu_1 + \beta\, x_{1j} + \epsilon_{1j} = \mu + \alpha_1 + \beta\, x_{1j} + \epsilon_{1j} \\ y_{2j} = \mu_2 + \beta\, x_{2j} + \epsilon_{2j} = \mu + \alpha_2 + \beta\, x_{2j} + \epsilon_{2j} \end{cases} \tag{6.14}$$

이와 같은 모형을 **공분산분석**(analysis of covariance) 모형이라고 하는데, 여기서 연속형 변수 x는 반응변수의 순수한 차이를 알아내기 위해서 고려하는 일종의 블록으로 **공변량**(covariate)이라고 한다.

공분산분석 모형 (6.14)는 다음과 같은 가정을 포함하고 있다. (1) 공변량 x와 반응변수 y는 선형적인(체계적인 증감의) 관계가 있다. 선형성은 산점도 등을 이용하여 검토할 수 있는데, 만약 x와 y의 관계가 선형적이 아니라면 공변량을 적절한 구간으로 나누어(예를 들면, 연령대별로 구분하여) 블록으로 간주하거나 적절한 비선형 모형을 고려해서 분석해야 한다. (2) 공변량에 대한 기울기가 두 집단에서 동일하다. 만약 이를 가정할 수 없다면 서로 다른 기울기를 가지는 일반선형모형을 고려하여 분석해야 한다(기울기의 동일성에 대한 검정 및 서로 다른 기울기를 가지는 일반선형모형에 대해서는 다음 6.5.3절에서 다룰 것이다).

이와 같은 공분산분석 모형 하에서는 $\mu_1 - \mu_2 = \alpha_1 - \alpha_2$(공변량 x가 같도록 고정된 경우 두 집단의 모평균 차이)에 대한 추정치로 다음을 사용할 수 있는데,

$$(\bar{y}_1 - \hat{\beta}\, \bar{x}_1) - (\bar{y}_2 - \hat{\beta}\, \bar{x}_2) = (\bar{y}_1 - \bar{y}_2) - \hat{\beta}(\bar{x}_1 - \bar{x}_2) \tag{6.15}$$

따라서 만약 공변량을 고려하지 않으면 $\hat{\beta}(\bar{x}_1 - \bar{x}_2)$만큼 추정의 편의(bias)가 발생한다는 것을 알 수 있다.

6.5.2 GLM 프로시저의 이용

이제 <표 6.11>의 '심리점수' 데이터에 대해 GLM 프로시저를 이용하여 공분산분석을 수행하고 그 결과를 살펴보도록 하자.

<예 6.5> 공분산분석: GLM 프로시저

```
DATA exam.ancova;
    INPUT group $ age score @@;
CARDS;
A 31 30 A 28  0 A 25 10 A 34 40 A 39 55
A 26 20 A 30 65 A 26  5 A 31 40 A 23  0
B 36 65 B 33 50 B 31 90 B 29 25 B 41 99
B 36 60 B 32 25 B 32 80 B 27  5 B 32 99
;
RUN;

PROC GLM DATA=exam.ancova;
    CLASS group;
    MODEL score = age group / SOLUTIONS;
RUN;
```

```
                          The GLM Procedure

Dependent Variable: score
                                     Sum of
 Source               DF        Squares    Mean Square  F Value  Pr > F
 Model                 2    11836.08157     5918.04078    11.83  0.0006
 Error                17     8502.46843      500.14520
 Corrected Total      19    20338.55000

        R-Square     Coeff Var      Root MSE    score Mean
        0.581953      51.82833      22.36393      43.15000

 Source               DF      Type I SS    Mean Square  F Value  Pr > F
 age                   1    10483.37064    10483.37064    20.96  0.0003
 group                 1     1352.71092     1352.71092     2.70  0.1184

 Source               DF    Type III SS    Mean Square  F Value  Pr > F
 age                   1    6291.631565    6291.631565    12.58  0.0025
 group                 1    1352.710921    1352.710921     2.70  0.1184
```

```
                                        Standard
Parameter           Estimate               Error    t Value    Pr > |t|

Intercept       -80.69730435 B       40.23903857      -2.01      0.0611
age               4.27043478          1.20403332       3.55      0.0025
group     A     -17.92643478 B       10.90032585      -1.64      0.1184
group     B       0.00000000 B        .                 .          .

NOTE: The X'X matrix has been found to be singular, ...
```

<예 6.5>에서 사용된 GLM 프로시저는 공분산분석과 같은 보다 일반적인 형태의 다양한 선형모형(linear model)을 수행할 수 있는 프로시저이다. 특히 다원분류 분산분석에 있어서 각 처리수준의 조합별 반복수(표본크기)가 다른 경우 최소제곱평균(least squares mean)에 기초한 분석을 수행할 수 있으므로, 처리수준의 조합별 반복수가 다른 경우에는 ANOVA 프로시저보다는 GLM 프로시저를 이용하는 것이 바람직하다(처리수준의 조합별 반복수가 같은 경우에는 ANOVA와 GLM 프로시저의 결과가 일치한다).

공분산분석을 수행하기 위해서는 <예 6.5>에서와 같이 CLASS 명령문에 분류변수(집단변수)를 지정하고, MODEL 명령문에 집단변수와 공변량의 주효과를 지정하면 된다. 또한 MODEL 명령문에 SOLUTIONS 옵션을 지정하면 각 모수에 대한 최소제곱추정치를 출력해 준다.

앞의 <예 6.5>의 결과에는 두 개의 제곱합(Type I SS, Type III SS)이 출력되어 있는데, 공분산분석을 위해서 보아야 할 부분은 'Type III SS'이다(GLM에서는 4개의 제곱합을 얻을 수 있는데, 이들 제곱합에 대해서는 성내경(2001) 및 임성수·허명회(1998) 등을 참조하기 바란다). 이 결과를 살펴보면 변수 age(나이)의 F-값에 대한 유의확률은 0.0025로서 유의수준 5%(또는 10%) 하에서 유의하나, 변수 group(집단)의 F-값에 대한 유의확률은 0.1184로서 유의하지 않다는 것을 알 수 있다. 즉, 나이가 같도록 고정(통제)된다면 두 집단에 대한 심리검사 점수의 평균 차이는 유의하지 않다고 할 수 있다.

또한 모수 추정치(parameter estimate)를 살펴보면 공변량 age에 대한 기울기가 $\hat{\beta} = 4.270$으로 추정되었다는 것을 알 수 있으며, 두 집단에 대한 모형추정식은 다음과 같다.

$$
\begin{aligned}
\hat{y}_1 &= \hat{\mu}_1 + \hat{\beta}\, x = \hat{\mu} + \hat{\alpha}_1 + \hat{\beta}\, x \\
&= (-80.697 - 17.926) + 4.270x = -98.623 + 4.270x \\
\hat{y}_2 &= \hat{\mu}_2 + \hat{\beta}\, x = \hat{\mu} + \hat{\alpha}_2 + \hat{\beta}\, x \\
&= (-80.697 + 0) + 4.270x = -80.697 + 4.291x
\end{aligned}
$$

여기서 $\mu_1 - \mu_2$(나이가 같은 경우 집단에 따른 심리검사 점수의 모평균 차이)에 대한 추정값은 $\hat{\mu}_1 - \hat{\mu}_2 = \hat{\alpha}_1 - \hat{\alpha}_2 = -17.926$이다.

한편 다음 <예 6.6>은 심리점수에 대해 변수 group(집단)만을 고려하여 독립표본 t-검정을 수행한 것이데, 여기서 t-값에 대한 유의확률이 0.018로서 유의수준 5% 하에서 유의하다는 것을 알 수 있다. 따라서 공변량인 나이를 고려하지 않고 단순히 t-검정을 수행한다면 잘못된 결론을 유도할 수 있음을 알 수 있다. 또한 모평균의 차이에 대한 추정값이 -33.3으로서 공분산분석에서의 추정값 -18.051보다 훨씬 크게 추정된다는 것을 알 수 있다.

<예 6.6> 독립표본 t-검정

```
PROC TTEST DATA=exam.ancova;
    CLASS group;
    VAR score;
RUN;
```

```
                          The TTEST Procedure

                              Statistics

                                 Lower CL              Upper CL  Lower CL
Variable  group           N        Mean      Mean        Mean    Std Dev

score     A              10      9.8894      26.5      43.111     15.972
score     B              10      36.024      59.8      83.576     22.861
score     Diff (1-2)             -60.24     -33.3      -6.364     21.662

                                    Upper CL
Variable  group        Std Dev     Std Dev   Std Err  Minimum  Maximum

score     A              23.22      42.391    7.3428        0       65
score     B             33.236      60.676     10.51        5       99
score     Diff (1-2)    28.669      42.396    12.821

                                T-Tests

 Variable    Method           Variances     DF    t Value    Pr > |t|

 score       Pooled           Equal         18      -2.60      0.0182
 score       Satterthwaite    Unequal     16.1      -2.60      0.0194

                         Equality of Variances

  Variable     Method       Num DF    Den DF    F Value    Pr > F

  score        Folded F          9         9       2.05    0.3003
```

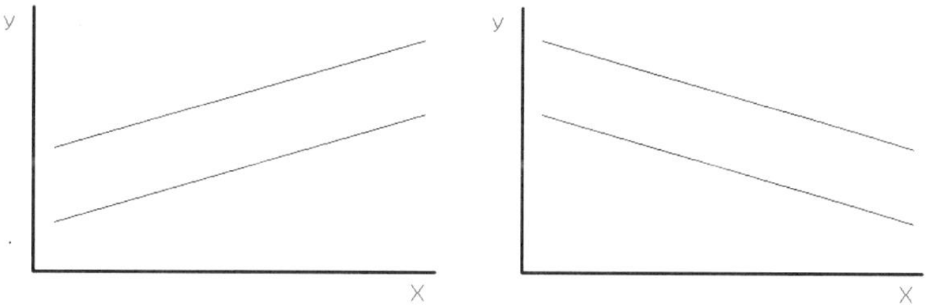

(a) 기울기가 동일한 경우 (상호작용의 효과가 없는 경우)

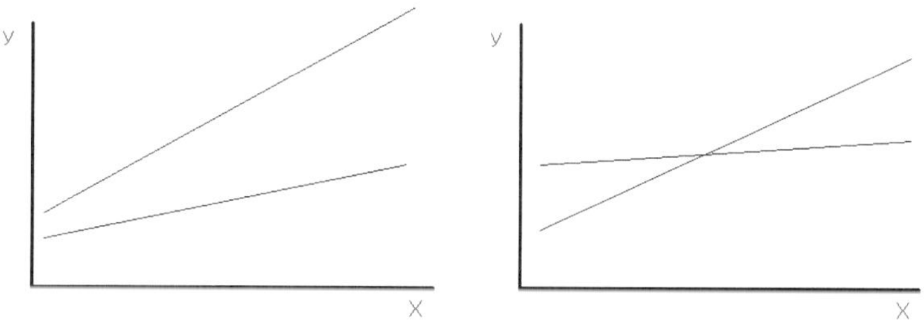

(b) 기울기가 동일하지 않은 경우 (상호작용의 효과가 있는 경우)

<그림 6.2> 기울기가 동일한 경우와 그렇지 않은 경우

6.5.3 기울기의 동일성에 대한 검정

앞에서 식 (6.14)와 같은 공분산분석 모형이 성립하기 위해서는 기울기에 대한 동일성을 가정할 수 있어야 한다고 하였는데, 만약 이러한 가정이 성립되지 않으면 어떻게 될까?

위의 <그림 6.2>는 두 집단에서 공변량 x에 대한 기울기가 같은 경우와 다른 경우의 몇 가지 예를 든 것이다. 만약 (a)에서와 같이 기울기가 동일하다면 공변량 x의 값에 관계없이 반응값 y의 차이가 일정하므로, 이 차이를 해석하는 것이 의미가 있을 것이다. 그러나 그림 (b)에서와 같이 기울기가 동일하지 않다면 다음과 같은 모형을 고려해야 하는데,

$$\begin{cases} y_{1j} = \mu_1 + \beta_1 \ x_{1j} + \epsilon_{1j} = \mu + \alpha_1 + \beta_1 \ x_{1j} + \epsilon_{1j} \\ y_{2j} = \mu_2 + \beta_2 \ x_{2j} + \epsilon_{2j} = \mu + \alpha_2 + \beta_2 \ x_{2j} + \epsilon_{2j} \end{cases} \tag{6.16}$$

이 경우 공변량 x의 값에 따라 반응값 y의 차이가 변하게 되므로 기울기가 동일할 때와 같은 방식으로 해석을 할 수 없다. 기울기의 동일성(즉, $H_0 : \beta_1 = \beta_2$)에 대한 검정은 공변량과 요인(처리)의 상호작용 효과를 이용하여 검정할 수 있는데, 여기서는 앞의 예에 대해서 이를 검정해 보도록 하자.

<예 6.7> 기울기의 동일성에 대한 검정

```
PROC GLM DATA=exam.ancova;
    CLASS group;
    MODEL score = age group age*group / SOLUTIONS;
RUN;
```

```
                          The GLM Procedure

Dependent Variable: score
                                 Sum of
 Source              DF         Squares    Mean Square  F Value  Pr > F
 Model                3     11984.14912     3994.71637     7.65  0.0022
 Error               16      8354.40088      522.15006
 Corrected Total     19     20338.55000

        R-Square     Coeff Var      Root MSE    score Mean
        0.589233      52.95621      22.85060      43.15000

 Source              DF       Type I SS    Mean Square  F Value  Pr > F
 age                  1     10483.37064    10483.37064    20.08  0.0004
 group                1      1352.71092     1352.71092     2.59  0.1270
 age*group            1       148.06755      148.06755     0.28  0.6017

 Source              DF     Type III SS    Mean Square  F Value  Pr > F
 age                  1     6433.104076    6433.104076    12.32  0.0029
 group                1       47.501959      47.501959     0.09  0.7668
 age*group            1      148.067554     148.067554     0.28  0.6017

                                         Standard
   Parameter           Estimate             Error    t Value    Pr > |t|

   Intercept       -106.6380412 B     63.74505285      -1.67      0.1138
   age                5.0589070 B      1.92505068       2.63      0.0183
   group      A      23.9628819 B     79.44763084       0.30      0.7668
   group      B       0.0000000 B       .                .          .
   age*group A       -1.3327924 B      2.50282343      -0.53      0.6017
   age*group B        0.0000000 B       .                .          .

NOTE: The X'X matrix has been found to be singular, ...
```

기울기의 동일성에 대한 검정을 수행하기 위해서는 위의 <예 6.7>에서와 같이 MODEL 명령문에 공변량과 요인의 상호작용 효과(이 예에서는 age*group)를 추가해 주면 된다.

앞의 <예 6.7>의 출력결과에서 살펴보아야 할 부분은 분산분석표(Type III SS) 중 상호작용 age*group에 대한 F-검정의 결과이다. 이 예에서는 유의확률이

0.6017로서 상호작용의 효과가 유의하지 않으므로(즉, $H_0 : \beta_1 = \beta_2$를 기각할 수 없으므로), 기울기의 동일성을 가정할 수 있다. 따라서 이제 상호작용의 효과를 모형에서 제거하여 (6.14)와 같은 공분산분석 모형을 통해 이 데이터를 분석할 수 있다.

이 예에서는 기울기의 동일성을 가정할 수 있으므로 '모수 추정값'에 대한 해석이 큰 의미는 없지만, <예 6.7>의 결과를 이용하여 모형 (6.16)에 대한 추정식을 표현하면 다음과 같다.

$$\begin{aligned}\hat{y}_1 &= \hat{\mu}_1 + \hat{\beta}_1\, x = \hat{\mu} + \hat{\alpha}_1 + \hat{\beta}_1\, x \\ &= (-106.638 + 23.963) + (5.059 - 1.333)x = -82.675 + 3.726x \\ \hat{y}_2 &= \hat{\mu}_2 + \hat{\beta}_2\, x = \hat{\mu} + \hat{\alpha}_2 + \hat{\beta}_2\, x \\ &= (-106.638 + 0) + (5.059 + 0)x = -106.638 + 5.059x\end{aligned}$$

이 추정식에서 $\hat{\alpha}_1 - \hat{\alpha}_2 = 23.963$은 공변량 x가 0으로 고정되었을 때 반응값 y의 차이에 대한 추정값을 나타내므로 이에 대한 해석은 무의미하다.

공변량이 있는 일반선형모형 (집단이 k개인 경우)

$$y_{ij} = \mu_i + \beta_i\, x_{ij} + \epsilon_{ij} = \mu + \alpha_i + \beta_i\, x_{ij} + \epsilon_{ij}, \quad i = 1, \cdots, k;\ j = 1, \cdots, n_i$$

$$\Big\Downarrow\ \beta_1 = \beta_2 = \cdots = \beta_k (= \beta)$$

공분산분석

$$y_{ij} = \mu_i + \beta\, x_{ij} + \epsilon_{ij} = \mu + \alpha_i + \beta\, x_{ij} + \epsilon_{ij}, \quad i = 1, \cdots, k;\ j = 1, \cdots, n_i$$

$$\Big\Downarrow\ \beta = 0$$

일원분류 분산분석

$$y_{ij} = \mu_i + \epsilon_{ij} = \mu + \alpha_i + \epsilon_{ij}, \quad i = 1, \cdots, k;\ j = 1, \cdots, n_i$$

다시 한번 반복하면, 모든 집단에 대해서 공변량에 대한 기울기가 동일하다면 (6.14)와 같은 모형을 통해 공분산분석을 수행할 수 있지만, 기울기의 동일성을 가정할 수 없다면 (6.16)과 같은 일반선형모형을 통해 각 집단에서의 기울기를 추정하고 기울기의 대한 차이 및 전반적 현상을 해석하는 것이 바람직하다(또는 공변량을 적절한 구간으로 나눈 다음 블록으로 간주하여 분석을 수행할 수도 있을 것이다). 또한 이 절에서는 집단이 두 개인 경우의 예를 들어 설명하였는데, 집단이 k개인 경우에도 분석을 수행하는 과정은 동일하다.

6.6 ANOVA 프로시저의 일반적 사용형식

분산분석을 수행하는 ANOVA 프로시저의 일반적인 사용형식은 다음과 같다.

```
PROC ANOVA DATA=SAS-data-set options;
    CLASS variables;
    MODEL dependents = effects / options;
    MEANS effects / options;
    ...
RUN;
```

PROC ANOVA 명령문

ANOVA 프로시저의 시작을 나타내며 DATA=(분산분석에 사용할 SAS 데이터세트 지정), OUTSTAT=(제곱합, 자유도, F-값 등 분산분석의 결과를 저장할 SAS 데이터세트 지정) 등의 옵션을 사용할 수 있다.

CLASS 명령문

분석에 사용될 처리변수(또는 분류변수)들을 지정한다. 여러 개의 처리변수들을 지정하여 다원분류 분산분석을 수행하고자 할 때는 변수이름을 공백으로 구분하여 나열하면 된다. 공변량과 같은 연속형 변수는 CLASS 명령문에 지정되지 않아야 한다.

MODEL 명령문

분석에 사용될 종속변수와 주효과 및 상호작용의 효과를 지정하는 명령문으로, 등호 왼쪽에는 종속변수를 지정하고 등호 오른쪽에는 모형에 포함될 효과들을 나열하면 된다.

MEANS 명령문

각 처리변수의 수준별 또는 효과별 표본평균을 출력하도록 한다. 여기에는 DUNCAN, TUKEY, SCHEFFE 등 다중비교(multiple comparison)를 위한 옵션들을 지정할 수 있다.

6.7 연습문제

6-1. 합성섬유의 장력강도가 면(cotton)의 함유량에 따라 어떻게 다른 지를 알아보기 위해 실험을 한 결과 다음과 같은 데이터를 얻었다. 면의 함유량에 따라 평균 장력강도에 차이가 있다고 할 수 있는가? 필요한 분석을 수행하여라.

15%	20%	25%	30%	35%
7	12	14	19	7
7	17	18	25	10
15	12	18	22	11
11	18	19	19	15
9	18	19	23	11

6-2. 어떤 회사의 이사회에서는 5종류의 기계 A, B, C, D, E 중 한 개를 구입하기로 하였다. 이를 위해 완전숙련공을 고용하여 단위시간동안 각 기계에 의한 생산량을 조사하여 다음과 같은 데이터를 얻었다. 분산분석법을 이용하여 이들의 평균생산량이 동일한지를 검정하여 보아라.

기계 종류	생산량
A	67 72 75 42 53
B	72 52 63 55 48
C	60 82 65 77 75
D	48 61 57 64 50
E	64 65 70 68 53

6-3. 어떤 직물의 인장강도는 가공시의 처리액의 농도에 따라 차이가 있다고 한다. 이를 알아보기 위해 4종류의 처리액의 농도 3.0%, 3.5%, 4.0%, 4.5%에 대하여 각각 5회식 반복하여 인장강도를 측정한 결과 다음 값을 얻었다. 분산분석표를 작성하고 농도에 따른 인장강도에 차이가 있는지를 검정하여 보아라.

A_1	A_2	A_3	A_4
46.8	51.2	50.2	21.4
58.0	62.4	38.2	22.1
51.4	30.6	46.8	28.2
61.0	46.0	26.7	42.7
45.8	48.8	22.7	25.2

6-4. 어느 생물학자는 에탄올이 수면에 미치는 영향을 알고자 비슷한 체중의 20마리의 쥐를 가지고 실험을 하였다. 20마리의 쥐를 무작위로 5마리씩 4그룹으로 나누고, 각 그룹의 쥐에 에탄올을 각각 1㎎, 2㎎, 3㎎, 0㎎(에탄올 포함하지 않음)을 주사하고, 24시간 동안 눈까풀의 깜빡거림을 특수장치를 이용하여 측정하였다. 이 때 눈까풀의 깜빡거림 횟수가 작을 수록 졸리움을 뜻한다고 한다. 이 때 에탄올의 양은 수면에 영향을 미친다고 할 수 있는지를 검정하여 보아라.

0㎎	86 79 73 72 89
1㎎	57 70 57 55 54
2㎎	50 43 47 49 42
3㎎	30 38 27 38 38

6-5. 어느 농장에서 서식하고 있는 딱정투구벌레에 대한 연구를 하던 도중 벌레들이 선호하는 색상이 있는지를 알아보기 위해 다음과 같은 실험을 실시하였다. 네 가지 색상의 판자를 각각 여섯 개씩 준비하여, 그 위에 끈끈이를 바르고 여섯 지점에 각 네 가지 판자를 일 주일 동안 설치하여 잡힌 벌레의 수를 관측하였다. 딱정투구벌레가 색상을 선호하는 정도가 다르다고 말할 수 있는지를 검정하여 보아라.

레몬색	45 59 48 46 38 47
흰색	21 12 14 17 13 17
녹색	37 32 15 25 39 41
파란색	16 11 20 21 14 7

6-6. 일원배치법에 의한 불완전한 분산분석표가 다음과 같이 주어져 있다.

요인	자유도	제곱합	평균제곱합	$F-$값
처리	4	24.7		
오차				
전체	34	62.4		

(가) 위의 분산분석표를 완성하여 보아라.

(나) 실험에 사용된 개체의 수는 얼마인가?

(다) 모평균에 차이가 있는지를 유의수준 5% 하에서 검정하여 보아라.

6-7. 정규분포 $N(\mu_1, \sigma^2)$로부터 크기 8의 표본을 취하여 관측치(처리 Ⅰ)를 얻었고, 또 다른 정규분포 $N(\mu_2, \sigma^2)$로부터 크기 8인 표본을 취하여 관측치(처리 Ⅱ)를 얻었다. 이 때 두 정규분포의 모분산은 동일하며 또한 두 개의 표본은 서로 독립이라고 가정할 때 이들 표본에 의한 일원배치표는 다음과 같다.

처리	관측치	합	평균
처리 Ⅰ	31 20 18 17 9 8 10 7	120	15
처리 Ⅱ	18 17 14 11 10 7 5 6	88	11

위의 일원배치표를 이용하여 귀무가설 $H_0 : \mu_1 = \mu_2$와 이에 대응하는 대립가설 $H_1 : \mu_1 \neq \mu_1$에 대하여 $t-$검정한 결과와 분산분석한 결과를 비교해 보아라.

6-8. 어느 제조회사는 복잡한 생산품을 조립하는 4가지 방법 중에서 가장 시간이 적게 소요되는 방법이 있는지를 알고 싶어한다. 16명의 종업원을 무작위로 4명씩 4개의 집단으로 나누어서 5번의 실험을 하였다. 다음 데이터는 각 실험마다 4명의 소요시간의 합이다. 이 데이터에 의하여 각 방법에 차이가 있는지를 검정하여 보아라. 단, 종업원들의 생산능력은 동일한 방법으로는 같다고 가정한다.

방법	소요시산(단위 : 분)				
A	55	49	42	21	22
B	61	113	30	89	63
C	42	97	81	95	92
D	168	137	169	85	154

6-9. 다음의 데이터는 다이어트 음식 3종류의 콜레스테롤 함량을 4개의 다른 실험실에서 측정한 결과이다. 분산분석표를 작성하고 다이어트 음식과 실험실에 따라 콜레스테롤 함량에 차이가 있는지를 검정하여 보아라.

	음식Ⅰ	음식Ⅱ	음식Ⅲ
A 실험실	3.4	2.6	2.8
B 실험실	3.0	2.7	3.1
C 실험실	3.3	3.0	3.4
D 실험실	3.5	3.1	3.7

6-10. 세 종류의 기계와 세 사람의 기능공이 제품의 품질에 미치는 영향을 조사하기 위하여 다음과 같은 데이터를 얻었다. 분산분석표를 작성하고 기계와 기능공에 따라 제품의 품질에 차이가 있는지를 검정하여 보아라.

	기능공 I	기능공 II	기능공 III
기계 A	11	15	20
기계 B	14	23	16
기계 C	11	14	15

6-11. 여섯 종류의 사료를 쥐에게 먹였을 때 쥐의 체중증가에 어떤 영향을 주는지를 알아보기 위해 단백질의 요소에 대한 세 수준(A: 쇠고기, 곡류, 돼지고기)과 단백질의 수준에 대한 두 수준(B: 높음, 낮음)을 고려한 후 실험을 하였다. 다음의 데이터는 실험을 통해서 얻어진 쥐의 체중증가량을 기록한 결과이다. 요인 A, B 및 상호작용의 효과가 있는지를 분석하여라.

	단백질의 수준(B)	
단백질의 요소(A)	B1(높음)	B2(낮음)
A1(쇠고기)	73, 102, 118, 104, 81	90, 76, 90, 64, 86
	107, 100, 87, 117, 111	51, 72, 90, 95, 78
A2(곡류)	98, 74, 56, 111, 95	107, 95, 97, 80, 98
	88, 82, 77, 86, 92	74, 74, 67, 89, 58
A3(돼지고기)	94, 79, 96, 98, 102	49, 82, 73, 86, 81
	102, 108, 91, 120, 105	97, 106, 70, 61, 82

6-12. 다음은 세 가지 치료법(A, B, C)에 대해 처리 전(X)과 후(Y)의 수치를 제시한 것이다.

치료법 A		치료법 B		치료법 C	
X	Y	X	Y	X	Y
11	6	6	0	16	13
8	0	6	2	13	10
5	2	7	3	11	18
14	8	8	1	9	5
19	11	18	18	21	23
6	4	8	4	16	12
10	13	19	14	12	5
6	1	8	9	12	16
11	8	5	1	7	1
3	0	15	9	12	20

(가) 치료법을 요인(설명변수)으로 하고 처리 후의 수치(Y)를 반응변수로 하여 일원분류 분산분석을 수행하여라.

(나) 처리 전의 수치(X)를 공변량으로 추가하여 공분산분석을 수행하고 (가)의 결과와 비교하여 보아라(이 때 기울기의 동일성에 대한 검정을 먼저 실시한 후 분석을 수행하여라).

제 7 장
상관분석

여러 변수들에 대해 얻은 데이터를 분석하는 경우 주요 관심 대상 중의 하나는 변수들 간의 상호 연관성을 분석하는 것이다. 이 장에서는 두 변수 간의 선형적인 연관성을 분석하는 상관분석(correlation analysis)에 대해 기본적인 내용을 소개할 것이다. 또한 측정이론에서 문항의 신뢰도를 평가하는데 사용되는 크론바흐(Cronbach)의 알파(α)에 관련된 내용도 간단히 다룰 것이다.

7.1 상관계수의 개념

가구당 실질소득과 저축률, 섭취한 알코올의 양과 맥박수, 지능지수와 학업성적 등과 같이 서로 관련을 맺고 있는 두 변수에 대한 관찰값들이 쌍으로 주어졌을 때, 연구자는 두 변수들 간의 관계에 관심을 두게 된다. 먼저 이 절에서는 두 연속형 변수들 간의 연관성을 측정하는데 사용되는 상관계수의 개념에 대해서 살펴보도록 하자.

7.1.1 모공분산과 모상관계수

평균이 μ_x와 μ_y이고 분산이 σ_x^2와 σ_y^2인 두 확률변수 X와 Y가 있다고 하자. 만약 X의 값이 μ_x보다 클 때는 Y의 값도 μ_y보다 크고, X의 값이 μ_x보다 작을 때는 Y의 값도 μ_y보다 작은 경향이 있다면 $(X-\mu_x)(Y-\mu_y)$는 양의 값을 가질 가능성이 많게 된다. **공분산**(共分散, covariance)

$$\sigma_{xy} = Cov(X,Y) = E\left[(X-\mu_x)(Y-\mu_y)\right] \tag{7.1}$$

은 $(X-\mu_x)(Y-\mu_y)$의 기대값으로 확률변수 X의 증가에 따른 확률변수 Y의 증가 또는 감소의 경향을 나타내는 측도이다. 즉, σ_{xy}가 큰 양의 값을 가진다면 X가 증가할 때 Y도 증가하는 경향이 크다는 것을 나타내고, σ_{xy}가 큰 음의 값을 가진다면 X가 증가할 때 Y는 감소하는 경향이 크다는 것을 나타낸다. 만약, σ_{xy}가 0에 가깝다면 두 확률변수 X와 Y의 증감은 서로 체계적인 경향이 없다는 것을 의미한다.

그러나 이와 같은 공분산은 변수를 측정하는 단위에 의존하며 그 값의 범위가 제한되어 있지 않아서 연관성의 정도를 상대 또는 절대비교하기가 어렵기 때문에, 측정단위와는 무관하며 범위가 제한되어 있는 연관성의 측도를 고려할 필요가 있다.

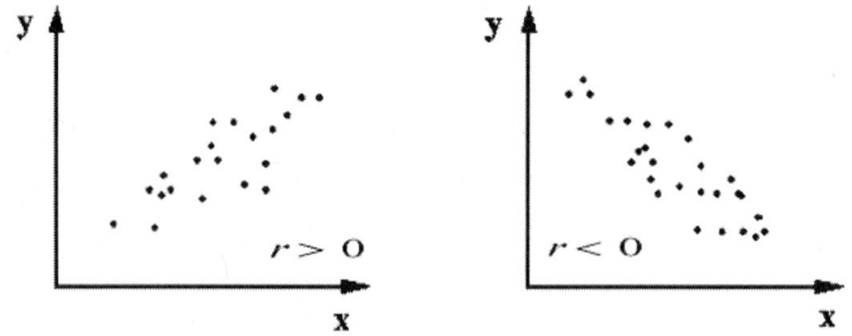

<그림 7.1> 상관계수의 부호

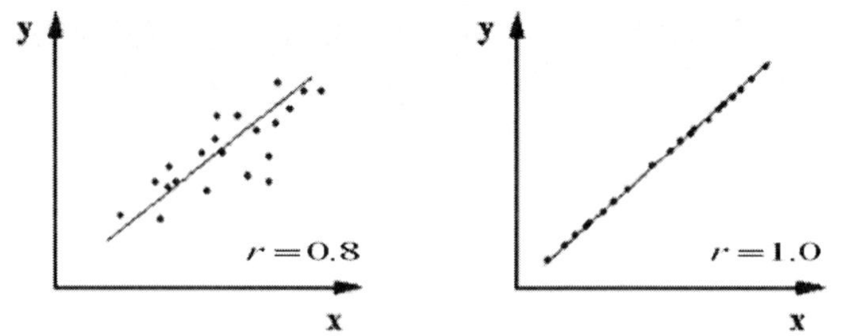

<그림 7.2> 상관계수의 크기

공분산 σ_{xy}를 각 확률변수의 표준편차(standard deviation)로 나누면 다음과 같은 **상관계수**(相關係數, correlation coefficient)

$$\rho_{xy} = Corr(X, Y) = \frac{\sigma_{xy}}{\sigma_x \sigma_y} \tag{7.2}$$

를 얻게 되는데, 이는 X와 Y의 선형성의 정도를 나타내는 측도로서 측정단위에 무관하며 그 값은 -1과 1 사이에 있게 된다($-1 \leq \rho_{xy} \leq 1$).

7.1.2 상관계수의 부호와 크기

상관계수의 부호는 두 변수 사이의 증감관계를 나타낸다. <그림 7.1>의 왼쪽은 상관계수의 부호가 양(+)인 경우를 나타내며, 오른쪽은 상관계수의 부호가 음(−)인 경우를 나타낸다. 즉, 상관계수의 부호가 양(+)일 때에는 변수 X의 값이 증가함에 따라 변수 Y의 값도 증가하는 경향을 나타내며, 부호가 음(−)인 경우에는 변수 X의 값이 증가함에 따라 변수 y의 값이 감소하는 경향을 나타낸다. 위의 <그림 7.1>과 같이 두 변수의 좌표점들을 표시한 그림을 **산점도**(散點圖, scatter plot)라고 부르는데, 이는 데이터의 양상을 시각적으로 살펴보는 데 매우 유용하다.

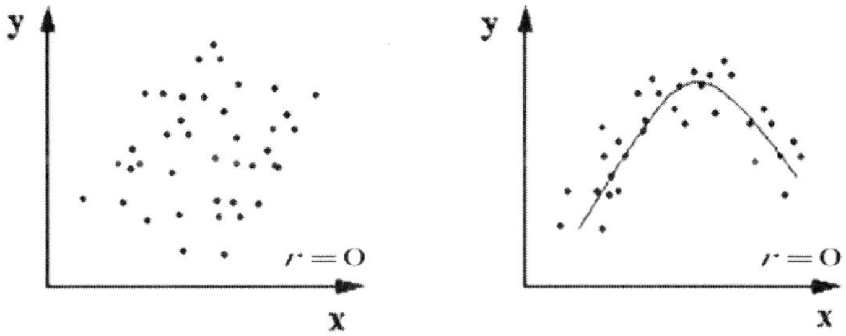

<그림 7.3> 상관계수가 0인 경우의 예

또한, 상관계수의 절대값의 크기는 직선의 주변에 데이터가 어느 정도 집중되어 있는지를 나타낸다. <그림 7.2>의 왼쪽은 상관계수의 절대값의 크기가 0.8로 직선의 주변에 데이터가 집중되는 정도가 80%임을 의미하고, 오른쪽은 상관계수의 절대값의 크기가 1로 직선의 주변에 데이터가 집중되는 정도가 100%임(직선 위에 데이터들이 모두 놓여 있음)을 의미한다.

한편, 상관계수가 0이라고 해서 무조건 두 변수 간에 어떠한 관계도 없다고 할 수는 없다. 예를 들어, <그림 7.3>은 상관계수가 모두 0인 형태로서, 그림의 왼쪽은 두 변수 간에 특정한 관계가 없음을 알 수 있으나 그림의 오른쪽은 두 변수 간에 선형관계는 없지만 2차 곡선의 관계가 있음을 알 수 있다. 그러므로 상관계수는 두 변수간의 선형집중도의 측도라는 특성을 가지고 있으므로 그 해석을 선형의 범주 내로 제한해야 한다.

만약 두 연속형 변수 간에 곡선 또는 비선형적인 관계가 있는 경우에는, 적절한 비선형 모형을 고려하거나 한 변수를 기준으로 몇 개의 구간으로 나누어 상관계수를 구하는 등의 방법을 사용하는 것이 바람직하다. 예를 들어, 위의 <그림 7.3>의 오른쪽에서 x가 연령이고 y가 선호도라고 하자. 이 때 연령을 적절한 두 개의 구간(예를 들면, 연령이 40 이하인 집단과 40 이상인 집단)으로 나누어 상관계수를 구해봄으로써, 연령이 작은(40 이하인) 집단에서는 연령과 선호도의 관계가 양(+)의 관계를 가지고 있지만 연령이 큰(40 이상인) 집단에서는 연령과 선호도의 관계가 음(−)의 관계를 가지고 있다는 사실을 알 수 있을 것이다.

7.2 상관계수의 추정과 검정

두 변수 X와 Y에 대해서 n개의 쌍으로 관찰된 표본 (x_1, y_1), (x_2, y_2), $\cdots$, (x_n, y_n)을 얻었을 때 상관계수에 대한 추정과 검정에 대해서 살펴보도록 하자.

7.2.1 피어슨(Pearson)의 상관계수

다음과 같은 표본공분산 s_{xy}와 표본상관계수 r_{xy}

$$s_{xy} = \frac{1}{n-1}\sum_{i=1}^{n}(x_i - \bar{x})(y_i - \bar{y}), \tag{7.3}$$

$$r_{xy} = \frac{s_{xy}}{s_x s_y} = \frac{\sum_{i=1}^{n}(x_i - \bar{x})(y_i - \bar{y})}{\sqrt{\sum_{i=1}^{n}(x_i - \bar{x})^2 \sum_{i=1}^{n}(y_i - \bar{y})^2}} \tag{7.4}$$

는 모공분산 σ_{xy}와 모상관계수 ρ_{xy}의 추정치로 사용되며, 여기서 표본상관계수 r_{xy}는 **피어슨의 적률상관계수**(product-moment correlation coefficient)라고도 불리운다.

이와 같은 표본상관계수 r을 이용하여 모상관계수 ρ에 대한 가설검정을 수행할 수 있다. 먼저, 귀무가설 $H_o : \rho = 0$에 대한 검정통계량은

$$T = \sqrt{n-2}\frac{r}{\sqrt{1-r^2}} \tag{7.5}$$

로서 이는 귀무가설 하에서 자유도 $n-2$인 t-분포를 따른다.

모상관계수에 대한 검정법

검정통계량:

$$T = \sqrt{n-2}\frac{r}{\sqrt{1-r^2}}$$

기각역:

귀무가설과 대립가설	기각역
$(a)\ H_0 : \rho <= 0\ \ vs\ \ H_1 : \rho > 0$	$T >= t_\alpha(n-2)$
$(b)\ H_0 : \rho >= 0\ \ vs\ \ H_1 : \rho < 0$	$T <= -t_\alpha(n-2)$
$(c)\ H_0 : \rho = 0\ \ vs\ \ H_1 : \rho \neq 0$	$\|T\| >= t_{\alpha/2}(n-2)$

한편, 이보다 조금 더 일반적인 귀무가설 $H_0 : \rho = \rho_0$(여기서 ρ_0가 0일 필요는 없다)에 대한 검정은 다음과 같은 휘셔(Fisher)의 z-변환

$$z = \left[\log_e(1+r) - \log_e(1-r)\right]/2 \tag{7.6}$$

을 이용할 수 있는데, 이 때 통계량 z는 평균이 $\left[\log_e(1+\rho) - \log_e(1-\rho)\right]/2$이고 분산이 $1/\sqrt{n-3}$인 정규분포에 근사적으로 따른다.

7.2.2 스피어만(Spearman)의 순위상관계수

두 확률변수의 분포가 이변량 정규분포로부터 멀리 벗어나 있거나 데이터에 특이값이 존재할 때, 두 변수 간의 연관관계를 측정하기 위해 피어슨 상관계수와 같은 모수적인 통계량보다 비모수적인 방법에 의한 상관계수를 사용하는 것이 바람직한 경우가 많다.

두 변수 X와 Y에 대한 n개의 데이터 (x_i, y_i), $i = 1, \cdots, n$를 각 변수별로 순위화 하여 얻은 값을 (Q_i, R_i), $i = 1, \cdots, n$라고 하자. 이 때 **스피어만의 순위상관계수**(rank correlation coefficient)는 두 변수의 순위만을 이용하는 것으로 다음과 같이 계산된다.

$$r_s = 1 - \frac{6\sum_{i=1}^{n} d_i^2}{n(n^2-1)} \tag{7.7}$$

여기서 $d_i = Q_i - R_i$는 i번째 데이터값에서의 순위차이다.

이 외에도 순위데이터의 일치쌍(concordant pair)과 불일치쌍(discordant pair)의 개념을 이용한 켄달(Kedadall)의 타우(τ) 등도 비모수적인 상관계수로서 종종 사용된다(켄달의 타우 등 연관성의 측도에 대해서는 허명회(1998) 등을 참조하기 바란다).

7.2.3 CORR 프로시저의 이용

다음 <예 7.1>은 17명의 사람들로부터 나이(age), 월평균 실질소득(income), 월평균 지출액(expenses)를 조사한 데이터에 대해 상관분석을 수행한 예이다. 이 프로그램에서는 피어슨의 상관계수와 스피어만의 순위상관계수를 출력하기 위해 PROC CORR 명령문에 PEARSON과 SPEARMAN을 지정하였다. 또한 변수들에 대한 요약통계량을 출력하지 않도록 NOSIMPLE 옵션도 함께 지정하였다. 이들 옵션에 대한 자세한 설명은 7.5절을 참조하기 바란다.

<예 7.1> 상관계수의 계산: CORR 프로시저

```
DATA exam.student;
    INPUT age income expense @@;
CARDS;
25 170 67 28 177 62 20 165 53 16 150 48 19 160 58 21 160 59
22 173 60 16 169 57 20 169 70 19 170 71 20 179 63 26 180 75
23 174 82 16 179 60 25 189 82 17 169 74 30 180 77
;
RUN;
```

```
PROC CORR DATA=exam.student PEARSON SPEARMAN NOSIMPLE;
    VAR age income expense;
RUN;
```

```
                    CORR 프로시저

          3  변수:    age      income    expense

               피어슨 상관 계수, N = 17
             H0: Rho=0 검정에 대한 Prob > |r|

                      age         income        expense

age               1.00000        0.54697        0.52981
                                  0.0231         0.0287

income            0.54697        1.00000        0.68130
                   0.0231                        0.0026

expense           0.52981        0.68130        1.00000
                   0.0287         0.0026

               스피어만 상관 계수, N = 17
             H0: Rho=0 검정에 대한 Prob > |r|

                      age         income        expense

age               1.00000        0.58426        0.56853
                                  0.0138         0.0173

income            0.58426        1.00000        0.70346
                   0.0138                        0.0016

expense           0.56853        0.70346        1.00000
                   0.0173         0.0016
```

이 결과에는 각 변수들 간의 피어슨(또는 스피어만)의 상관계수와 모상관계수가 0이라는 가설 (즉, $H_0 : \rho = 0$ vs $H_1 : \rho \neq 0$)을 검정하기 위한 유의확률이 제시되어 있다. 예를 들어, 변수 age와 income 간의 피어슨의 상관계수는 0.547이고 이에 대응되는 유의확률은 0.0231로 출력되어 있다. 또한 변수 income과 expense 간의 상관계수가 0.681로 가장 높으며, 전반적으로 모든 변수들 간의 상관계수가

비교적 높고 유의수준 0.05 하에서 유의하다는 것을 볼 수 있다. 스피어만의 순위상관계수도 피어슨의 상관계수와 거의 유사한 결과를 제공하고 있다.

7.3 편상관계수

편상관계수(partial correlation coefficient) $\rho(x_1, x_2 | z_1, \cdots, z_p)$는 특정한 변수들 ($z_1$, $\cdots$, z_p)이 같은 값으로 통제(고정)되었을 경우 두 변수 x_1과 x_2 사이의 상관계수를 나타내는데, 이는 두 변수가 통제변수와 공유하는 부분을 각각 제거한 후 두 변수 간의 순수한 연관성을 측정하기 위해서 사용된다.

예를 들어, 특정 제품에 대해서 20명의 고객으로부터 연령, 기능만족도, 디자인만족도를 조사하여 얻은 '제품만족도' 데이터에 대해서 변수 age(연령)를 통제하였을 때 satis1(기능만족도)과 satis2(디자인만족도)의 편상관계수를 구하고 그 의미를 해석해 보도록 하자(예 7.2).

먼저, 이 데이터의 세 변수 age(연령), satis1(기능만족도), satis2(디자인만족도)에 대해 단순 상관계수를 구해보면 모든 상관계수들이 0.6보다 큰 값을 가지므로 전반적으로 매우 높은 상관이 있다는 것을 알 수 있고, 특히 연령과 디자인만족도 간에는 0.995로서 거의 1에 가까운 상관계수를 가지고 있음을 알 수 있다.

<예 7.2> 편상관계수의 계산: CORR 프로시저

```
DATA exam.satis;
    INPUT age age_level satis1 satis2 @@;
CARDS;
28  2   0  70  23  2   0  55  26  2   5  65  27  2   5  65
25  2  10  60  26  2  20  65  29  2  25  70  31  3  25  75
32  3  25  80  34  3  40  85  31  3  40  75  33  3  50  80
39  3  55  95  36  3  60  90  30  3  65  75  36  3  65  90
32  3  80  80  39  3  85  95  31  3  90  75  32  3  95  80
;
RUN;
PROC CORR DATA=exam.satis;
    VAR age satis1 satis2;
RUN;

PROC CORR DATA=exam.satis NOSIMPLE;
    VAR satis1 satis2;
    PARTIAL age;
RUN;
```

```
                    CORR 프로시저

        3  변수:     age       satis1   satis2

                 피어슨 상관 계수, N = 20
              H0: Rho=0 검정에 대한 Prob > |r|

                      age          satis1          satis2

     age            1.00000        0.69821         0.99347
                                    0.0006          <.0001

     satis1         0.69821        1.00000         0.70305
                     0.0006                         0.0005

     satis2         0.99347        0.70305         1.00000
                     <.0001         0.0005


                    CORR 프로시저

          1 부분 변수:     age
          2      변수:     satis1   satis2


              피어슨 부분 상관 계수, N = 20
           H0: 부분 Rho=0 검정에 대한 Prob > |r|

                        satis1         satis2

           satis1       1.00000        0.11503
                                        0.6391

           satis2       0.11503        1.00000
                         0.6391
```

그러나 변수 age를 통제했을 때 satis1(기능만족도)과 satis2(디자인만족도)의 편상관계수를 구해보면(이 경우 PARTIAL 명령문을 사용하여 하나 이상의 통제변수를 지정해 주어야 한다), $r(satis_1, satis_2|age) = 0.115$(유의확률은 0.639)로 stais1과 satis2의 단순 상관계수 $r(satis_1, satis_2) = 0.703$보다 작음을 알 수 있다.

따라서 통제변수인 age(연령)가 같은 값을 가지도록 고정된다면 satis1(기능만족도)과 satis2(디자인만족도) 사이에는 연관성이 크지 않음을 알 수 있다. 즉 연령이 클수록 이 제품에 대해 기능만족도와 디자인만족도가 모두 커지는 경향이 있으며(변수 연령이 두 변수 사이의 매개변수 역할을 하며), '연령'이 같도록 통제된다면(같은 연령을 가진 사람들만 조사된다면) 기능만족도와 디자인만족도 사이에는 연관성이 작다는 것을 알 수 있다.

한편 다음 <예 7.3>은 연령대별(20대, 30대)로 satis1과 satis2의 단순 상관계수를 계산한 것으로, 이 결과를 통해서도 유사한 경향을 확인할 수 있다. 이 결과를 얻기 위해서 먼저 SORT 프로시저를 사용하여 SAS 데이터세트 satis를 연령수준을 나타내는 분류변수 age_level(변수값이 '2'이면 20대를, '3'이면 30대를 의미한다)에 대해 정렬한 후, BY 명령문을 사용하여 변수 age_level을 지정하였다. 출력결과를 살펴보면 각 연령대에서 기능만족도와 디자인만족도의 상관계수가 매우 작고 유의확률도 각각 0.390, 0.575로서 유의수준 5%(또는 10%) 하에서 유의하지 않다는 것을 알 수 있다.

<예 7.3> 연령대별로 계산된 단순 상관계수

```
PROC SORT DATA=exam.satis;
    BY age_level;
RUN;

PROC CORR DATA=exam.satis NOSIMPLE;
    VAR satis1 satis2;
    BY age_level;
RUN;
```

```
---------------------- age_level=2 ----------------------

                     CORR 프로시저

              2 변수:    satis1   satis2


                피어슨 상관 계수, N = 7
             H0: Rho=0 검정에 대한 Prob > |r|

                        satis1         satis2

         satis1        1.00000        0.38797
                                       0.3898

         satis2        0.38797        1.00000
                        0.3898
```

```
----------------------- age_level=3 -----------------------

                     CORR 프로시저

              2  변수:     satis1   satis2


              피어슨 상관 계수, N = 13
           H0: Rho=0 검정에 대한 Prob > |r|

                          satis1          satis2

          satis1         1.00000         0.17182
                                          0.5746

          satis2         0.17182         1.00000
                          0.5746
```

7.4 문항의 신뢰도분석

사회과학 분야의 연구에서는 리커트 척도(Likert scales)의 설문문항들을 사용하여 자신감이나 직업만족도 등과 같은 추상적 개념들을 측정하는 경우가 많다. 이 때 주요 관심대상 중의 하나는 동일한 개념을 측정하기 위하여 사용된 문항들에 대한 측정의 신뢰도(reliability)이다. 만약 문항들의 신뢰도가 높다면 문항점수들의 합계를 구해서 하나의 지표로 사용할 수가 있을 것이고, 그렇지 않다면 이러한 방법에 문제가 있게 된다.

동일한 개념을 측정하기 위해 만든 N개의 설문문항이 있다고 하자. 그 문항들의 합을 X라고 할 때, 전통적 시험이론에서는 다음과 같은 모형을 고려한다.

$$X = t + e, \tag{7.8}$$

여기서 t는 참점수(true score)이고 e는 측정오차(measurement error)이며 t와 e는 서로 독립이다. 신뢰도 또는 신뢰계수는 다음과 같이

$$\rho^2(X,t) = \frac{Cov^2(X,t)}{Var(X)Var(t)} \tag{7.9}$$

관측점수 X와 참점수 t의 상관계수의 제곱으로 정의되며, $Cov(X,t) = Cov(t+e,t) = Var(t)$이므로 $\rho^2(X,t) = Var(t)/Var(X)$ 과 같고 따라서 신뢰도는 참점수 t와 관측점수 X의 분산비(ratio of variance)로 해석할 수도 있다.

7.4.1 크론바흐의 알파계수

이와 같은 신뢰도를 추정하기 위한 많은 방법이 존재하는데(여러 가지 유형의 신뢰도에 대해서는 성태제(1995) 등을 참조하기 바란다), 주로 사용되는 것 중의 하나가 내적일치도(internal consistency)를 의미하는 크론바흐의 **알파계수**이다. 여기서는 알파계수의 개념에 대해서 간단히 살펴보도록 하자.

먼저 $X_1^*,\ X_2^*, \cdots, X_N^*$를 $X_1,\ X_2, \cdots, X_N$에 대한 동형의 문항들이라고 하고, $X = \sum_{i=1}^N X_i$와 $X^* = \sum_{i=1}^N X_i^*$를 각각 이들의 합이라고 하자. 알파계수는 두 동형문항 간의 상관계수 $\alpha = Corr(X, X^*)$로 정의되고, '동형'이 가지는 의미를 문항 변수 각각의 등분산성(equal variances)과 그들 간의 등공분산성(equal covariances)으로 나타낼 때

$$\alpha = \left(\frac{N}{N-1}\right)\left(1 \quad \frac{\sum_{i=1}^N Var(X_i)}{Var(X)}\right) \tag{7.10}$$

가 된다.

이러한 알파계수는 신뢰도 ρ의 하한값(lower bound)으로 생각할 수 있고(즉, 각 문항의 동형성에 대한 가정이 유지되지 못하면 알파계수는 신뢰도를 과소추정할 가능성이 있다.), 모든 문항이 이항(0 또는 1)으로 측정되는 경우 알파계수는 KR-20(Kuder-Richardson 20)계수와 동일한 것으로 알려져 있다.

7.4.2 신뢰도분석 사례

기업구성원의 의식을 알아보기 위해 628명을 설문조사한 의식조사데이터를 사용하여 알파계수를 계산해 보기로 한다. 조사항목은 다음과 같은 10개의 문항으로 구성되어 있다.

- q01: 나의 상사는 업무에 대한 전문성이 있고 헌신적으로 일을 한다.
- q02: 나는 상사가 추진하는 업무추진과정을 보면 그의 능력과 준비성을 인정하게 된다.
- q03: 나의 상사는 부주의하게 일을 함으로써 나를 곤란하게 만들지는 않는다.
- q04; 나는 상사와 나의 생각, 느낌, 희망까지 자유롭게 이야기를 나눌 수 있다.
- q05; 나는 일하면서 겪는 어려움을 상사에게 편안하게 이야기할 수 있으며 그 역시 내 이야기를 잘 들어 줄 것이다.
- q06; 만일 나와 상사 중에서 한 명이 부서가 바뀌어 함께 일할 수 없게 된다면 우리는 둘 다 상실감을 느낄 것이다.

- q07; 나의 상사는 나의 업무상 과실에 대해 다른 사람 앞에서 공개적으로 나를 비판한다.
- q08; 나는 동료들과 함께 있을 때 그들을 의식하지 않고 내 일을 한다.
- q09; 일을 할 때 다른 사람에게 의지하지 않도록 독립성을 개발해야 한다.
- q10; 나는 '사공이 많으면 배가 산으로 간다'는 속담에 동의한다.

또한 이들 문항은 3개의 구성개념: '상사의 업무수행능력'(q01-q03), '상사와의 공적/개인적 긴밀함'(q04-q07), '업무추진의 독자성'(q08-q10)을 나타내는 것으로 간주되었고, 각 문항은 5점 척도(1=전혀 그렇지 않다,..., 5=매우 그렇다)로 측정되어 있다.

'상사의 업무수행능력'에 대한 신뢰도분석

다음 <예 7.4>는 '상사의 업무수행능력'을 측정한 3개 문항(q01-q03)에 대해 신뢰도를 구한 것으로 계산된 알파계수의 값은 0.735(표준화된 신뢰도는 0.734)으로 신뢰도가 비교적 높다는 것을 알 수 있다. 출력결과에서 '합계와의 상관계수'는 각 변수와 해당되는 구성개념(합점수)과의 상관계수를 의미하고, '변수를 제외했을 때의 Cronbach 계수'는 해당 변수를 제거한 뒤 남아 있는 나머지 두 문항만을 기초로 계산된 알파계수를 의미한다. 예를 들어, 문항 q01은 이를 제외한 나머지 변수 q02, q03의 합점수(q02+q03)와의 상관계수가 0.595이고 이 문항을 제거하는 경우 알파계수는 0.605로 낮아진다는 것을 알 수 있다. 이 예에서는 신뢰도 분석의 결과가 전반적으로 만족스러운 수준이라고 할 수 있다.

이러한 결과들은 신뢰도가 낮게 되도록 하는 변수들을 탐색할 때 유용하게 사용되며, 때로는 '변수를 제외했을 때의 Cronbach 계수'가 큰 변수를 제거하고 나머지 변수들만의 합점수를 계산하여 사용하기도 한다.

<예 7.4> '상사의 업무수행능력'에 대한 신뢰도분석

```
DATA exam.alpha;
    INFILE 'c:\examdata\alpha.txt';
    INPUT q01-q10;
RUN;

PROC CORR DATA=exam.alpha NOCORR ALPHA;
    VAR q01 q02 q03;
RUN;
```

```
                    CORR 프로시저

          3  변수:    q01      q02      q03

                 Cronbach의 α 계수

                변수              α 계수
                ------------------------
                원데이터          0.735192
                표준화            0.734056

           변수를 제외했을때의 Cronbach 계수

           데이터 변수                    표준화된 변수

삭제한     합계와의                      합계와의
변수       상관계수        α 계수        상관계수         α 계수
---------------------------------------------------------------------
q01        0.594904      0.604862      0.592713      0.605142
q02        0.617487      0.577007      0.614337      0.578537
q03        0.470138      0.747391      0.470527      0.747426
```

'상사와의 공적/개인적 긴밀함'에 대한 신뢰도분석

<예 7.5>는 '상사와의 공적/개인적 긴밀함'을 측정한 4개 문항(q04-q07)에 대해서 알파계수를 계산한 것으로, 출력결과를 살펴보면 알파계수가 −0.222로 계산되었으며 특히 문항 q07이 합점수와 매우 큰 음의 상관을 가진다는 것을 알 수 있다.

<예 7.5> '상사와의 공적/개인적 긴밀함'에 대한 신뢰도분석 - 1

```
PROC CORR DATA=exam.alpha NOCORR ALPHA;
    VAR q04 q05 q06 q07;
RUN;
```

```
                    CORR 프로시저

          3  변수:    q04      q05      q06      q07
```

```
                Cronbach의 α 계수

            변수                α 계수
            ------------------------
            원데이터          -.222449
            표준화            -.259063


          변수를 제외했을때의 Cronbach 계수

              데이터 변수                     표준화된 변수

 삭제한     합계와의                       합계와의
 변수       상관계수        α 계수         상관계수          α 계수
 ----------------------------------------------------------------------
 q04        0.033840       -.497639       0.037843        -.512457
 q05        0.047515       -.477113       0.046492        -.535289
 q06        0.175309       -.724792       0.142045        -.804969
 q07        -.471497       0.439407       -.470206        0.453277
```

그런데 앞에서 제시한 10개의 문항들을 자세히 살펴보면 q07의 경우 다른 문항들과는 반대의 방향으로 질문을 하고 있다는 것을 알 수 있으므로, q07에 대해서는 관측값 5, 4, 3, 2, 1을 1, 2, 3, 4, 5로 바꾼 후 합점수를 구해야 한다. 이렇게 바꾸어서 다시 계산된 알파계수가 <예 7.6>에 출력되어 있는데, 출력결과를 살펴보면 알파계수의 값이 0.588로 비교적 만족스럽고 각 문항들과 합점수의 상관계수는 모두 양의 부호를 가진다는 것을 알 수 있다.

<예 7.6> '상사와의 공적/개인적 긴밀함'에 대한 신뢰도분석 - 2

```
DATA exam.alpha;
    SET alpha;
    q07 = 6 - q07;
RUN;

PROC CORR DATA=exam.alpha NOCORR ALPHA;
    VAR q04 q05 q06 q07;
RUN;
```

```
                    CORR 프로시저

      3  변수:     q04      q05      q06      q07


                 Cronbach의 α 계수
```

변수	α 계수
원데이터	0.587694
표준화	0.597601

변수를 제외했을 때의 Cronbach 계수

	데이터 변수		표준화된 변수	
삭제한 변수	합계와의 상관계수	α 계수	합계와의 상관계수	α 계수
q04	0.343078	0.543615	0.349315	0.548556
q05	0.263212	0.597403	0.274669	0.603300
q06	0.423566	0.479589	0.426167	0.488956
q07	0.471497	0.439407	0.470206	0.453277

'업무추진의 독자성'에 대한 신뢰도분석

다음 <예 7.7>는 '업무추진의 독자성'을 측정한 3개 문항(q08-q10)에 대해서 알파계수를 계산한 것이다. 출력결과를 살펴보면 알파계수가 0.251로 매우 낮고, 따라서 이들 문항이 하나의 동질적인 개념을 측정한다는 것을 신뢰할 수 없으며 세 문항의 합점수를 사용하는 것은 문제가 된다는 것을 알 수 있다.

<예 7.7> '업무추진의 독자성'에 대한 신뢰도분석

```
PROC CORR DATA=exam.alpha NOCORR ALPHA;
    VAR q08 q09 q10;
RUN;
```

CORR 프로시저

3 변수: q08 q09 q10

Cronbach의 α 계수

변수	α 계수
원데이터	0.251126
표준화	0.240846

변수를 제외했을때의 Cronbach 계수

삭제한 변수	데이터 변수 합계와의 상관계수	데이터 변수 α 계수	표준화된 변수 합계와의 상관계수	표준화된 변수 α 계수
q08	0.210183	-.002563	0.203923	-.002584
q09	0.159578	0.125617	0.149987	0.126875
q10	0.042544	0.361463	0.042528	0.361287

7.5 CORR 프로시저의 일반적 사용형식

CORR 프로시저는 앞절에서 서술한 여러 가지 상관계수들과 문항의 신뢰성분석에서 많이 사용되는 크론바흐의 알파계수(Cronbach's coefficient alpha)를 제공하며, 이와 더불어 각 변수에 관한 여러 가지 기술통계량들도 제공한다. CORR 프로시저의 일반적인 사용형식은 다음과 같다.

```
PROC CORR DATA=SAS-data-set options;
    BY variables;
    FREQ variable;
    PARTIAL variables;
    VAR variables;
    WEIGHT variable;
    WITH variables;
RUN;
```

여기서 PROC CORR 명령문은 CORR 프로시저를 호출하는 명령문으로 출력할 상관계수를 지정하거나 상관계수를 저장할 새로운 SAS 데이터세트를 지정하는 등 다음과 같은 옵션들을 사용할 수 있다.

상관계수 및 통계량의 지정

- HOEFFDING: 호에프딩의 D 통계량을 출력한다.
- KENDALL: 켄달의 τ_b를 출력한다.
- PEARSON: 피어슨의 상관계수를 출력한다.
- SPEARMAN: 스피어만의 순위상관계수를 출력한다.

- ALPHA: 크론바흐의 알파계수를 출력한다.
- COV: 변수들 간의 공분산행렬을 출력한다.
- CSSCP: 수정된 제곱합(corrected sum of squares) 및 교차곱(corrected sum of products)행렬을 출력한다.
- NOMISS: 하나 이상의 결측값을 가지는 관찰값들을 모든 계산에서 제외한다.
- SSCP: 수정되지 않은 제곱합(uncorrected sum of squares) 및 교차곱(uncorrected sum of products)행렬을 출력한다.

상관계수 및 통계량을 저장할 새로운 SAS-데이터세트의 지정

- OUTH=SAS-data-set: 호에프딩의 D와 기타 통계량을 저장한다.
- OUTK=SAS-data-set: 켄달의 τ_b와 기타 통계량을 저장한다.
- OUTP=SAS-data-set: 피어슨의 상관계수와 기타 통계량을 저장한다.
- OUTS=SAS-data-set: 스피어만의 순위상관계수와 기타 통계량을 저장한다.

출력물의 제어와 관련된 옵션

- BEST=m: 절대값이 가장 큰 처음 m 개의 상관계수를 순차적으로 출력한다.
- NOCORR: 상관계수를 출력하지 않는다.
- NOPRINT: 모든 결과를 출력하지 않는다.
- NOPROB: 상관계수에 대한 유의확률을 출력하지 않는다.
- NOSIMPLE: 각 변수에 대한 요약통계량을 출력하지 않는다.
- RANK: 절대값이 큰 순서대로 상관계수를 출력한다.

WITH 명령문

WITH 명령문은 VAR 명령문과 함께 사용하여 특정한 변수들의 조합에 대해서만 상관계수를 출력하고자 할 때 사용된다. 예를 들어, 다음과 같이 프로그램을 작성하면 변수들의 조합 (x,b), (y,a), (y,b), (z,a), (z,b)에 따른 상관계수들만 출력된다.

```
PROC CORR;
    VAR a b;
    WITH x y z;
RUN;
```

7.6 연습문제

7-1. 다음은 눈 속에 포함된 수분 함유량(x)과 용수량(water yield, y)을 조사하여 얻은 것이다.

x	y	x	y	x	y
23.1	10.5	37.9	22.8	39.5	23.1
32.8	16.7	30.5	14.1	24.2	12.4
31.8	18.2	25.1	12.9	52.5	24.9
32.0	17.0	12.4	8.8	21.1	10.5
30.4	16.3	35.1	17.4	27.6	16.1
24.0	10.5	31.5	14.9		

(가) 선형적인 연관관계가 있는지를 산점도를 통해서 확인해 보아라(PLOT 또는 GPLOT 프로시저를 이용하기 바람).
(나) 피어슨 상관계수, 순위상관계수, 켄달의 타우를 구하고 그 결과를 비교해 보아라.
(다) 모상관계수에 관한 귀무가설 $H_0 : \rho = 0$에 대해 검정을 실시하여라.

7-2. 어떤 종류의 암컷 개미가 일년동안 낳는 알의 수(x)와 더듬이의 초당 진동수(y) 사이의 관계를 연구하기 위해 그 개미집단으로부터 5마리를 랜덤추출하여 다음과 같은 데이터를 얻었다.

개미번호	1	2	3	4	5
x	1	2	3	4	5
y	4	1	0	1	4

이 데이터를 2차원 좌표 (x, y) 상에 표현해 보면 $y = (x-3)^2$의 관계가 있으며, 두 변수 간의 공분산을 계산하면 $s_{xy} = 0$임을 알 수 있다.

(가) 이 사실로부터 피어슨의 상관계수 r의 값을 유추하고, 이 값이 가지는 의미를 해석하여라.
(나) 귀무가설 $H_0 : \rho = 0$에 대한 검정결과를 쓰고 서술된 주장을 정당화하여라.
(다) 위의 데이터가 이변량 정규분포로부터 얻은 표본이라고 해도 되는가? 대답의 근거는?

(라) 만약 데이터의 정규성이 인정되지 않을 경우 상관계수에 관한 통계적 추론을 위해 어떤 처리방법을 제안할 수 있겠는가?

7-3. 다음의 데이터는 어떤 약품의 투여량(mg)과 투여된 실험대상이 어떤 청각 신호에 반응하는데 걸리는 시간(초)을 기록한 데이터이다.

투여량	1	3	4	7	9	12	13	14
반응시간	3.5	2.4	2.1	1.3	1.2	2.2	2.6	4.2

(가) 표본상관계수 r을 계산하여 보아라.

(나) 위의 데이터에 대한 산점도를 그려보고, r이 두 변수 사이의 관계에 대한 적절한 측도인지를 토의하여 보아라.

7-4. 다음 데이터는 저 콜레스테롤 식단의 효과를 분석하기 위하여 임의로 추출된 15명의 지원자들에게 4주간 이 식단을 제공한 후 그들의 콜레스테롤 감소량(y)과 나이(x)를 기록한 데이터이다.

나이	감소량	나이	감소량	나이	감소량
45	30	37	55	22	28
43	52	34	25	58	44
46	45	30	30	60	61
49	38	31	40	52	58
50	62	27	45	26	17

(가) 위 데이터를 이용하여 산점도와 표본상관계수 r을 구하여 보아라.

(나) 위 데이터에서 27세에서 37세 사이의 5명을 제외한 나머지 10명의 데이터를 이용하여 산점도와 표본상관계수 r을 구하여 보아라.

(다) (가)와 (나)에서 각각 구한 표본상관계수를 비교, 설명하여라.

7-5. 다음 설문 데이터는 중간관리자 19명을 대상으로 근무태도를 조사한 것이다. 조사항목은 "직장에 대한 만족도"(Q3, Q4, Q5, Q8, Q10)와 "직업에 대한 적극적 태도"(Q1, Q2, Q6, Q7, Q9)를 묻는 10개로 구성되어 있고, 각 문항의 반응은 5점 척도로 측정되었다. 각 조사항목의 내용과 데이터가 다음과 같을 때, 신뢰도분석을 수행하여라.

Q1 : 이제까지 내 직장 경력은 좋다.

Q2 : 상사의 호감을 얻기 위하여 최선을 다한다.

Q3 : 이 직장이 내가 이제까지 일했던 다른 어느 직장보다 좋다.

Q4 : 내 직장 일은 지루하다.

Q5 : 내 직장 일은 성취감을 느끼게 해준다.

Q6 : 나는 경쟁상황에서 잘 해낸다.

Q7 : 인사에서 연공서열을 중시하는 것은 옳지 않다.

Q8 : 나는 직장에서 행복하다.

Q9 : 나는 밑에 여러 직원을 두는 자리를 싫어한다.

Q10 : 보수가 더 좋은 직장이 있다면 옮기겠다.

Q1	Q2	Q3	Q4	Q5	Q6	Q7	Q8	Q9	Q10
2	1	5	2	4	2	3	5	5	2
1	1	2	4	2	1	2	2	4	4
2	2	3	3	3	1	1	2	4	2
4	4	4	1	5	5	5	4	1	1
1	2	5	1	5	2	1	5	5	1
5	5	1	5	1	4	5	2	2	5
5	5	5	1	4	4	5	5	1	1
1	1	3	4	3	1	2	3	4	3
3	3	4	2	5	3	3	5	4	2
5	4	1	4	2	5	5	1	1	5
4	5	4	1	5	4	4	5	2	1
2	2	5	1	4	4	4	5	3	1
3	4	5	2	5	3	3	4	3	2
2	2	2	5	2	1	1	2	5	5
4	3	4	2	4	4	4	5	4	1
5	4	1	4	1	5	5	1	1	5
5	5	3	2	2	4	4	3	1	3
4	5	2	5	1	5	5	1	2	5
3	3	2	5	2	3	3	2	3	4

제 8 장
회귀분석

앞장에서는 두 변수 사이의 선형적 연관성을 측정하는 상관계수에 대해서 설명하였는데, 이 장에서는 한 변수가 다른 변수들에 의해 어떻게 설명 또는 예측되는지를 분석하는 회귀분석에 대해서 다루어 보도록 하자.

8.1 단순 회귀분석

다음 <그림 8.1>은 아버지의 키 그룹별로 대응되는 아들 그룹의 평균 키를 표시하고, 이러한 관계를 잘 나타낼 수 있는 직선을 그려 넣은 것이다. 이러한 생각은 영국의 유전학자 갈톤(F. Galton, 1889)에 의해서 이루어진 것으로, 그는 사람의 키에 관한 유전연구를 통해 **회귀**(回歸, regression)라는 생각을 발전시켰다.

이 그림을 살펴보면 아버지의 키가 60인치인 그룹에 속하는 아들들의 평균 키는 약 65인치로서 아버지들의 평균 키보다 약간 크고, 아버지의 키가 74인치인 그룹에 속하는 아들들의 평균 키는 약 71인치로서 아버지들의 평균 키보다 약간 작아 진다는 것을 알 수 있다. 따라서 아들들의 키는 그들의 평균 키에 되돌아 가려는 경향이 있음을 발견할 수 있게 되는데, 갈톤은 이와 같은 함수관계를 회귀(regression)라는 용어로 표현하였다. 한편 피어슨(K. Pearson, 1903)은 아버지의 키(x)와 아들의 키(y)에 관한 기록을 수집하여 $y = 33.73 + 0.516x$와 같은 일차 함수 관계식을 얻었다.

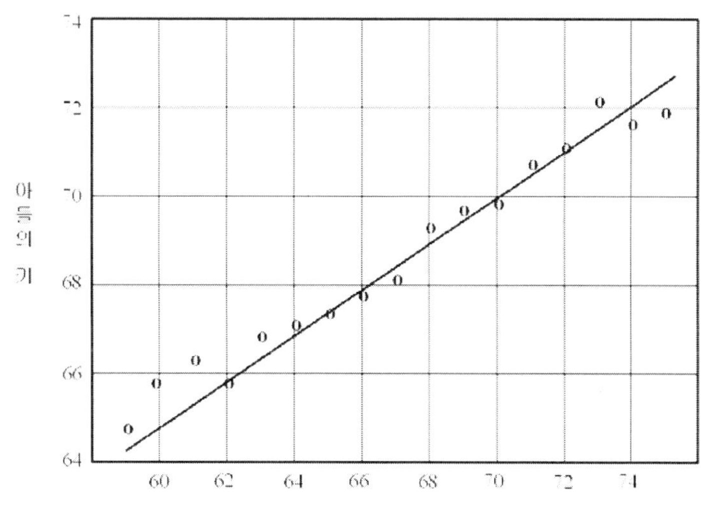

<그림 8.1> 아버지와 아들의 키 (F. Galton, 1889)

회귀분석이란 한 변수가 다른 변수들에 의해서 어떻게 설명(explanation) 또는 예측(prediction)되는 지를 알아보기 위한 통계적 방법이다. 이 때 예측되는 변수를 **종속변수**(從屬變數, dependent variable) 또는 반응변수(反應變數, response variable)라고 하고, 종속변수를 예측하는데 사용되는 변수들을 **독립변수** (獨立變數, dependent variable) 또는 설명변수(說明變數, explanatory variable)라고 한다.

회귀분석에서는 일반적으로 선형방정식에 의해서 종속변수와 독립변수들의 관계를 표현하는데, 이를 선형회귀(線形回歸, linear regression)분석이라 한다. 또한 독립변수가 하나인 경우를 **단순회귀** (單純回歸, simple regression)분석이라 하고, 이에 비해 독립변수가 여러 개인 경우를 **다중회귀** (多重回歸, multiple regression)분석이라 한다. 이 절에서는 먼저 가장 간단한 단순 선형회귀분석에 대해서 알아보도록 하자.

8.1.1 단순 회귀분석 모형

단순 회귀분석 모형은 다음 식과 같이 종속변수 y를 독립변수 x의 일차함수식으로 설명하려는 것이다.

$$y = \alpha + \beta x + \epsilon \tag{8.1}$$

여기서 α와 β는 데이터로부터 추정되어야 할 미지의 모수로서 **회귀계수**(regression coefficient)들이며, ϵ은 **오차항**(error term)으로써 독립변수 x로는 설명할 수 없는 종속변수 y의 변이 및 선형회귀모형의 함수적 형태에서 기인하는 오류 등을 포함한다. 일반적으로 오차항 ϵ은 기대값 0과 분산 σ^2을 가지며 정규분포(normal distribution)를 따르는 것으로 가정된다.

단순 선형회귀모형의 회귀계수 α와 β를 추정하기 위해서 일반적으로 오차들의 제곱합이 최소가 되도록 회귀계수를 추정하는 **최소제곱법**(least square method)을 사용한다. 즉, n개의 관찰개체로부터 표본 (x_1, y_1), (x_2, y_2), $\cdots$, (x_n, y_n)을 얻었을 때 α와 β의 최소제곱추정치는 다음과 같은 **오차제곱합**

$$\sum_{i=1}^{n} \epsilon_i^2 = \sum_{i=1}^{n} (y_i - \alpha - \beta x_i)^2 \tag{8.2}$$

을 최소화하는 것이다.

이제 오차제곱합을 α와 β에 대해서 각각 편미분하여 얻은 식을 0으로 놓고 풀면 최소제곱추정치를 얻을 수 있는데, 결론적으로 회귀계수 α와 β의 최소제곱추정치 $\hat{\alpha}$와 $\hat{\beta}$는 다음과 같은 수식에 의해서 계산될 수 있다.

$$\hat{\beta} = \sum_{i=1}^{n}(x_i - \bar{x})(y_i - \bar{y}) / \sum_{i=1}^{n}(x_i - \bar{x})^2, \tag{8.3}$$

$$\hat{\alpha} = \bar{y} - \hat{\beta}\bar{x}. \tag{8.4}$$

단순 선형회귀모형에서는 특히 기울기 β에 큰 관심을 두게 되는데, 이는 독립변수 x가 1단위 증가할 때 종속변수 y가 변화하는 양을 나타낸다. 따라서 회귀계수가 양의 값으로 추정되었다는 것은 독립변수의 값이 증가하면 종속변수의 값이 증가한다는 의미이고, 반대로 회귀계수가 음인 경우에는 독립변수의 값이 증가하면 종속변수의 값이 오히려 감소한다는 의미를 가진다.

그러나 회귀계수 β에 관한 이러한 해석은 '독립변수 x가 종속변수 y에 유의한 영향을 주고 있다'라는 가설이 받아들여지지 않으면 아무런 의미가 없게 된다. 따라서 '$H_0 : \beta = 0$'이라는 가설을 검정하는 문제는 결과의 해석에 앞서 종속변수에 대한 독립변수의 유의성을 검토하기 위해 필요한 단계이다. 기울기 β에 대한 이와 같은 가설을 검정하기 위한 검정통계량은

$$T = \frac{\hat{\beta}}{\sqrt{\hat{\sigma}^2 / \sum_{i=1}^{n}(x_i - \bar{x})^2}} \tag{8.5}$$

로서 이는 귀무가설이 사실일 때 자유도 $n-2$인 t-분포를 따른다.

회귀직선의 기울기 β에 대한 검정법

검정통계량: $T = \dfrac{\hat{\beta} - \beta_0}{\sqrt{\hat{\sigma}^2 / \sum_{i=1}^{n}(x_i - \bar{x})^2}}$ $\left(\text{단, } \hat{\sigma}^2 = \dfrac{\sum_{i=1}^{n}(y_i - \hat{y}_i)^2}{(n-2)}\right)$

귀무가설과 대립가설	기각역
$(a)\ H_0 : \beta \le \beta_0 \quad vs \quad H_1 : \beta > \beta_0$	$T \ge t_\alpha(n-2)$
$(b)\ H_0 : \beta \ge \beta_0 \quad vs \quad H_1 : \beta < \beta_0$	$T \le -t_\alpha(n-2)$
$(c)\ H_0 : \beta = \beta_0 \quad vs \quad H_1 : \beta \ne \beta_0$	$\lvert T\rvert \ge t_{\alpha/2}(n-2)$

β에 대한 $100(1-\alpha)\%$ 신뢰구간:

$$\left(\hat{\beta} \pm t_{\alpha/2}(n-2)\frac{\hat{\sigma}}{\sqrt{\sum_{i=1}^{n}(x_i - \bar{x})^2}}\right)$$

<표 8.1> '매출액' 데이터

기업	1	2	3	4	5	6	7	8	9	10	11	12
광고비	11	19	23	26	56	62	29	30	38	39	46	49
매출액	23	32	36	46	93	99	49	50	65	70	71	89

8.1.2 REG 프로시저의 이용

아래 <표 8.1>의 데이터는 유사한 제품을 생산하는 12개 기업에 대해 1년 광고비(adver)와 매출액(sales)을 조사하여 얻은 것이다. 이 데이터에 대해 매출액을 종속변수로 하고 광고비를 독립변수로 하여 선형 회귀분석을 수행해 보도록 하자.

다음 <예 8.1>은 REG 프로시저를 이용하여 선형 회귀분석을 수행한 것이다. 이 때 분석될 종속변수와 독립변수는 MODEL 명령문에서 지정해주면 되는데, 등호 왼쪽에서는 종속변수를, 등호 오른쪽에는 독립변수들을 나열하면 된다. 또한 PLOT 명령문을 이용하면 회귀직선 도표를 작성할 수 있다.

<예 8.1> 단순 회귀분석: REG 프로시저

```
DATA exam.adsales;
    INPUT company adver sales @@;
CARDS;
01  11  23  02  19  32  03  23  36  04  26  46  05  56  93
06  62  99  07  29  49  08  30  50  09  38  65  10  39  70
11  46  71  12  49  89
;
RUN;

PROC REG DATA=exam.adsales;
    MODEL sales = adver;
    PLOT sales*adver;
RUN;
```

```
                         Analysis of Variance

                                Sum of           Mean
Source               DF        Squares         Square    F Value    Pr > F

Model                 1     6695.27457     6695.27457     455.54    <.0001
Error                10      146.97543       14.69754
Corrected Total      11     6842.25000
```

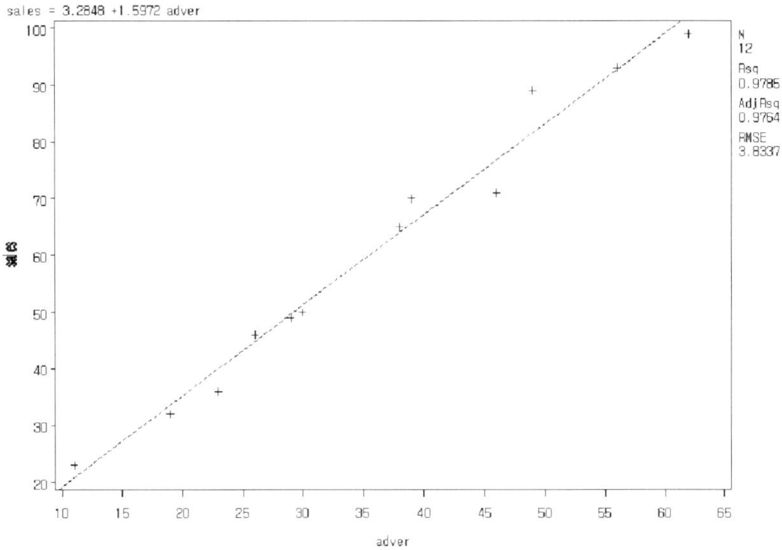

<그림 8.2> 회귀직선 도표

Root MSE	3.83374	R-Square	0.9785
Dependent Mean	60.25000	Adj R-Sq	0.9764
Coeff Var	6.36305		

Parameter Estimates

Variable	DF	Parameter Estimate	Standard Error	t Value	Pr > |t|
Intercept	1	3.28480	2.88935	1.14	0.2821
adver	1	1.59716	0.07483	21.34	<.0001

<예 8.1>에는 모형적합에 대한 통계량, 분산분석(analysis of variance)표, 회귀계수 추정치(parameter estimates) 등이 출력되어 있는데, 여기서는 먼저 회귀계수 추정치를 중심으로 결과를 살펴보도록 하자. 모형적합과 분산분석표에 대한 결과들은 8.3절에서 자세히 설명할 것이다

먼저 모수 α와 β에 대한 추정치는 각각 $\hat{\alpha} = 3.285$와 $\hat{\beta} = 1.597$임을 알 수 있고, 따라서 추정된 회귀식을 다음과 같이 쓸 수 있다.

$$\hat{y} = 3.285 + 1.597x$$

여기서 $\hat{\beta} = 1.597$은 '광고비(x)가 1단위 증가하면 매출액(y)이 1.597단위 정도 증가한다'는 것을 의미한다. 한편, 기울기 β에 대한 t-통계량의 값은 $T = 21.34$이고 유의확률(p-값)은 유의수준 5%(또는 10%)보다 훨씬 작기 때문에 통계적으로 유의함을 알 수 있다. 따라서 귀무가설 $H_0 : \beta = 0$을 기각하여 '광고비(x)가 매출액(y)에 유의한 영향을 준다'고 추론할 수 있다.

8.1.3 종속변수에 대한 예측

추정된 회귀직선을 이용한 관측치에 대한 예측은 두 가지 형태로 나눌 수 있다. 하나는 독립변수의 특정한 값이 주어졌을 때 종속변수 y의 평균값 $E(y)$를 예측하는 것이며, 또 다른 하나는 독립변수의 특정한 값에 대한 개별적인 y값을 예측하는 것이다.

y의 평균값에 대한 예측 및 신뢰구간

독립변수 $x = x_0$의 특정한 값일 경우 y의 평균값(기대값) $E(y|x_0) = \alpha + \beta x_0$는 $\hat{y} = \hat{\alpha} + \hat{\beta} x_0$로 추정되며, 이 때 $E(y|x_0)$에 대한 $100(1-\alpha)\%$ **신뢰구간**(confidence interval)은 다음과 같이 구할 수 있다.

$$(\hat{\alpha} + \hat{\beta} x_0) \pm t_{\alpha/2}(n-2)\sqrt{\hat{\sigma}^2 \left(\frac{1}{n} + \frac{(x_0 - \bar{x})^2}{\sum_{i=1}^{n}(x_i - \bar{x})^2} \right)}. \tag{8.6}$$

이러한 신뢰구간을 구하는 식을 살펴보면, 신뢰구간의 폭은 $x_0 = \bar{x}$일 때에 가장 짧고 x_0가 $\bar{x}$에서 멀어질수록 길어짐을 알 수 있다.

y의 개별 관측치에 대한 예측 및 예측구간

앞에서 구한 신뢰구간은 y의 평균값에 대한 문제이다. 예를 들어, 광고비가 $x_0 = 50$일 때 매출액 y를 예측하는 문제를 생각해 보자. 앞에서 설명한 y의 평균값에 대한 경우는 광고비가 $x_0 = 50$인 회사들의 평균 매출액의 신뢰구간을 구한 것이다.

그러나 어떤 회사의 광고비가 50일 때 그 회사의 개별 매출액을 예측하는 경우는 어떻게 해야 할까? 이와 같이 개별 관측치에 대한 신뢰구간을 **예측구간**(prediction interval)이라고 하며, 개별 관측치에 대한 $100(1-\alpha)\%$ 예측구간은 다음과 같다.

$$(\hat{\alpha} + \hat{\beta} x_0) \pm t_{\alpha/2}(n-2)\sqrt{\hat{\sigma}^2 \left(1 + \frac{1}{n} + \frac{(x_0 - \bar{x})^2}{\sum_{i=1}^{n}(x_i - \bar{x})^2} \right)}. \tag{8.7}$$

<예 8.2> 예측값 및 신뢰구간

```
PROC REG DATA=exam.adsales;
    MODEL sales = adver / P CLM;
RUN;
```

```
                         Output Statistics

      Dep Var  Predicted     Std Error
Obs     sales      Value  Mean Predict       95% CL Mean        Residual

  1   23.0000    20.8535        2.1522   16.0581    25.6489     2.1465
  2   32.0000    33.6307        1.6674   29.9155    37.3460    -1.6307
  3   36.0000    40.0194        1.4571   36.7727    43.2661    -4.0194
  4   46.0000    44.8108        1.3221   41.8649    47.7568     1.1892
  5   93.0000    92.7255        1.8815   88.5333    96.9177     0.2745
  6   99.0000   102.3084        2.2601   97.2727   107.3442    -3.3084
  7   49.0000    49.6023        1.2139   46.8975    52.3071    -0.6023
  8   50.0000    51.1995        1.1852   48.5587    53.8402    -1.1995
  9   65.0000    63.9767        1.1204   61.4803    66.4731     1.0233
 10   70.0000    65.5739        1.1345   63.0461    68.1016     4.4261
 11   71.0000    76.7539        1.3501   73.7458    79.7621    -5.7539
 12   89.0000    81.5454        1.4901   78.2253    84.8655     7.4546

                Sum of Residuals                              0
                Sum of Squared Residuals              146.97543
                Predicted Residual SS (PRESS)         210.84863
```

<예 8.2>는 '매출액' 데이터에서 독립변수 adver의 각 값에 대응하는 종속변수 sales의 예측값 및 신뢰구간을 출력하기 위한 것으로 이들 값들은 MODEL 명령문에서 제공되는 옵션들을 사용하면 쉽게 얻을 수 있다. 예를 들면 예측값은 P, 평균값에 대한 신뢰구간은 CLM, 그리고 개별 관측치에 대한 예측구간은 CLI 옵션을 지정하면 된다. 위의 출력결과에서 'Predicted Value'는 판매액의 예측값을(예를 들어, 첫 번째 관측치에 대해서는 $\hat{y} = 3.285 + 1.597 \times 11 = 20.854$), '95% CL Mean'은 판매액의 평균값(기대값)에 대한 95% 신뢰구간을 나타낸다.

8.2 잔차분석

앞에서 설명한 선형 회귀모형에는 선형성, 등분산성, 독립성, 정규성 등 모형에 관한 여러 가정들이 포함되어 있다. 일반적으로 최소제곱법은 모형에 부여된 가정으로부터의 작은 이탈에는 꽤 둔감한 편이어서 이에 따른 결과를 사용하는 것이 크게 무리스럽지 않은 경우가 많다. 그러나 모형의 가정에 대한 총체적인 오류가 있다면 이는 결론을 심각하게 오도할 수가 있다. 따라서 회귀분석의 결과를 해석하기에 앞서 회귀모형의 여러 가정들에 대해 타당성을 전반적으로 검토하는 것이 바람직하다.

선형 회귀모형에는 일반적으로 오차항 ϵ에 대한 다음과 같은 가정들이 포함되어 있다.

– 특이값 없음 (No Outliers) : $E(\epsilon_i) = 0, \quad i = 1, \cdots, n$
– 등분산성 (Equal Variance) : $Var(\epsilon_i) = \sigma^2, \quad i = 1, \cdots, n$
– 독립성 (Independence) : $Cov(\epsilon_i, \epsilon_j) = 0, \quad i \neq j$
– 정규성 (Normality) : $\epsilon_i \sim N(0, \sigma^2)$

이 절에서는 오차항에 대한 이와 같은 가정을 중심으로 모형의 타당성을 검토하는 방법을 간략히 설명할 것이다. 잔차분석에 대해 보다 자세한 설명을 원하는 독자는 김기영·전명식(1998) 또는 허명회·서혜선(1993) 등을 참조하기 바란다.

8.2.1 표준화잔차와 잔차도표

실제 관측치 y_i와 추정된 회귀직선에 의한 적합값 $\hat{y}_i$의 차이인 **잔차**(residual)

$$e_i = y_i - \hat{y}_i = y_i - (\hat{\alpha} + \hat{\beta} x_i) \tag{8.8}$$

는 추정된 회귀직선으로 설명될 수 없는 부분을 나타내며, 이러한 잔차는 오차의 실현치로 생각할 수 있으므로 이것을 이용하여 오차항 ϵ_i에 대한 가정의 충족여부를 검토할 수 있다.

이 때 잔차 e_i는 평균이 0이고 분산이 $\sigma^2(1-h_{ii})$인 정규분포에 따른다. 즉,

$$e_i \sim N(0, \sigma^2(1-h_{ii})), \quad \left(\text{단, } h_{ii} = \frac{1}{n} + \frac{(x_i - \bar{x})^2}{\sum_{i=1}^{n}(x_i - \bar{x})^2}\right)$$

이와 같이 잔차 e_i는 오차 ϵ_i와는 달리 분산이 서로 다를 뿐만 아니라 서로 독립적이지도 않으며 특히 표본의 크기에 의존하는 성질을 가지고 있다.

이러한 단점을 부분적으로 보완한 것이 **표준화잔차**(studentized residual)

$$t_i = \frac{e_i}{\hat{\sigma}\sqrt{1-h_{ii}}} \tag{8.9}$$

로서, 이는 잔차 e_i를 그의 추정된 분산 $\hat{\sigma}^2(1-h_{ii})$의 제곱근(즉, 표준오차)로 나눈 것이다. 표준화잔차는 표본의 크기가 충분히 클 때 근사적으로 서로 독립이

며 정규분포를 따른다는 사실이 알려져 있다. 또한 표준화잔차를 그래프로 표현한 여러 가지 도표는 회귀모형에 대한 심각한 오류가 있는 경우 그 내용과 정도를 잘 보여주기 때문에 모형검토의 과정에서 중요한 도구로 사용될 수 있다.

잔차도표는 여러 가지 방식으로 작성할 수 있으나 세로축에 표준화잔차(또는 잔차)를 그리고 가로축에 적합값 $\hat{y}_i$ 또는 독립변수의 값 x_i를 그린 것이 주로 사용된다. 가정된 회귀모형에 큰 문제가 없는 경우 일반적으로 표준화잔차는 0을 중심으로 -2와 2(또는 -3과 3) 사이에서 특별한 규칙적 형태를 따르지 않고 랜덤하게 분포하는 모습을 나타나게 된다.

REG 프로시저에서는 다음 <예 8.3>에서와 같이 MODEL 명령문에 R 옵션을 사용하면 잔차 및 표준화잔차 등을 출력할 수 있다. 또한 PLOT 명령문을 이용하면 <그림 8.3>과 같은 잔차도표를 쉽게 얻을 수 있고, OUTPUT 명령문에 의해 예측치 및 잔차 등을 새로운 SAS 데이터세트에 저장할 수도 있다(이 들 명령문의 사용형식에 대해서는 8.7절을 참조하기 바란다).

<예 8.3> 표준화잔차와 잔차도표의 출력

```
PROC REG DATA=exam.adsales GRAPHICS;
    MODEL sales = adver / R;
    OUTPUT OUT=regout STUDENT=std_r;
    PLOT STUDENT.*adver;
RUN;
```

Output Statistics

Obs	Dep Var sales	Predicted Value	Std Error Mean Predict	Residual	Std Error Residual	Student Residual
1	23.0000	20.8535	2.1522	2.1465	3.173	0.677
2	32.0000	33.6307	1.6674	-1.6307	3.452	-0.472
3	36.0000	40.0194	1.4571	-4.0194	3.546	-1.133
4	46.0000	44.8108	1.3221	1.1892	3.599	0.330
5	93.0000	92.7255	1.8815	0.2745	3.340	0.0822
6	99.0000	102.3084	2.2601	-3.3084	3.097	-1.068
7	49.0000	49.6023	1.2139	-0.6023	3.636	-0.166
8	50.0000	51.1995	1.1852	-1.1995	3.646	-0.329
9	65.0000	63.9767	1.1204	1.0233	3.666	0.279
10	70.0000	65.5739	1.1345	4.4261	3.662	1.209
11	71.0000	76.7539	1.3501	-5.7539	3.588	-1.604
12	89.0000	81.5454	1.4901	7.4546	3.532	2.110

Output Statistics

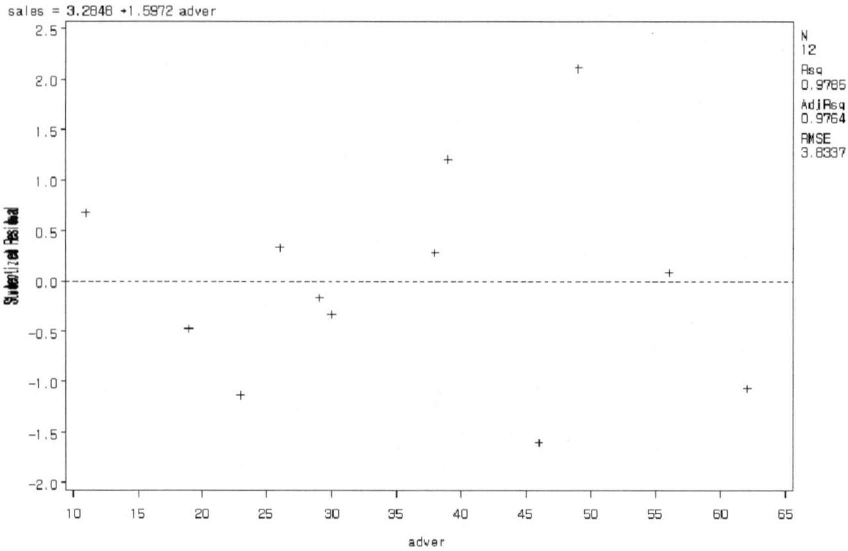

<그림 8.3> 표준화잔차 도표

```
                                      Cook's
     Obs     -2-1 0 1 2                  D

       1   |       |*      |         0.105
       2   |       |       |         0.026
       3   |     **|       |         0.108
       4   |       |       |         0.007
       5   |       |       |         0.001
       6   |     **|       |         0.304
       7   |       |       |         0.002
       8   |       |       |         0.006
       9   |       |       |         0.004
      10   |       |**     |         0.070
      11   |    ***|       |         0.182
      12   |       |****   |         0.396

Sum of Residuals                             0
Sum of Squared Residuals             146.97543
Predicted Residual SS (PRESS)        210.84863
```

<예 8.3>의 출력결과에서 'Student Residual'은 표준화잔차를 나타내는 것으로 이들 결과와 <그림 8.3>의 표준화잔차 도표를 살펴보면 절대값이 큰(2 또는 3을 벗어나는) 표준화잔차가 눈에 띄지 않으며 특별한 패턴을 보이고 있지 않다는 것을 알 수 있다.

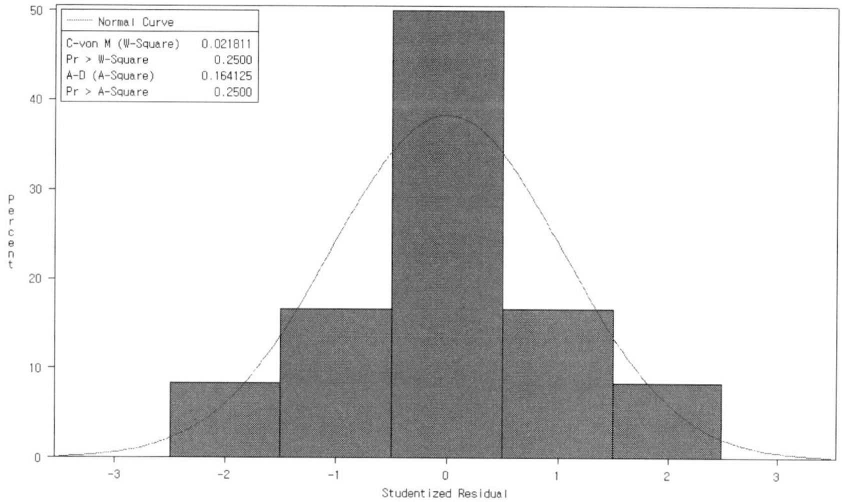

<그림 8.4> 표준화잔차의 히스토그램

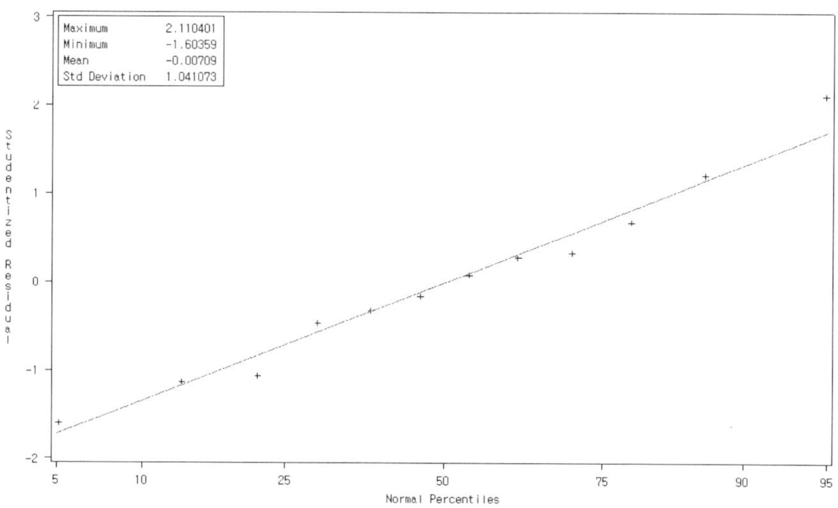

<그림 8.5> 표준화잔차의 정규확률도표

8.2.2 정규성의 검토

잔차에 대한 정규성을 검토하는 방법 중 하나는 정규확률도표(normal probability plot: P-P plot)를 그려보는 것으로, 정규확률도표에서 관측치가 일직선을 이루고 있으면 정규성이 충족된다고 볼 수 있다. 그러나 정규확률도표는 정규성을 평가하는 하나의 방편으로 절대적인 기준은 아니다. 따라서 통상적으로는 잔차의 히스토그램이나 점도표를 그려보아 정규성 문제를 검토하기도 한다(정규성을 검정하기 위해 샤피로-윌크 또는 콜모그로프-스미르노프 통계량을 이용할 수도 있는데 이는 10.1절을 참조하기 바란다). 만약 정규성 가정을 충족하지 못한다면 이를 해결하기 위한 방법으로 변수변환 등을 고려해 볼 수도 있다.

<예 8.4> 히스토그램과 정규확률도표의 출력

```
PROC UNIVARIATE DATA=regout;
    HISTOGRAM std_r / NORMAL(MU=EST SIGMA=EST)
                      CFILL=grey
                      MIDPOINT=-3 TO 3 BY 1;
    INSET NORMAL(CVM CVMPVAL AD ADPVAL);
RUN;

PROC UNIVARIATE DATA=regout;
    PROBPLOT std_r  / NORMAL(MU=EST SIGMA=EST);
    INSET MEAN STD;
RUN;
```

<예 8.4>는 앞에서 저장된 표준화잔차(예 8.3에서 OUTPUT 명령문에 의해 SAS 데이터세트 regout에 변수 std_r로 표준화잔차를 저장하였음)에 대해 히스토그램과 정규확률도표를 작성하기 위한 것으로 UNIVARIATE 프로시저의 HISTOGRAM 명령문과 PROBPLOT 명령문을 사용하고 있다(이들 명령문의 사용 형식은 10.1절을 참조하기 바란다).

<그림 8.4>의 히스토그램을 살펴보면 표준화잔차들이 0을 중심으로 좌우대칭적인 모습을 보이고 있고, 또한 정규분포와 아주 흡사한 형태를 가짐을 알 수 있다. 또한 <그림 8.5>의 정규확률도표에서도 표준화잔차들이 대체적으로 일직선을 이루고 있어서 정규성 가정에 큰 문제가 없음을 알 수 있다.

8.2.3 등분산성의 검토

등분산성(equal variance, homogeneity)은 오차항 ϵ_i의 분산이 σ^2으로 동일하다는 가정으로, <그림 8.6>의 왼쪽 그림의 경우와 같이 잔차가 랜덤하게 흩어져 있으면 등분산성의 가정을 만족한다고 볼 수 있다.

그러나 $\hat{y}_i$(또는 x_i)의 값에 따라 잔차의 흩어져 있는 정도가 달라진다면 등분산의 가정이 위배되었다고 할 수 있다. 예를 들어, <그림 8.6>의 오른쪽 그림과

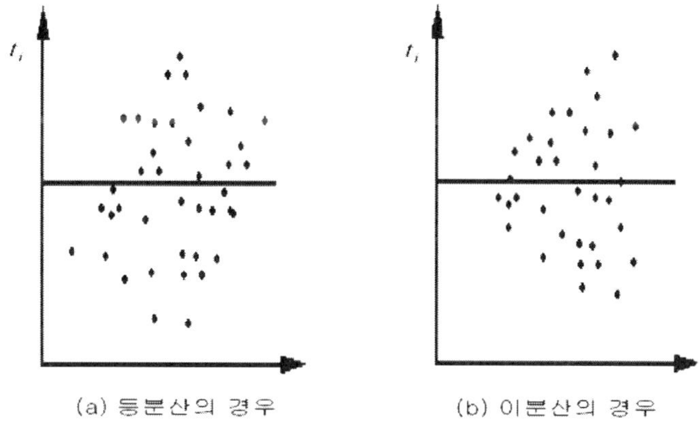

<그림 8.6> 잔차도표: 등분산성과 이분산성

같이 잔차도표가 나팔형태의 경향을 보인다면 등분산성의 가정이 만족스럽지 않다고 할 수 있다. 등분산성의 가정이 만족스럽지 않은 경우 일반적으로 변수변환이나 가중최소제곱법(weighted least squares method) 등을 이용하여 해결하기도 한다.

8.2.4 독립성의 검토

오차항의 독립성을 검토하기 위해 주로 사용하는 것으로 더빈-왓슨(Durbin-Watson) 통계량을 들 수 있는데, 이는 1차 자기상관(autocorrelation)을 검정하기 위한 통계량이다.

$$DW = \sum_{i=2}^{n}(e_i - e_{i-1})^2 / \sum_{i=1}^{n} e_i^2 \tag{8.10}$$

일반적으로 DW의 값이 2에 가까우면 인접한 오차항들은 독립성을 만족하고 0에 가까우면 양(+)의 자기상관이 있으며, 4에 가까우면 음(-)의 자기상관이 있음을 의미한다. 이러한 자기상관성은 흔히 시간에 따라 관측된 시계열데이터에서 많이 발생하는데, 자기상관성이 있는 것으로 판단되면 ARMA(자기회귀 이동평균)와 같은 시계열데이터분석 방법을 이용하는 것이 바람직하다.

<예 8.5> 더빈-왓슨 검정

```
PROC REG DATA=exam.adsales;
    MODEL sales = adver / DW;
RUN;
```

```
                The REG Procedure
                 Model: MODEL1
           Dependent Variable: sales

    Durbin-Watson D                    2.470
    Number of Observations                12
    1st Order Autocorrelation         -0.440
```

더빈-왓슨 통계량을 얻기 위해서는 <예 8.5>에서와 같이 MODEL 명령문에서 DW 옵션을 지정하면 된다. 출력된 결과를 보면 $DW = 2.470$으로 비교적 2에 가까워서 독립성 가정에 큰 문제가 없음을 알 수 있다.

8.3 다중 회귀분석

사회적 또는 자연적 현상을 설명하는데 있어서 종속변수 y의 변화가 하나의 독립변수만으로 충분히 설명되는 경우는 거의 없다고 할 수 있다. 따라서 독립변수를 적절히 여러 개 선택하여 이들의 함수로서 종속변수를 설명한다면 보다 정확한 예측을 할 수 있을 것이다.

종속변수 y와 p개의 독립변수 $x_1,\ x_2, \cdots, x_p$가 있을 때, **다중 선형회귀모형**은 다음과 같이 표현된다.

$$y = \alpha + \beta_1 x_1 + \beta_2 x_2 + \cdots + \beta_p x_p + \epsilon. \tag{8.11}$$

여기서 $\alpha,\ \beta_1,\ \beta_2, \cdots,\ \beta_p$는 추정되어야 할 $p+1$개의 회귀계수이며, ϵ은 기대값 0, 분산 σ^2을 갖는 오차항이다.

다중회귀모형에서도 회귀계수들의 추정치 $a,\ b_1,\ b_2, \cdots,\ b_p$는 오차제곱합을 최소로 하는 최소제곱법에 의해서 구할 수 있고, 또한 각 회귀계수들에 대한 검정도 단순선형회귀모형에서와 유사하게 t 통계량을 이용하여 수행할 수 있다.

8.3.1 분산분석표와 F-검정

회귀분석에서도 앞장의 분산분석에서와 유사하게 분산분석표(ANOVA table)를 작성할 수 있다. 즉, 전체제곱합을 다음과 같이 분할할 수 있는데

$$\begin{array}{ccccc} \sum_{i=1}^{n}(y_i - \bar{y})^2 & = & \sum_{i=1}^{n}(\hat{y}_i - \bar{y})^2 & + & \sum_{i=1}^{n}(y_i - \hat{y})^2 \\ TSS & = & SSR & + & SSE \end{array} \tag{8.12}$$

<표 8.2> 분산분석표: 다중 회귀분석

요인	자유도	제곱합	평균제곱합	F-통계량
회귀	p	SSR	$MSR = SSR/(k-1)$	$F = MSR/MSE$
잔차	$n-p-1$	SSE	$MSE = SSE/(n-p-1)$	
전체	$n-1$	TSS		

여기서 좌변을 **전체제곱합**(TSS, Total Sum of Squares)이라 하며, 우변의 첫째 항을 **회귀제곱합**(SSR, Sum of Squares due to Regression) 또는 **모형제곱합**(SSM, Sum of Squares due to Model), 우변의 둘째 항을 **잔차제곱합**(SSE, Sum of Squares due to Error)이라고 한다. 이 때 각 제곱합의 **자유도**는 $n-1$(전체제곱합), p(회귀제곱합), $n-p-1$(잔차제곱합)이고, 각 제곱합을 자유도로 나눈 것을 **평균제곱합**(Mean of Squares)이라고 한다.

다중 회귀분석에서는 p개의 독립변수 $x_1, x_2, \cdots, x_p$가 종속변수 y를 설명하는데 있어서 통계적으로 유의하게 기여하는지의 여부를 검정할 필요가 있는데, 이는 귀무가설 $H_0 : \beta_1 = \beta_2 = \cdots = \beta_p = 0$를 검정하는 문제가 된다. 이 가설을 검정하기 위한 검정통계량은

$$F = \frac{MSR}{MSE} = \frac{SSR/p}{SSE/(n-p-1)} \tag{8.13}$$

로 귀무가설 하에서 자유도 $(p,\ n-p-1)$인 F-분포에 따른다.

다중 회귀분석에서 가설 $H_0 : \beta_1 = \beta_2 = \cdots = \beta_p = 0$ 에 대한 검정법

검정통계량 : $F = \dfrac{MSR}{MSE} = \dfrac{SSR/p}{SSE/(n-p-1)}$

기각역 : $F > F_\alpha(p,\ n-p-1)$

8.3.2 결정계수 (R-Square)

회귀식의 적합도(goodness of fit)를 측정하는 한 가지 측도는 전체제곱합 중에서 회귀제곱합이 차지하는 비율, 즉 총 변이를 회귀식이 얼마나 설명하는가를 나타내는 **결정계수**(決定係數, coefficient of determination; R^2)이다. 결정계수는 다음과 같이 정의되며

$$R^2 = \frac{SSR}{TSS} = 1 - \frac{SSE}{TSS} \tag{8.14}$$

이 값이 1에 가까울수록 추정된 회귀식이 데이터를 잘 설명하고 있다고 할 수 있다($0 \le R^2 \le 1$). 단순 회귀분석의 경우 결정계수는 독립변수 x와 종속변수 y의 상관계수의 제곱과 같다.

8.3.3 REG 프로시저의 이용

다음 <예 8.6>에서 사용된 '구입의향' 데이터는 700명의 고객을 대상으로 어떤 제품에 대해 조사하여 얻은 것으로 x1(디자인 만족도), x2(사용 편리성 만족도), x3(성능 만족도), x4(고장 및 견고성 만족도), y(구입 의향) 등의 변수들이 포함되어 있다. 여기서는 변수 y를 종속변수로 하고 x1, x2, x3, x4를 독립변수로 하여 다중 회귀분석을 수행해 보도록 하자.

<예 8.6> '구입의향' 데이터에 대한 다중 선형 회귀분석

```
DATA exam.satisfac;
    INFILE 'c:\examdata\satisfaction.txt';
    INPUT id 3. x1 1. x2 1. x3 1. x4 1. y 1.;
    LABEL x1 = '디자인'
          x2 = '편리성'
          x3 = '성능'
          x4 = '견고성'
          y  = '구입의향';
RUN;

PROC CORR DATA=exam.satisfac;
    VAR y x1 x2 x3 x4;
RUN;

PROC REG DATA=exam.satisfac;
   MODEL y = x1 x2 x3 x4 / STB;
RUN;
```

```
                         CORR 프로시저

     5  변수:    y        x1        x2        x3        x4

                          단순 통계량

  변수              N          평균       표준편차            합
  y               700       4.89143       1.39883          3424
```

x1	700	5.21857	0.97725	3653
x2	700	5.22857	0.94742	3660
x3	700	5.17571	0.96534	3623
x4	700	5.22571	1.10813	3658

피어슨 상관 계수, N = 700
H0: Rho=0 검정에 대한 Prob > |r|

	y	x1	x2	x3	x4
y	1.00000	0.29472	0.28754	0.31821	0.20688
구입의향		<.0001	<.0001	<.0001	<.0001
x1	0.29472	1.00000	0.39715	0.44602	0.31239
디자인	<.0001		<.0001	<.0001	<.0001
x2	0.28754	0.39715	1.00000	0.58171	0.36095
편리성	<.0001	<.0001		<.0001	<.0001
x3	0.31821	0.44602	0.58171	1.00000	0.42961
성능	<.0001	<.0001	<.0001		<.0001
x4	0.20688	0.31239	0.36095	0.42961	1.00000
견고성	<.0001	<.0001	<.0001	<.0001	

The REG Procedure
Model: MODEL1
Dependent Variable: y 구입의향

Analysis of Variance

Source	DF	Sum of Squares	Mean Square	F Value	Pr > F
Model	4	193.09678	48.27420	28.56	<.0001
Error	695	1174.65179	1.69015		
Corrected Total	699	1367.74857			

Root MSE	1.30006	R-Square	0.1412
Dependent Mean	4.89143	Adj R-Sq	0.1362
Coeff Var	26.57825		

Parameter Estimates

Variable	Label	DF	Parameter Estimate	Standard Error	t Value	Pr > |t|
Intercept	Intercept	1	1.29180	0.34736	3.72	0.0002

```
x1          디자인      1      0.23524       0.05770      4.08     <.0001
x2          편리성      1      0.16661       0.06551      2.54     0.0112
x3          성능        1      0.23091       0.06750      3.42     0.0007
x4          견고성      1      0.05851       0.05010      1.17     0.2433

                                                Standardized
            Variable     Label        DF          Estimate

            Intercept    Intercept     1                 0
            x1           디자인        1           0.16435
            x2           편리성        1           0.11285
            x3           성능          1           0.15935
            x4           견고성        1           0.04635
```

<예 8.6>은 '구입의향' 데이터에 대해 다중 회귀분석을 수행한 것으로 네 개의 독립변수들은 REG 프로시저의 MODEL 명령문에서 등호의 오른쪽에 나열한 것을 볼 수 있다.

이 프로그램을 실행하면 회귀분석에 대한 출력결과를 얻을 수 있는데, 먼저 결정계수가 $R^2 = 0.141$임을 볼 수 있고, 따라서 4개의 독립변수로 종속변수의 변이 중 약 14% 정도를 설명할 수 있다는 것을 알 수 있다. 또한 분산분석표에서 F-값은 28.56이고 이에 대응되는 p-값(유의확률)은 0.0001로서 유의수준 5%(또는 10%)보다 작으므로 귀무가설 $H_0 : \beta_1 = \beta_2 = \beta_3 = \beta_4 = 0$을 기각하여 '네 개의 독립변수 중 적어도 하나 이상의 변수는 종속변수를 설명하는데 유의하게 기여한다'고 할 수 있다.

각 회귀계수에 대한 t-통계량 및 p-값을 살펴보면 변수 x1(디자인 만족도), x2(사용 편리성 만족도), x3(성능 만족도)에 대한 p-값은 유의수준 5%(또는 10%)보다 작으므로 종속변수를 설명하는데 유의하게 기여한다고 할 수 있다. 그러나 변수 x4(고장 및 견고성 만족도)에 대한 p-값은 0.243으로 유의수준 5%(또는 10%)보다 크므로 귀무가설 $H_0 : \beta_4 = 0$를 기각할 수 없고, 따라서 이 변수는 종속변수를 설명하는데 유의하게 기여하지 않는다는 것을 알 수 있다.

다중 선형 회귀분석에서 회귀계수 β_k는 독립변수 x_k를 제외한 다른 모든 독립변수의 값이 동일할 때(즉, 다른 모든 독립변수의 값이 같도록 통제되어 있다면) x_k가 1단위 증가하면 종속변수 y가 β_k 만큼 증가한다는 것을 의미한다. 즉, 다중 회귀분석에서는 어떤 독립변수들을 함께 고려하는냐에 따라서 결과가 달라질 수 있다. 이러한 의미에서 회귀계수를 편회귀계수(partial regression coefficient)라고 하기도 한다. 그러나 앞절들에서 다루었던 상관분석(또는 단순 회귀분석)에서는 변수 x_k와 y의 연관성(또는 인과성)을 측정할 때 다른 독립변수와의 관계를 고려하지 않는다.

앞의 출력결과 중의 상관분석의 결과를 살펴보면, 두 변수 x4(고장 및 견고성 만족도)와 y(구입 의향)는 상관계수가 0.207이고 p-값이 0.0001로 유의하다는 것을 볼 수 있다. 그러나 x4(고장 및 견고성 만족도)와 다른 독립변수들 간에 밀접한 연관성이 존재하고(예를 들어, '성능 만족도'와 '고장 및 견고성 만족도'의 상관계수가 0.4296이므로 '성능 만족도'가 높아지면 '고장 및 견고성 만족도'도 높아진다는 것을 알 수 있다), 이러한 연관성을 고려할 때 다른 독립변수들의 값이 모두 같도록 통제된다면 변수 x4(고장 및 견고성 만족도)는 종속변수 y(구입 의향)에 유의한 영향을 주지 않는다고 해석할 수 있다.

8.3.4 표준화 회귀계수

단순 회귀분석에서 다루었던 '매출액' 데이터의 예에서 광고비와 매출액의 단위가 모두 천만원이라고 해보자(이 때 추정된 회귀식은 $\hat{y} = 3.285 + 1.597x$이었다). 그런데 만약 매출액의 단위는 그대로 둔 상태에서 광고비의 단위를 백만원으로 바꾸어 입력한 후 회귀분석을 수행하면 어떻게 될까? 이 경우에는 추정된 회귀식이 $\hat{y} = 3.285 + 0.1597x$가 된다.

이와 같이 독립변수의 단위를 바꾸면 해당 변수의 회귀계수의 크기도 변하게 되지만, 그 변수의 회귀계수 자체에 대한 해석에는 아무런 차이가 없다(즉, '광고비가 1단위(천만원) 증가하면 매출액이 1.597단위(천오백만원 정도) 증가한다'는 해석은 '광고비가 백만원 증가하면 매출액이 백오십만원 정도 증가한다'는 해석과 의미상 다를 바가 없다). 그러나 이와 같이 회귀계수의 크기가 독립변수의 단위에 의존하기 때문에 그 크기를 절대비교할 수도 없고(즉, 회귀계수 자체만을 가지고 그 값이 얼마나 큰(작은) 것인지를 판단할 수 없고), 독립변수들의 단위가 서로 다른 경우에는 회귀계수들을 상대비교하는 것에도 문제가 된다.

표준화 회귀계수(standardized coefficient)는 종속변수 및 각 독립변수들을 다음과 같이 표준화하여

$$z_k = \frac{x_k - \bar{x}_k}{s_k}$$

독립변수들의 단위를 모두 없앤 후에, 표준화된 변수들 $z_1, z_2, \cdots, z_p$를 이용하여 얻은 회귀계수이다. 따라서 표준화 변수는 원래 변수의 측정단위나 변이의 영향을 제거하는 효과를 가지기 때문에 표준화 회귀계수는 독립변수들 간의 효과를 직접 비교하는 데에 이용될 수 있다.

앞의 <예 8.6>의 결과에서 'Standardized Estimate'는 독립변수들에 대한 표준화 회귀계수를 구한 것으로, MODEL 명령문에 STB 옵션을 지정하면 출력할 수가 있다. 표준화 회귀계수들의 크기를 비교해보면 x4(고장 및 견고성 만족도)가 가장 작음을 알 수 있다. 이 예의 경우 네 개의 독립변수들에 대한 측정단위가 모두 같고 표준편차도 큰 차이가 없으므로에서는 원 회귀계수들을 비교해도 유사한 결과를 얻을 수 있지만, 만약 독립변수들의 측정단위가 서로 다르거나 표준편차에 큰 차이가 있는 경우에는 원 회귀계수의 크기에 의해 효과를 비교하는 것은 바람직하지 않을 수 있으므로 주의해야 한다.

8.4 변수선택과 다중공선성

회귀분석이란 앞에서 설명한 바와 같이 종속변수가 다른 몇 개의 독립변수들에 의해 어떻게 설명 또는 예측되는 지를 알아보는 통계적 방법인데, 일반적으로 종속변수에 영향을 미치거나 원인이 될만한 독립변수의 수는 매우 많을 것이다.

8.4.1 변수선택 방법

가능한 모든 후보변수들을 독립변수로 사용하여 예측모형을 만드는 경우에는, 데이터를 계속 수집하고 관리하는 데 많은 노력과 비용이 필요하게 될 뿐만 아니라 소위 다중공선성(multicollinearity)과 같은 문제가 발생하게 되어 일부 회귀계수 추정치의 분산과 예측값의 분산이 매우 커지게 되므로 이를 신뢰할 수 없게 된다. 따라서 불필요한 변수들이 들어 있는 완전모형(full model)보다는 필요한 변수들만 들어 있는 축소모형(reduced model)을 통해 모형을 보다 간명하게 하는 것이 바람직하다.

선형 회귀분석의 장점 중 하나는 모형화 과정 안에서 필요한 독립변수를 선택하는 작업을 포함시킬 수 있다는 것이다. REG 프로시저에서는 MODEL 명령문에 SELECTION= 옵션을 사용하여 변수선택을 수행할 수 있는데, 여기서 지정할 수 있는 방법들로는 다음과 같은 것들이 있다.

REG 프로시저에서 제공하는 변수선택 방법: SELECTION= 옵션

- 모든 가능한 회귀 (SELECTION=RSQUARE): 모든 가능한 축소모형에 대해 회귀분석을 수행한 후, 특정한 기준에 따라 모형을 선택할 수 있는 방법이다. 이 방법은 복잡한 계산을 해야 하므로(모든 가능한 축소모형은 2^p개 이다) 독립변수의

개수(p)가 작은 경우에만 실용성을 가지나, 특정한 모형선택 기준에 따라 가장 좋은 축소모형을 찾을 수 있다는 장점이 있다.

- 전진 선택법 (SELECTION=FORWARD): 독립변수를 F-값의 유의확률에 따라 하나씩 추가하면서 선택하는 방법으로, 유의확률의 기준은 SLENTRY 옵션을 사용하여 지정하면 된다(디폴트는 SLENTRY=0.15이고, 유의확률의 기준을 크게 할수록 보다 많은 변수들이 모형에 진입하게 된다). 이 방법은 계산시간이 빠르다는 장점이 있지만, 한 번 선택된 변수는 절대로 제거되지 않으며 중요한 변수가 모형에 진입하지 못할 수도 있다는 단점이 있다.
- 후진 소거법 (SELECTION=BACKWARD): 모든 변수를 포함하는 완전모형으로부터 시작하여 불필요한 변수를 하나씩 제거해 나가는 방법으로, 유의확률의 기준은 SLSTAY 옵션을 사용하여 지정하면 된다(디폴트는 SLSTAY=0.15이고, 유의확률의 기준을 크게 할수록 보다 많은 변수들이 모형에 남게 된다). 이 방법은 중요한 변수가 모형에서 제외될 가능성이 적으므로 비교적 안전한 방법이라 할 수 있으나, 한 번 제외된 변수는 다시 선택되지 못한다는 단점이 있다.
- 단계적 방법 (SELECTION=STEPWISE): 전진 선택법에 후진 소거법을 절충한 것으로서, 매 단계마다 선택과 제거를 반복하면서 중요한 변수를 찾아내는 방법이다. 변수선택에 대한 유의확률의 기준은 SLENTRY 옵션을, 제거에 대한 유의확률의 기준은 SLSTAY 옵션을 사용하여 지정하면 된다. 이 방법은 중요한 변수를 하나씩 추가로 선택하면서 이미 선택된 변수들이 제거될 수 있는지를 매 단계마다 검토한다.

수정결정계수 (Adjusted R^2)

결정계수(R^2)는 일종의 설명력(explained variance)을 의미하므로, 일반적으로 독립변수의 수가 많을수록 결정계수도 커지게 된다. 따라서 결정계수를 모형선택의 기준으로 사용하는 것은 모형의 간명성(간결성)이라는 관점에서 볼 때 바람직하지 않다. 이와 같은 단점을 보완한 것이 수정결정계수(Adjusted R^2)로서,

$$Adj\ R^2 = 1 - \frac{n-1}{n-p-1}(1-R^2) = 1 - \frac{n-1}{TSS}MSE_k \tag{8.15}$$

여기서 TSS는 전체제곱합이고 MSE_k는 독립변수의 수가 k인 축소모형의 평균제곱오차이다. 즉, 수정결정계수는 평균제곱오차 $\hat{\sigma}^2$이 가장 작은 축소모형을 선택하는 것으로, 모형의 간명성과 설명력을 동시에 고려하는 것이라고 할 수 있다.

때로는 여러 가능한 후보모형들을 비교하여 그 중 가장 타당한 모형을 선택하기도 한다. 이러한 과정을 위해서는 여러 모형들을 비교할 수 있는 모형선택기준(model selection criterion)이 필요하게 되는데, 주로 사용되는 판정기준으로는 평균제곱오차(Mean Squared Error, MSE), 수정결정계수(adjusted coefficient of determination, adjusted R^2), 맬로우스(Mallows)의 C_p, 아카이케(Akaike)의 정보기준(Information Criteria, AIC) 등이 있다.

그러나 이와 같은 모형선택기준은 변수선택의 절대적인 판단기준이라기 보다는 하나의 참고정보라고 할 수 있다. 따라서 연구자는 이들 기준들에 따라 적절한 것으로 판단되는 소수 몇 개의 모형을 선발한 다음 잔차 및 영향력 분석, 다중공선성, 데이터해석 상의 실제적인 의미 등을 종합적으로 고려하여 최종적인 모형을 선택하는 것이 바람직하다.

다음 <예 8.7>의 데이터는 에어로빅 적합성(aerobic fitness)을 알아보기 위해 31명으로부터 oxygen(산소섭취율), age(나이), weight(체중), runtime(1.5마일을 주행하는데 소요된 시간), rstpulse(휴식중의 맥박수), runpulse(주행중의 맥박수), maxpulse(주행중의 최대 맥박수) 등을 측정하여 얻은 것이다. 여기서는 변수 oxygen을 종속변수로 하고 SELECTION=BACKWARD 옵션을 사용하여 변수선택 방법으로 '후진 소거법'을 지정한 후 다중 회귀분석을 수행해 보도록 하자(변수 제거 시 F-값의 유의확률은 0.15로 지정하였음).

<예 8.7> 후진 소거법에 의한 변수선택

```
DATA exam.fitness;
   INPUT oxygen age weight runtime rstpulse runpulse maxpulse @@;
CARDS;
44.609 44 89.47 11.37 62 178 182  45.313 40 75.07 10.07 62 185 185
54.297 44 85.84  8.65 45 156 168  59.571 42 68.15  8.17 40 166 172
49.874 38 89.02  9.22 55 178 180  44.811 47 77.45 11.63 58 176 176
45.681 40 75.98 11.95 70 176 180  49.091 43 81.19 10.85 64 162 170
39.442 44 81.42 13.08 63 174 176  60.055 38 81.87  8.63 48 170 186
50.541 44 73.03 10.13 45 168 168  37.388 45 87.66 14.03 56 186 192
44.754 45 66.45 11.12 51 176 176  47.273 47 79.15 10.60 47 162 164
51.855 54 83.12 10.33 50 166 170  49.156 49 81.42  8.95 44 180 185
40.836 51 69.63 10.95 57 168 172  46.672 51 77.91 10.00 48 162 168
46.774 48 91.63 10.25 48 162 164  50.388 49 73.37 10.08 67 168 168
39.407 57 73.37 12.63 58 174 176  46.080 54 79.38 11.17 62 156 165
45.441 52 76.32  9.63 48 164 166  54.625 50 70.87  8.92 48 146 155
45.118 51 67.25 11.08 48 172 172  39.203 54 91.63 12.88 44 168 172
```

```
45.790 51 73.71 10.47 59 186 188  50.545 57 59.08  9.93 49 148 155
48.673 49 76.32  9.40 56 186 188  47.920 48 61.24 11.50 52 170 176
47.467 52 82.78 10.50 53 170 172
;
RUN;

PROC REG DATA=exam.fitness;
   MODEL oxygen = age weight runtime
               rstpulse runpulse maxpulse
             / SELECTION=BACKWARD SLSTAY=0.15;
RUN;
```

```
                    The REG Procedure

                      Model: MODEL1

               Dependent Variable: oxygen


              Backward Elimination: Step 0

   All Variables Entered: R-Square = 0.8487 and C(p) = 7.0000


                 Analysis of Variance

                            Sum of        Mean
Source             DF      Squares      Square    F Value    Pr > F

Model               6    722.54361   120.42393      22.43    <.0001
Error              24    128.83794     5.36825
Corrected Total    30    851.38154

             Parameter     Standard
Variable      Estimate        Error    Type II SS  F Value  Pr > F

Intercept    102.93448     12.40326   369.72831     68.87  <.0001
age           -0.22697      0.09984    27.74577      5.17  0.0322
weight        -0.07418      0.05459     9.91059      1.85  0.1869
runtime       -2.62865      0.38456   250.82210     46.72  <.0001
rstpulse      -0.02153      0.06605     0.57051      0.11  0.7473
runpulse      -0.36963      0.11985    51.05806      9.51  0.0051
maxpulse       0.30322      0.13650    26.49142      4.93  0.0360

           Bounds on condition number: 8.7438, 137.13
---------------------------------------------------------------------
```

Backward Elimination: Step 1

Variable rstpulse Removed: R-Square = 0.8480 and C(p) = 5.1063

Analysis of Variance

Source	DF	Sum of Squares	Mean Square	F Value	Pr > F
Model	5	721.97309	144.39462	27.90	<.0001
Error	25	129.40845	5.17634		
Corrected Total	30	851.38154			

Variable	Parameter Estimate	Standard Error	Type II SS	F Value	Pr > F
Intercept	102.20428	11.97929	376.78935	72.79	<.0001
age	-0.21962	0.09550	27.37429	5.29	0.0301
weight	-0.07230	0.05331	9.52157	1.84	0.1871
runtime	-2.68252	0.34099	320.35968	61.89	<.0001
runpulse	-0.37340	0.11714	52.59624	10.16	0.0038
maxpulse	0.30491	0.13394	26.82640	5.18	0.0316

Bounds on condition number: 8.7312, 104.83

Backward Elimination: Step 2

Variable weight Removed: R-Square = 0.8368 and C(p) = 4.8800

Analysis of Variance

Source	DF	Sum of Squares	Mean Square	F Value	Pr > F
Model	4	712.45153	178.11288	33.33	<.0001
Error	26	138.93002	5.34346		
Corrected Total	30	851.38154			

Variable	Parameter Estimate	Standard Error	Type II SS	F Value	Pr > F
Intercept	98.14789	11.78569	370.57373	69.35	<.0001
age	-0.19773	0.09564	22.84231	4.27	0.0488
runtime	-2.76758	0.34054	352.93570	66.05	<.0001

```
runpulse      -0.34811       0.11750      46.90089      8.78  0.0064
maxpulse       0.27051       0.13362      21.90067      4.10  0.0533

          Bounds on condition number: 8.4182, 76.851
--------------------------------------------------------------------

All variables left in the model are significant at the 0.1500 level.


                      Summary of Backward Elimination

      Variable   Number    Partial   Model
Step  Removed    Vars In  R-Square  R-Square    C(p)    F Value  Pr > F

  1   rstpulse       5      0.0007    0.8480   5.1063      0.11  0.7473
  2   weight         4      0.0112    0.8368   4.8800      1.84  0.1871
```

<예 8.7>의 출력결과를 살펴보면, 먼저 첫 번째 단계에서는 변수 rstpulse의 p-값이 0.747로서 유의수준 15% 하에서 유의하지 않으므로 이 변수가 모형에서 제거된다. 그 다음 두 번째 단계에서는 변수 weight의 p-값이 0.187로 유의수준 15% 하에서 유의하지 않으므로 모형에서 제거된다. 세 번째 단계에서는 나머지 독립변수들에 대한 p-값이 모두 0.15보다 작으므로 더 이상 변수가 제거되지 않고 변수선택이 끝나게 된다.

8.4.2 다중공선성

다중공선성(multicollinearity)이란 독립변수들 간의 완전한 또는 거의 완전한 선형종속(linear dependency)의 관계를 의미한다. 예를 들어, 다음 <표 8.3>과 같이 종속변수 y와 4개의 독립변수 x_1, x_2, x_3, x_4가 주어져 있는 경우 다음과 같은 다중 선형 회귀모형

$$y = \alpha + \beta_1 x_1 + \beta_2 x_2 + \beta_3 x_3 + \beta_4 x_4 + \epsilon$$

을 고려해 보자.

만약 설명변수들 간에 완전한 다중공선성(선형종속)이 존재하는 경우, 즉

$$a_0 + a_1 x_1 + a_2 x_2 + a_3 x_3 + a_4 x_4 = 0 \tag{8.16}$$

을 만족하는 어떤 상수 a_0, a_1, a_2, a_3, a_4가 존재하는 경우(단, $a_0 = a_1 = \cdots = a_4 = 0$은 아님), 이는 4개의 설명변수들 중 다른 3개의 설명변수를 알게되면 나머

<표 8.3> '다중공선성' 데이터

y	x_1	x_2	x_3	x_4	y	x_1	x_2	x_3	x_4
4.00	4.00	4.00	4.00	4.00	4.00	4.00	4.00	3.00	3.50
4.00	4.00	3.00	4.50	4.00	4.00	4.00	4.00	3.00	3.50
5.00	5.00	5.00	4.00	4.50	4.00	4.00	5.00	3.00	3.50
4.00	4.00	4.00	3.00	3.50	5.00	5.00	4.00	4.00	4.50
4.00	4.00	4.00	3.50	4.00	4.00	4.00	5.00	3.00	3.50
3.00	4.00	4.00	3.00	3.50	4.00	3.00	3.00	3.00	3.00
4.00	4.00	4.00	4.00	4.00	4.00	4.00	4.00	3.00	3.50
4.00	4.00	4.00	3.00	3.50	4.00	4.00	3.00	2.50	3.00
4.00	4.00	3.00	3.00	3.50	4.00	4.00	5.00	5.00	4.50
5.00	4.00	4.00	5.00	4.50	5.00	5.00	4.00	4.00	4.50

지 하나의 설명변수를 완벽히 알 수 있어 불필요한 정보가 중복되어 있다는 것을 의미하며 수치적으로도 통상적인 최소제곱추정치(least square estimator)를 구할 수 없게 된다.

또한 완전한 다중공선성이 존재하는 경우가 아니더라도 식 (8.16)의 좌변이 거의 0에 가까워서 설명변수들 간에 상당이 높은 선형종속의 관계가 존재하게 되면, 최소제곱추정치가 이론상으로는 존재하나 실제로 구하기가 어려울 뿐만 아니라 최소제곱추정치의 분산이 매우 커져서 구해진 추정치를 신뢰할 수 없게 된다.

다중공선성의 진단

다중공선성의 진단은 보통 상태지수 또는 분산확대인자를 이용하여 이루어지는데, REG 프로시저에서 다중공선성 진단에 관한 결과를 얻기 위해서는 MODEL 명령문에 필요한 옵션들을 지정하면 된다.

예를 들어, 다음 <예 8.8>에서와 같이 분산확대인자를 출력하기 위해서는 VIF 옵션을 지정하면 되고, 상태지수를 포함한 다중공선성분석에 필요한 각종 수치들을 얻기 위해서는 COLLIN 옵션을 지정하면 된다.

<예 8.8> 다중공선성 진단

```
DATA exam.multico;
    INPUT y x1 x2 x3 x4 @@;
```

```
CARDS;
4.00  4.00  4.00  4.00  4.00  4.00  4.00  4.00  3.00  3.50
4.00  4.00  3.00  4.50  4.00  4.00  4.00  4.00  3.00  3.50
...                                                .
4.00  4.00  3.00  3.00  3.50  4.00  4.00  5.00  5.00  4.50
5.00  4.00  4.00  5.00  4.50  5.00  5.00  4.00  4.00  4.50
;
RUN;

PROC REG DATA=exam.multico;
   MODEL y = x1 x2 x3 x4 / VIF COLLIN;
RUN;
```

```
                     Analysis of Variance

                              Sum of        Mean
Source               DF      Squares      Square   F Value   Pr > F

Model                 4      2.45741     0.61435      4.40   0.0149
Error                15      2.09259     0.13951
Corrected Total      19      4.55000

       Root MSE              0.37350    R-Square    0.5401
       Dependent Mean        4.15000    Adj R-Sq    0.4174
       Coeff Var             9.00011

                     Parameter Estimates

                Parameter   Standard                            Variance
Variable    DF   Estimate      Error   t Value   Pr > |t|      Inflation

Intercept    1    1.15106    0.85824      1.34     0.1998              0
x1           1    0.43056    0.50429      0.85     0.4066        6.92710
x2           1   -0.12461    0.15848     -0.79     0.4440        1.44031
x3           1    0.01183    0.49096      0.02     0.9811       17.68846
x4           1    0.44483    0.96606      0.46     0.6518       31.44239


                 Collinearity Diagnostics

                                        Condition
             Number      Eigenvalue         Index

                  1         4.95042       1.00000
                  2         0.02924      13.01100
                  3         0.01377      18.96331
```

```
                    4        0.00623       28.19132
                    5     0.00034160      120.38232

                        Collinearity Diagnostics

        ---------------Proportion of Variation----------------
Number  Intercept          x1          x2          x3          x4

     1 0.00038317 0.00006542 0.00068089 0.00008963 0.00002074
     2    0.02537    0.00268    0.13675    0.04500 0.00084924
     3    0.15077    0.02096    0.68976    0.00629 0.00009486
     4    0.76004    0.10009    0.00170    0.01132    0.00666
     5    0.06344    0.87620    0.17111    0.93731    0.99237
```

<예 8.8>은 앞의 <표 8.3>의 데이터에 대해 다중 회귀분석을 수행한 한 것이다. 출력결과를 살펴보면 결정계수(R^2)가 0.540으로 비교적 높고(즉, 4개의 독립변수가 종속변수의 전체 변이 중 약 54%를 설명하고 있다) 분산분석표의 F 통계량에 대한 p-값이 0.015로써 귀무가설 $H_0 : \beta_1 = \beta_2 = \beta_3 = \beta_4 = 0$은 5%(또는 10%) 유의수준 하에서 기각할 수 있다(즉, 적어도 하나 이상의 독립변수가 종속변수 y를 설명하는데 기여하고 있다).

그러나 회귀계수 추정치를 살펴보면 각 독립변수에 대한 p-값이 0.407, 0.444, 0.981, 0.652로써 어느 변수에 대해서도 통계적으로 유의하지 않은데, 이는 다중공선성이 매우 심각한 경우 회귀계수 추정치의 분산이 매우 커져서 나타나는 일반적인 현상 중 하나이다.

회귀분석을 수행할 때 다중공선성으로 인해 흔히 나타나는 현상으로 다음과 같은 것들을 들 수 있다.

- 하나 이상의 설명변수를 추가(제거)하면 회귀계수 추정치에 큰 변화가 생긴다.
- 중요하다고 생각되는 회귀계수에 대한 검정결과가 유의하지 않게 나타난다.
- 회귀계수 추정치의 부호가 경험적 또는 이론적 기대와 상반된다.

이와 같은 다중공선성의 문제를 진단하기 위해 가장 많이 사용되는 것으로 공차한계(허용한계)와 분산확대인자를 들 수 있다. 먼저 **공차한계**(tolerance)는

$$\text{Tolerance} = 1 - R_k^2 \tag{8.17}$$

로써(여기서 R_k^2은 x_k를 종속변수로 하고 나머지 변수들을 독립변수로 하여 회귀분석을 수행하였을 때의 결정계수), 이 값이 작다는 것은 변수 x_k의 변이가 다른

독립변수들에 의해 설명되는 비율이 높다는 것을 의미한다.

분산확대인자(VIF, variance inflation)는 공차한계의 역수, 즉

$$\text{VIF} = 1/(1 - R_k^2) \tag{8.18}$$

로써, 보통 분산확대인자가 10보다 크면(즉, 해당 변수의 변이가 다른 설명변수들에 의해서 90%이상 설명되면) 다중공선성이 심각한 것으로 간주하기도 한다. <예 8.8>에 출력되어 있는 분산확대인자들을 살펴보면(Variance Inflation 부분), 변수 x_3과 x_4의 것이 10보다 큼을 볼 수 있는데 이는 두 변수가 다른 변수들에 의하여 선형적인 관계로 묶여있음을 말해준다.

다중공선성을 탐색하는 다른 측도로서 **상태지수**(condition index)

$$\text{CI}_k = \lambda_1/\lambda_k \tag{8.19}$$

가 있는데(여기서 λ_k는 k 번째 고유값을 나타낸다), 보통 상태지수가 10보다 크면 다중공선성이 어느 정도 존재하는 것으로 그리고 상태지수가 100보다 크면 매우 심각한 것으로 간주하기도 한다.

한편 <예 8.8>에 함께 출력되어 있는 **분산비율**(proportion of variation)은 다중공선성이 심각한 경우 설명변수들 간의 관계를 탐색할 수 있는 정보를 제공한다. 예를 들어, 이 결과에서 가장 큰 상태지수 120.382에 대응되는 분산비율을 살펴보면 변수 x_1, x_3, x_4에 대한 분산비율들이 매우 크므로 이 세 변수들이 밀접한 선형관계를 가지고 있다는 것을 알 수 있다(사실 '다중공선성' 데이터는 $0.5x_1 + 0.5x_3 \simeq x_4$가 되도록 가공하여 만든 것이다).

다중공선성에 대한 대책

다중공선성이 심각한 경우 이를 해결하는 방법으로 다음과 같은 것들을 고려할 수 있다.

- 다중공선성에 관련되어 있는 일부 변수를 제거한다. 이 방법은 실제적으로 가장 많이 사용되는 방법으로 8.4.1절에서 설명한 후진 제거법, 단계적 방법, 전진 선택법 등 변수선택 방법이 사용되기도 한다.
- 더 넓은 범위의 독립변수들의 값에서 새로운 관측치를 얻어낸다. 이 경우 추가로 비용과 시간이 드는 것을 감수해야 한다.
- 능형회귀(ridge regression) 또는 주성분회귀(principal components regression) 등 편의추정법(biased estimation method)를 사용한다. 이 방법을 이용하기 위해서는 상당한 수준의 전문지식이 요구되므로 사용 시 주의를 요한다.

다음 <예 8.9>는 변수 x_1과 x_3만을 사용하여 다중공선성 분석을 수행한 결과이다. 이 결과를 살펴보면 결정계수는 0.521로 약간 작아졌으나(완전모형의 결정계수는 0.540이었다) 수정결정계수는 0464로 오히려 좋아졌다는 것을 볼 수 있다(완전모형의 수정결정계수는 0.417이었다). 또한 두 변수에 대한 p-값이 각각 0.007, 0.078로서 유의수준 10% 하에서 유의하다는 것을 알 수 있다.

<예 8.9> 다중공선성 진단: 독립변수 x_1과 x_3만을 사용한 경우

```
PROC REG DATA=exam.multico;
   MODEL y = x1 x3 / VIF COLLIN;
RUN;
```

Analysis of Variance

Source	DF	Sum of Squares	Mean Square	F Value	Pr > F
Model	2	2.36873	1.18437	9.23	0.0019
Error	17	2.18127	0.12831		
Corrected Total	19	4.55000			

Root MSE	0.35820	R-Square	0.5206
Dependent Mean	4.15000	Adj R-Sq	0.4642
Coeff Var	8.63141		

Parameter Estimates

Variable	DF	Parameter Estimate	Standard Error	t Value	Pr > |t|	Variance Inflation
Intercept	1	0.92308	0.77593	1.19	0.2505	0
x1	1	0.59722	0.19345	3.09	0.0067	1.10833
x3	1	0.22080	0.11786	1.87	0.0783	1.10833

Collinearity Diagnostics

Number	Eigenvalue	Condition Index	Proportion of Variation Intercept	x1	x3
1	2.97036	1.00000	0.00120	0.00114	0.00398
2	0.02406	11.11104	0.08216	0.06141	0.99108
3	0.00558	23.06664	0.91664	0.93746	0.00494

8.5 가변수: 질적변수의 처리

지금까지는 독립변수가 양적인 경우만을 설명하였는데, 이 절에서는 질적인 독립변수를 포함하는 경우를 다루어 보도록 하자. 예를 들어, 다음 <예 8.10>의 '가변수' 데이터는 한 제품에 대해 46명의 소비자로부터 선호도(y)를 조사하여 얻은 것으로, 이 데이터에는 연령(x)과 지역구분(region; 1='광역시', 2='중소도시', 3='읍면')이 포함되어 있다. 이 경우 $y = \alpha + \beta_1 x + \beta_2 region + \epsilon$과 같은 모형을 고려하는 것은 타당하지 않은데, 그 이유는 변수 '지역구분'이 질적변수로서 크기를 가지고 있지 않으므로 β_2를 기울기로 해석할 수 없기 때문이다.

이제 다음과 같은 모형을 고려해 보도록 하자.

$$\begin{cases} y = \alpha + \beta\ x + \gamma_1 + \epsilon, & \text{if region=1} \\ y = \alpha + \beta\ x + \gamma_2 + \epsilon, & \text{if region=2} \\ y = \alpha + \beta\ x + \gamma_3 + \epsilon, & \text{if region=3} \end{cases} \tag{8.20}$$

이 때 $\gamma_3 = 0$으로 두면 식 (8.20)을 다음과 같이 하나의 모형식으로 표현할 수 있는데,

$$y = \alpha + \beta\ x + \gamma_1 d_1 + \gamma_2 d_2 + \epsilon \tag{8.21}$$

여기서 d_1과 d_2는 소위 **가변수**(dummy variable)로서 다음과 같이 정의된다.

$$d_1 = \begin{cases} 1, & \text{if region=1} \\ 0, & \text{otherwise} \end{cases}$$

$$d_2 = \begin{cases} 1, & \text{if region=2} \\ 0, & \text{otherwise} \end{cases}$$

식 (8.21)에서 γ_1은 연령이 동일한 경우 '광역시'와 '읍면' 간의 선호도 차이의 기대값을 나타내고, γ_2는 연령이 동일한 경우 '중소도시'와 '읍면' 간의 선호도 차이의 기대값을 나타낸다.

<예 8.10> 가변수의 사용

```
DATA exam.dummy;
    INPUT id y age region @@;
CARDS;
 1  46  21  1   2  39  21  3   3  62  21  3   4  38  21  2
 5  39  21  3   6  70  22  2   7  39  22  2   8  35  22  1
 9  41  22  3  10  41  23  2  11  50  23  1  12  71  23  2
13  66  23  3  14  38  24  1  15  68  24  3  16  44  24  3
17  43  24  2  18  44  25  2  19  46  25  3  20  53  25  1
```

```
21  41  26  1  22  71  26  3  23  46  26  2  24  76  26  2
25  57  27  1  26  49  28  2  27  58  28  1  28  74  28  3
29  45  28  1  30  48  30  1  31  53  30  2  32  77  30  3
33  79  30  2  34  85  31  2  35  50  31  1  36  56  32  2
37  81  32  3  38  53  33  1  39  88  33  2  40  60  34  2
41  86  35  3  42  93  36  2  43  63  36  2  44  58  36  1
45  64  37  2  46  64  40  1
;
RUN;

DATA exam.dummy;
    SET exam.dummy;
    d1=0; d2=0;
    IF region=1 THEN d1=1;
    IF region=2 THEN d2=1;
RUN;

PROC REG DATA=exam.dummy;
    MODEL y = age d1 d2;
RUN;
```

이제 앞의 식 (8.21)과 같은 모형을 고려하여 '가변수' 데이터에 대해 분석을 수행해 보도록 하자. 한 질적변수의 범주가 c개 일때 가변수는 일반적으로 $c-1$개 필요하므로 먼저, 지역구분을 나타내는 질적변수 region를 처리하여 가변수 d_1과 d_2를 생성시켜야 한다(예 8.10에서 SAS 데이터세트 dummy1를 만드는 부분을 살펴보기 바란다). 그런 다음 종속변수는 변수 y(선호도)를, 독립변수는 변수 age(연령), d1, d2를 지정하면 된다.

<결과 8.10> 가변수의 사용

Analysis of Variance

Source	DF	Sum of Squares	Mean Square	F Value	Pr > F
Model	3	5037.35619	1679.11873	11.46	<.0001
Error	42	6151.94816	146.47496		
Corrected Total	45	11189			

Root MSE	12.10268	R-Square	0.4502

```
          Dependent Mean        57.56522     Adj R-Sq     0.4109
          Coeff Var             21.02430

                              Parameter Estimates

                           Parameter     Standard
     Variable     DF       Estimate         Error      t Value     Pr > |t|

     Intercept     1       14.33385       9.77541         1.47       0.1500
     age           1        1.83030       0.35950         5.09       <.0001
     d1            1      -16.12947       4.75462        -3.39       0.0015
     d2            1       -5.30923       4.47343        -1.19       0.2420
```

<예 8.10>의 프로그램을 수행하면 위와 같이 계수 추정치를 얻을 수 있는데, 이를 기초로 모형추정식을 표현하면 다음과 같다.

$$\begin{cases} \hat{y} = 14.334 + 1.830x - 16.129 = -1.795 + 1.830x, & \text{if region=1,} \\ \hat{y} = 14.334 + 1.830x - 5.309 = 9.025 + 1.830x, & \text{if region=2,} \\ \hat{y} = 14.334 + 1.830x, & \text{if region=3.} \end{cases}$$

또한 변수 age(연령)에 대한 계수 추정치가 1.830이므로 연령이 증가할수록 선호도가 증가한다고 할 수 있으며, 변수 d2에 대한 t-검정의 유의확률이 0.242이므로 연령이 동일한 경우 '중소도시'와 '읍면' 간의 선호도 차이는 유의하지 않다고 할 수 있다(이 경우 가변수 d2를 모형에서 제외하고 다시 분석을 수행해 볼 수도 있을 것이다).

한편, 6.5절의 공분산분석에서와 같이 GLM 프로시저를 이용하면 가변수를 생성하지 않고서도 식 (8.21)과 같은 모형에 대해 쉽게 분석을 수행할 수 있다(연습문제 8-3 참조). 또한 식 (8.20) 및 (8.21)은 변수 age(연령)에 대한 기울기가 세 집단에서 동일하다는 가정을 하고 있는데, 6.5절에서 설명한 바와 같이 기울기의 동일성에 대한 가정을 받아들일 수 없는 경우에는 상호작용 'region*age'를 고려하여 분석을 수행해야 한다(기울기의 동일성에 대한 검정 및 분석에 대해서는 6.5절을 참조하기 바란다).

8.6 변수변환과 비선형 회귀분석

지금까지는 독립변수와 종속변수 간에 선형적인 관계가 있다는 가정하에 선형 회귀분석을 수행하였다. 그러나 때로는 독립변수와 종속변수 간에 곡선적 또는 복잡한 비선형적인 관계를 가질 수도 있는데, 이러한 경우에는 적절한 함수형

<표 8.4> '이동통신' 데이터

연도	시점	가입자수	연도	시점	가입자수	연도	시점	가입자수
1984	1	27	1985	2	47	1986	3	71
1987	4	103	1988	5	204	1989	6	397
1990	7	800	1991	8	1662	1992	9	2179
1993	10	4718	1994	11	9600	1995	12	16410
1996	13	28900	1997	14	45700			

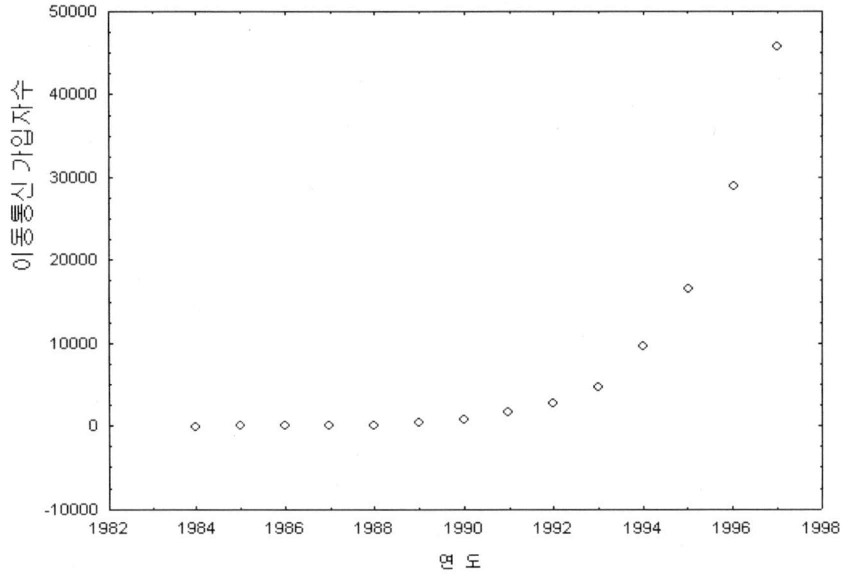

<그림 8.7> 연도별 가입자수

태를 고려하여 분석을 수행하는 것이 바람직하다. 이 절에서는 변수변환에 의한 곡선추정과 비선형 회귀분석에 대해서 간단히 다루어 보도록 하자.

변수변환에 의한 곡선추정

다음 <표 8.4>의 '이동통신' 데이터는 한 이동통신 회사의 1984년부터 1997년까지 연도별 가입자수(yt)이다. 이 데이터에 대한 산점도(그림 8.7)를 살펴보면 가입자수가 급격히 증가하고 있다는 것을 알 수 있다.

따라서 연도별 가입자수에 대한 모형으로 선형 회귀모형보다는 다음과 같은 지수함수(exponential function) 형태의 모형이 더 적절할 것으로 생각할 수 있다.

$$y_t = \beta_0 \exp(\beta_1 t) = \beta_0 e^{\beta_1 t} \tag{8.22}$$

한편, 식 (8.22)의 양변에 로그(log)를 취하면 다음과 같은 식을 얻을 수 있는데,

$$y_t^* = \beta_0^* + \beta_1 t, \quad (\text{단},\ y_t^* = \log y_t,\ \beta_0^* = \log \beta_0) \tag{8.23}$$

이와 같이 특별한 비선형함수들은 간단한 변환에 의해 선형함수로 바꿀 수 있으므로 미리 새로운 변수 y_t^*를 생성한 후 선형 회귀분석을 수행하여 β_0^*와 β_1을 추정하면 된다. 이제 '이동통신' 데이터에서 변수 yt(가입자수)를 종속변수로 하고 t(시점)을 설명변수로 하여 지수모형에 대한 분석을 수행해 보도록 하자.

<예 8.11> 이동통신 데이터에 대한 지수모형 분석

```
DATA exam.mobile;
    INPUT year t yt @@;
    yts=LOG(yt);
CARDS;
1984   1     27  1985   2     47  1986   3     71
1987   4    103  1988   5    204  1989   6    397
1990   7    800  1991   8   1662  1992   9   2719
1993  10   4718  1994  11   9600  1995  12  16410
1996  13  28900  1997  14  45700
;
RUN;

PROC REG DATA=exam.mobile;
    MODEL yts = t;
RUN;
```

```
                        Analysis of Variance

                               Sum of         Mean
Source              DF        Squares       Square    F Value    Pr > F

Model                1       80.23865     80.23865    4503.32    <.0001
Error               12        0.21381      0.01782
Corrected Total     13       80.45246

      Root MSE              0.13348    R-Square     0.9973
      Dependent Mean        6.97783    Adj R-Sq     0.9971
```

```
Coeff Var              1.91296

                    Parameter Estimates

                     Parameter    Standard
Variable     DF      Estimate       Error    t Value    Pr > |t|

Intercept     1       2.52370     0.07535      33.49      <.0001
t             1       0.59388     0.00885      67.11      <.0001
```

<예 8.11>은 변수 yt를 로그변환한 새로운 변수 yts를 종속변수로 하는 변환된 모형에 대한 회귀분석을 수행하는 것으로 출력결과를 보면 회귀계수들은 $\hat{\beta}_0^* = 2.524$와 $\hat{\beta}_1 = 0.594$로 추정된 것을 알 수 있다. 그리고 $\hat{\beta}_0^*$을 지수변환하면 $\hat{\beta}_0 = Exp(2.524) = 12.475$가 되므로, 추정된 지수모형은 다음과 같다.

$$y_t = 12.475\ e^{0.984t}$$

또한 추정된 지수모형에 대한 결정계수는 $R^2 = 0.997$로써 설명력이 매우 높다는 것을 알 수 있다.

비선형 회귀분석

어떤 비선형(nonlinear) 함수들은 앞에서와 같이 선형변환이 가능하지 않은 경우도 있다. 예를 들어, 중장기 수요예측에서 자주 사용되는 다음과 같은 함수들은

- $y_t = \dfrac{m\ \exp(\alpha + \beta t)}{1 + \exp(\alpha + \beta t)}$: 로지스틱(Logistic) 모형
- $y_t = m\ \exp\left[-\exp(\alpha + \beta t)\right]$: 곰페르츠(Gomperts) 모형
- $y_t = m\ \Phi(\alpha + \beta t)$: 프로빗(Probit) 모형

상한값 m이 알려져 있는 않은 경우 선형변환이 가능하지 않다(이들 성장곡선 모형의 특성에 대해서는 강현철·최종후(2000)를 참조하기 바란다).

따라서 이와 같은 경우에는 변환에 의해 선형함수로 바꿀 수가 없기 때문에 비선형 회귀분석을 수행하여 모수를 추정해야 한다. 일반적으로 비선형 회귀모형은 REG 프로시저가 아닌 다른 프로시저들(예를 들면, NLIN이나 MODEL 프로시저 등)을 이용하여 분석할 수 있지만, 이들 프로시저들을 사용하는 방법은 복잡할 뿐만 아니라 상당한 수준의 이해능력을 필요로 한다. 여기서는 NLIN 프로시저를 이용하여 간단한 비선형 회귀분석을 수행해 보도록 하자.

다음 <예 8.12>는 '이동통신' 데이터에 대해서 로지스틱모형에 의해 모수를 추정한 것으로(NLIN 프로시저에 대한 자세한 설명은 성내경(2000) 또는 허명회·서혜선(1993) 등을 참조하기 바란다), PARMS 명령문은 각 모수들에 대해 초기값(시작값)을 지정하기 위해 서용할 수 있으며(만약 PARMS 명령문이 생략되면 SAS에서 난수를 발생하여 사용한다), MODEL 명령문에 적합하고자 하는 비선형 회귀식을 작성하면 된다.

<예 8.12> 이동통신 데이터에 대한 로지스틱모형 분석

```
PROC NLIN DATA=exam.mobile;
    PARMS m=100000 a=-5 b=0.5;
    MODEL yt = (m*EXP(a+b*t))/(1+EXP(a+b*t));
RUN;
```

Source	DF	Sum of Squares	Mean Square	F Value	Approx Pr > F
Regression	3	3.3152E9	1.1051E9	21024.8	<.0001
Residual	11	578161	52560.1		
Uncorrected Total	14	3.3158E9			
Corrected Total	13	2.4386E9			

Parameter	Estimate	Approx Std Error	Approximate 95% Confidence Limits	
m	119789	10087.9	97585.5	141992
a	-9.8431	0.1156	-10.0975	-9.5886
b	0.6686	0.0167	0.6318	0.7054

위의 결과를 살펴보면 각 모수에 대한 추정치가 $\hat{m} = 119789$, $\hat{\alpha} = -9.8431$, $\hat{\beta} = 0.6686$임을 알 수 있으며, 따라서 모형추정식은 다음과 같다.

$$\hat{y}_t = \frac{119789\ \exp(-9.8431 + 0.6686t)}{1 + \exp(-9.8431 + 0.6686t)}$$

한편, 비선형 회귀분석에서는 적절하지 않은 시작값(초기값)을 지정하는 경우 해를 구하지 못하거나 모수가 제대로 추정되지 않을 수 있다. 따라서 각 모수에 대해 적절한 시작값을 지정하는 것이 특히 중요하다(성장곡선모형 및 확산모형에 있어서 시작값 문제를 해결하는 몇 가지 대안에 대해서는 강현철·최종후(2000)를 참조하기 바란다).

8.7 REG 프로시저의 일반적 사용형식

REG 프로시저는 최소제곱법에 기초하여 선형회귀분석을 수행하는 프로시저로서 일반적인 사용형식은 다음과 같다.

```
PROC REG DATA=SAS-data-set options;
    MODEL dependents = independents / options;
    ID variables;
    OUTPUT OUT=SAS-data-set keyword=name;
    PLOT y-variable*x-variable;
    ...
RUN;
```

이러한 사용형식에서 PROC REG 명령문은 REG 프로시저의 시작을 나타내며, DATA=(분석에 사용할 SAS 데이터세트의 지정) 등의 옵션을 지정할 수 있다.

MODEL 명령문

분석에 사용될 종속변수와 독립변수들을 지정하는 명령문으로, 등호 왼쪽에는 종속변수를 그리고 등호 오른쪽에는 독립변수들을 나열하면 된다. 또한 P(예측치, predicted value), R(잔차, residual), CLM(y의 평균값에 대한 신뢰구간; confidence limit for the mean), CLI(y의 개별 관측치에 대한 예측구간; confidence limit for the individual) 등을 출력하도록 여러 개의 옵션들을 지정할 수 있다.

ID 명령문

이 명령문에 지정된 변수는 분석에는 직접 사용되지 않으며, 단지 회귀분석의 출력결과에 ID(identification) 변수의 값으로 각 개체의 레이블을 붙이기 위해서 사용된다.

OUTPUT 명령문

회귀분석의 결과를 SAS 데이터세트로 저장하기 위해서 사용되며, 저장하고자 하는 통계량들을 keyword=name의 형식으로 지정할 수 있다. <예 8.3>에서는 SAS 데이터세트 regout에 표준화잔차를 std_r이라는 변수이름으로 저장하도록 STUDENT=std_r로 지정한 것이다.

PLOT 명령문

다양한 플롯을 출력하기 위해서 사용되며, PLOT 프로시저의 PLOT 명령문과 사용법이 유사하다. 다만, 회귀분석에 의해서 새로 생성되는 변수들에 대해서는 다음 예에서와 같이 keyword 뒤에 마침표(.)로 표시해 주어야 한다.

```
PLOT  sales*x  P.*x / PRED OVERLAY;
PLOT  R.*OBS.;
```

여기서 P, R, OBS는 각각 예측치, 잔차, 각 개체의 번호를 나타내는 keyword이다. 또한 PLOT 명령문에는 PRED(예측치에 대한 $100(1-\alpha)\%$ 신뢰구간을 그래프에 출력한다), OVERLAY(PLOT 명령문에 지정된 플롯들을 한 화면에 출력한다) 등의 옵션을 함께 사용할 수 있다.

8.8 연습문제

8-1. 음주운전자의 혈액 중 알코올 농도를 측정하기 위해 교통경찰관이 사용하는 디지털 측정기의 신뢰성을 알아보려고 한다. 15명의 음수 운전자에 대해 혈액채취(y)와 디지털 측정기(x)에 의해 각각 알코올 농도를 측정하여 다음과 같은 데이터를 얻었다. x에 의한 y의 회귀직선식을 구하고 잔차분석을 실시하여라.

x	y	x	y	x	y
0.150	0.154	0.090	0.082	0.110	0.078
0.100	0.085	0.090	0.072	0.120	0.097
0.900	0.079	0.090	0.080	0.100	0.088
0.140	0.144	0.095	0.090	0.060	0.053
0.080	0.078	0.040	0.050	0.080	0.072

8-2. 앞의 8.3절 <예 8.6>의 '구입의향' 데이터에 대해 여러 가지 변수선택방법을 지정하여 다중 회귀분석을 수행하고, 그 출력결과를 비교하여 보아라.

8-3. 환경변화가 혈압에 미치는 장기적인 변화를 연구하기 위하여 안데스산맥의 고지대에서 도시로 이주해온 인디오들로부터 여러 특성들을 측정하였다. 다음의 데이터는 그 중 최고혈압(y)과 신체적 특성들인 나이(x1), 이주후 경과기

간(x2, 단위: 년), 몸무게(x3, 단위: kg), 복부 피부두께(x4, 단위: mm)등에 관한 결과이다. 다중 회귀분석을 수행하여라(필요한 경우 변수선택을 실시하여라).

X1	X2	X3	X4	Y	X1	X2	X3	X4	Y
21	1	71.0	12.7	170	38	18	59.5	7.7	114
22	6	56.5	8.0	120	38	11	61.0	4.0	136
24	5	56.0	4.3	125	38	11	57.0	3.0	126
24	1	61.0	4.3	148	39	21	57.5	5.0	124
25	1	65.0	20.7	140	39	24	74.0	15.7	128
27	19	62.0	5.7	106	39	14	72.0	13.3	134
28	5	53.0	8.0	120	41	25	62.5	8.0	112
28	25	53.0	0.0	108	41	32	68.0	11.3	128
31	6	65.0	10.0	124	41	5	63.4	13.7	134
32	13	57.0	6.0	134	42	12	68.0	10.7	128
33	13	66.5	8.3	116	43	25	69.0	6.0	140
33	10	59.1	10.3	114	43	26	73.0	5.7	138
34	15	64.0	7.0	130	43	10	64.0	7.0	118
35	18	69.5	7.0	118	44	19	65.0	7.7	110
35	2	64.0	6.7	138	44	18	71.0	4.3	142
36	12	56.5	11.7	134	45	10	60.2	3.3	134
36	15	57.0	6.0	120	47	1	55.0	4.0	116
37	16	55.0	7.0	120	50	43	70.0	11.7	132
37	17	57.0	11.7	114	54	40	87.0	11.3	152
38	10	58.0	13.0	124					

8-4. 어떤 복합비료의 양 x가 농작물의 수확량 y와 어떠한 관계를 가지고 있는지를 보기 위하여 다음과 같은 데이터를 얻었다.

$n = 15,\ \bar{x} = 10.8,\ \bar{y} = 122.7,$

$\sum(x_i - \bar{x})^2 = 70.6,\ \sum(y_i - \bar{y})^2 = 98.5,\ \sum(x_i - \bar{x})(y_1 - \bar{y}) = 68.3.$

(가) 최소제곱법에 의한 회귀방정식을 구하여 보아라.

(나) 오차제곱합을 구하고 σ^2을 추정하여 보아라.

(다) x가 한 단위 증가할 때에 $E(Y)$의 증가분이 1.5단위 미만이라는 주장을 할 수 있는가를 유의수준 5% 하에서 검정하여 보아라.

(라) $x = 12$에서 수확량의 기대값에 대한 95% 신뢰구간을 구하여 보아라.

8-5. 다음 데이터는 10명의 학생의 IQ와 1학년 평균평점표이다.

IQ	100	120	110	105	85	95	130	100	105	90
평균평점	3.0	3.8	3.1	2.9	2.6	2.9	3.6	2.8	3.1	2.4

(가) 이 데이터를 이용하여 회귀직선을 구하여 보아라.

(나) 회귀직선의 기울기에 대하여 95% 신뢰구간을 구하여 보아라.

(다) IQ가 125인 학생의 평균평점의 95% 예측구간을 구하여 보아라.

(라) 상관계수 r을 구하고 이를 설명하여 보아라.

(마) 결정계수 R^2을 구하고 이를 설명하여 보아라.

8-6. 다음의 데이터는 쌍둥이인 남자 어른 9쌍의 키(m)를 조사한 결과이다.

형(x)	1.89	1.77	1.71	1.74	1.92	1.83	1.77	1.77	1.77
아우(y)	1.83	1.77	1.67	1.80	1.86	1.77	1.74	1.80	1.74

(가) 산점도를 작성하여 선형관계가 있음을 확인하여 보아라.

(나) 아우의 키를 종속변수로 하여 회귀직선을 구하여 보아라.

(다) 분산의 추정치 s^2을 구하여라.

(라) 형의 키가 1.68m일 때 동생의 키에 대한 95%의 예측구간을 구하라.

(마) 형의 키와 아우의 키에 관한 상관계수 r을 구하여라.

8-7. 다음 사례는 미국의 대입학력고사(SAT: scholastic aptitude test) 관련데이터에서 나온 것이다. 측정된 변수는 대입지망자의 어학능력점수(VER), 수리능력점수(MATH) 및 평균학점(GPA)의 3개이다. GPA를 종속변수로 하고 VER과 MATH를 독립변수로 하여 회귀분석을 실시하여 보아라.

번호	1	2	3	4	5	6	7	8	9	10
	11	12	13	14	15	16	17	18	19	20
VER	623	593	584	669	578	520	578	695	613	726
	490	537	558	578	646	557	597	669	519	653
MATH	509	611	738	701	635	583	614	634	693	800
	701	681	602	665	573	674	602	653	529	668
GPA	2.6	2.8	3.0	2.9	2.9	2.8	3.0	3.3	2.3	3.9
	1.2	2.1	2.3	3.0	2.0	3.2	2.4	2.0	3.0	2.8

8-8. 어떤 학생이 최근 26년간의 국민총생산에 대한 데이터를 단순선형회귀모형에 적합시켜 회귀직선 $\hat{y} = 264.3 + 18.77x$를 얻었다고 한다. 여기에서 x는 연도를 코드화한 값이다. 다음의 결과로부터 선형회귀모형의 가정 중에서 심각하게 위배되는 것을 지적하여 보아라.

연도	1	2	3	4	5	6	7	8	9	10
y	309.9	323.7	324.1	355.3	383.4	395.1	412.8	407.0	438.0	446.1
$\hat{y}$	283.1	301.9	320.6	339.4	358.2	376.9	395.7	414.5	433.2	452.0
잔차	26.8	21.8	3.5	15.9	2 5.2	18.2	17.1	-7.5	4.8	-5.9
연도	11	12	13	14	15	16	17	18	19	20
y	452.5	447.3	475.9	487.7	497.2	529.8	551.0	581.1	617.8	658.1
$\hat{y}$	470.8	489.5	508.3	527.1	545.8	564.6	583.4	602.1	620.9	639.7
잔차	-18.3	-42.2	-32.4	-39.4	-48.6	-34.8	-32.4	-21.0	-3.1	18.4
연도	21	22	23	24	25	26				
y	675.2	706.6	725.6	722.5	745.4	790.7				
$\hat{y}$	658.4	677.2	696.0	714.7	733.5	752.3				
잔차	16.8	29.4	29.6	7.8	11.9	38.4				

8-9. 앞의 8.5절 <예 8.10>의 '가변수' 데이터에 대해 다음 프로그램을 수행하여 출력결과를 살펴보아라.

```
DATA dummy2;
    SET dummy;
    d1=0; d2=0;
    IF region=1 THEN d1=1;
    IF region=2 THEN d2=1;
    z1=d1*age; z2=d2*age;
RUN;

PROC REG DATA=dummy2;
    MODEL y = age d1 d2 z1 z2;
RUN;
PROC GLM DATA=dummy2;
    CLASS region;
    MODEL y = age region age*region / SOLUTION;
RUN;
```

(가) 이 프로그램에서 변수 z1과 z2가 의미하는 바는 무엇인가?

(나) REG 프로시저와 GLM 프로시저의 결과를 비교하고, 기울기의 동일성을 가정할 수 있는지 검정하여 보아라.

(다) <예 8.8>과 동일한 결과를 얻기 위해서는 GLM 프로시저를 어떻게 작성해야 하는가?

8-10. 앞의 8.6절 '이동통신' 데이터에 대해 변수변환 및 비선형 회귀분석을 이용하여 다음과 같은 모형들을 적합시켜 보아라.

- $y_t = \beta_0 + \beta_1 t + \beta_2 t^2$: 2차모형(Quadratic model)

- $y_t = \beta_0 + \beta_1 \log(t)$: 대수모형(Logarithmic model)
- $y_t = \beta_0 + \beta_1/t$: 역모형(Inverse model)
- $y_t = \beta_0 t^{\beta_1}$: 파워모형(Power model)
- $y_t = \exp(\beta_0 + \beta_1 t)$: 성장모형(Growth model)
- $y_t = m \exp[-\exp(\alpha + \beta t)]$: 곰페르츠(Gomperts) 모형
- $y_t = m\ \Phi(\alpha + \beta t)$: 프로빗(Probit) 모형

제 9 장
범주형 데이터 분석

성, 지역, 직업, 종교 등과 같이 어떤 변수가 이산적인 범주(範疇, category)를 값으로 갖는 변수를 **범주형 변수**(categorical variable)라고 하는데, 2장에서 설명한 바와 같이 이러한 범주형 변수에 대해서는 연속형 변수와는 다르게 처리해 주어야 한다. 즉 연속형 변수에 대해서는 일반적으로 평균이나 분산에 기초하여 분석이 수행되지만, 범주형 변수에 대해서는 주로 빈도와 퍼센트(비율)에 기초하여 분석이 수행된다.

이 장에서는 범주형 데이터 분석에 널리 이용되는 다항분포와 카이제곱검정을 소개하고, 또한 범주형 데이터가 각 변수의 값에 따라 통계표의 형태로 정리되어 있는 교차표(혹은 분할표)에 대한 기초적인 분석을 소개하도록 하겠다.

9.1 다항분포

한번의 시행에서 나타날 수 있는 결과가 둘 중의 하나인 시행을 베르누이 시행이라고 한다는 것을 3장에서 설명한 바 있다. 이에 반하여 한번의 시행에서 나타날 수 있는 결과가 여러 가지 중의 하나인 시행을 **다항시행**(多項試行, multinomial trial)이라고 한다.

한 번의 다항시행에서 k개의 서로 배반인 사건(또는 범주) 중 i번째 사건이 일어날 확률을 p_i라고 할 때, n번의 서로 독립인 다항시행을 통하여 i번째 사건이 일어날 횟수를 N_i라고 하면, 확률변수 $(N_1,\ N_2,\ \cdots,\ N_k)$는 다음과 같은 **다항분포**(多項分布, multinomial distribution) $m(n,\ p_1,\ p_2,\ \cdots,\ p_k)$를 따르게 된다.

$$P(N_1 = n_1,\ N_2 = n_2,\ \cdots, N_k = n_k) = \frac{n!}{n_1!n_2!\cdots n_k!}p_1^{n_1}p_2^{n_2}\cdots p_k^{n_k} \tag{9.1}$$

단, 여기서 $n_1 + n_2 + \cdots + n_k = n$이고 $p_1 + p_2 + \cdots + p_k = 1$이다. 이러한 다항분포에서 각 확률변수 $N_i(i = 1,\ 2,\ \cdot,\ k)$는 이항분포 $B(n, p_i)$를 따르게 되므로 N_i에 대한 평균과 분산은

$$E(N_i) = np_i,\quad Var(N_i) = np_i(1 - p_i),\quad i = 1,\ 2,\ \cdots,\ k \tag{9.2}$$

이 된다. 또한 N_i와 N_j의 공분산은 다음과 같다.

$$Cov(N_i, N_j) = -np_ip_j,\quad i \neq j. \tag{9.3}$$

<표 9.1> $r \times c$ 교차표

변수 A	변수 B					행 합계
	1	$\cdots$	j	$\cdots$	c	
1	n_{11}	$\cdots$	n_{1j}	$\cdots$	n_{1c}	$n_{1.}$
$\vdots$	$\vdots$	$\cdots$	$\vdots$	$\cdots$	$\vdots$	$\vdots$
i	n_{i1}	$\cdots$	n_{ij}	$\cdots$	n_{ic}	$n_{i.}$
$\vdots$	$\vdots$	$\cdots$	$\vdots$	$\cdots$	$\vdots$	$\vdots$
r	n_{r1}	$\cdots$	n_{rj}	$\cdots$	n_{rc}	$n_{r.}$
열 합계	$n_{.1}$	$\cdots$	$n_{.j}$	$\cdots$	$n_{.c}$	n

<표 9.2> '청량음료' 데이터

연령	청량음료				행 합계
	coke	pepsi	fanta	others	
20대	10	14	4	12	40
30대	13	9	10	8	40
40대	12	8	10	10	40

9.2 교차분석: 카이제곱검정

두 개의 범주형 변수 A와 B에 대한 교차표(cross table) 혹은 분할표(contingency table)에서, 변수 A가 r개의 범주 그리고 변수 B가 c개의 범주를 가지고 있다면 $r \times c$ 교차표는 <표 9.1>과 같은 형태를 가진다. 이와 같은 교차표에 대해 데이터를 얻는 방법에 따라 동일성검정과 독립성검정이라는 두 가지 형태의 통계적 가설검정을 고려할 수 있다.

9.2.1 분포에 대한 동일성검정

전체 모집단을 r개의 부모집단(subpopulation)으로 분할한 뒤(즉, 변수 A의 범주는 부모집단들을 나타낸다.) 부모집단별 관찰도수의 합 $n_{i.}$들을 고정시켜 놓고 변수 B의 범주별 도수를 얻는 경우를 고려해 보자. 예를 들어, 연령별로 선호하는 청량음료의 비율이 다른 가를 알아보기 위해 20대, 30대, 40대 각 40명씩을 조사하여 <표 9.2>와 같은 데이터를 얻었다고 하자. 이와 같은 분할표에서 변수 A의 i번째 관측도수 $(n_{i1}, n_{i2}, \cdots, n_{ic})$가 다항분포 $m(n_{i.}, p_{i1}, p_{i2}, \cdots, p_{ic})$를 따른다고 할 때(단, $\sum_{j=1}^{c} p_{ij} = 1,\ i = 1, \cdots, r$), 동일성검정은 r개의 독립적인 다항분

<표 9.3> '교육수준과 소득수준' 데이터

교육수준	소득수준 상	중	하	행 합계
대졸	255	105	81	441
고졸	110	92	66	268
중졸	90	113	88	291
열 합계	455	310	235	1000

포가 모두 동일하다는 다음과 같은 귀무가설을 검정하는 것이다.

$$H_0 : (p_{11}, p_{12}, \cdots, p_{1c}) = \cdots = (p_{r1}, p_{r2}, \cdots, p_{rc}). \tag{9.4}$$

여기서, p_{ij}는 i번째 부모집단에 속하는 개체가 j번째 범주에 속할 확률을 나타낸다. 한편, 행과 열의 수가 모두 2인 경우(즉, $r = 2$, $c = 2$)에는 5.3절에서 설명한 '두 모비율 차이에 대한 검정'의 경우와 동일한 상황이 된다.

9.2.2 두 변수의 독립성검정

전체 도수의 합 n을 고정시켜 놓고 변수 A와 B의 각 범주별 조합에 따라 분할표를 얻는 경우를 고려해 보자. 예를 들어, 교육수준과 소득수준이 관련되어 있는지를 알아보기 위해 1000명의 사람으로부터 <표 9.3>과 같은 분할표를 얻었다고 하자.

이러한 분할표에 대해 독립성검정은 두 변수 A와 B가 확률적으로 독립이어서 아무런 연관관계가 없는지를 검정하는 것이다. 즉, p_{ij}를 어떤 개체가 A의 i번째 범주와 B의 j번째 범주에 속할 확률, $p_{i.}$을 A의 i번째 범주에 속할 확률, $p_{.j}$를 B의 j번째 범주에 속할 확률이라고 할 때 독립성검정에 대한 귀무가설은 다음과 같다.

$$H_0 : p_{ij} = p_{i.}p_{.j}, \ i = 1, \cdots, r; \ j = 1, \cdots, c. \tag{9.5}$$

9.2.3 카이제곱 검정통계량

동일성 또는 독립성 검정을 수행하기 위해 일반적으로 사용되는 Person 카이제곱 통계량은 다음과 같다.

$$\chi^2 = \sum_{i=1}^{r} \sum_{j=1}^{c} \frac{(n_{ij} - e_{ij})^2}{e_{ij}} \tag{9.6}$$

여기서, $e_{ij} = n_{i.}n_{.j}/n$은 귀무가설 하에서의 기대도수(expected frequency)이다.

종종 사용되는 다른 검정통계량으로 우도비 통계량

$$G^2 = 2\sum_{i=1}^{r}\sum_{j=1}^{c}\log\left(\frac{n_{ij}}{e_{ij}}\right) \tag{9.7}$$

을 들 수 있는데, 이는 모형이 데이터에 잘 적합된다는 귀무가설과 그렇지 않다는 대립가설을 검정하기 위한 로그우도비(log likelihood ratio) 검정통계량이다.

이 두 개의 검정통계량은 표본크기가 충분히 큰 경우(통상 모든 셀의 기대도수가 5 이상인 경우) 귀무가설 하에서 자유도 $(r-1)(c-1)$인 카이제곱분포를 근사적으로 따른다.

한편 이항분포 또는 다항분포를 이용한 검정통계량을 유도하여 검정에 사용할 수도 있는데(이를 Fisher의 정확검정(exact test)이라고 한다), 이 방법은 표본크기가 작은 경우에도 사용할 수 있는 안전한 방법이지만 표본크기가 큰 경우(또는 행이나 열의 개수가 큰 경우)에는 계산시간 또는 컴퓨터 메모리를 많이 필요로 한다는 단점을 가지고 있다.

9.2.4 FREQ 프로시저의 이용

앞에서 서술한 여러 가지 검정통계량들의 값은 FREQ 프로시저를 사용하면 쉽게 얻을 수 있다. 여기서는 <표 9.2>의 '청량음료' 데이터에 대해 분석을 수행해 보도록 하자.

다음 <예 9.1>은 카이제곱검정을 수행하기 위한 프로그램으로, 여기서 주의할 점은 데이터가 사전에 도수로 요약이 되어 있고 각 셀에 해당되는 빈도(frequency)는 변수 count에 저장되어 있다는 것이다. 따라서 FREQ 프로시저에서 WEIGHT 명령문을 사용하여 변수 count가 도수를 나타내는 변수임을 반드시 지정해 주어야 한다(2.6절 참조).

<예 9.1> 청량음료 데이터에 대한 교차분석

```
DATA exam.soft;
    INPUT age $ beverage $ count @@;
CARDS;
20대 coke 10 20대 pepsi 14 20대 fanta  4 20대 others 12
30대 coke 13 30대 pepsi  9 20대 fanta 10 30대 others  8
40대 coke 12 40대 pepsi  8 20대 fanta 10 40대 others 10
;
```

```
RUN;

PROC FREQ DATA=exam.soft ORDER=DATA;
    WEIGHT count;
    EXACT FISHER;
    TABLES age*beverage
           / NOCOL NOPERCENT EXPECTED CHISQ ;
RUN;
```

```
                    FREQ 프로시저

                 age * beverage 교차표

 age          beverage

        빈도|
    기대빈도|
   행 백분율|coke    |pepsi   |fanta   |others  |    총합
 -----------+--------+--------+--------+--------+
 20대       |     10 |     14 |     24 |     12 |     60
            |   17.5 |   15.5 |     12 |     15 |
            |  16.67 |  23.33 |  40.00 |  20.00 |
 -----------+--------+--------+--------+--------+
 30대       |     13 |      9 |      0 |      8 |     30
            |   8.75 |   7.75 |      6 |    7.5 |
            |  43.33 |  30.00 |   0.00 |  26.67 |
 -----------+--------+--------+--------+--------+
 40대       |     12 |      8 |      0 |     10 |     30
            |   8.75 |   7.75 |      6 |    7.5 |
            |  40.00 |  26.67 |   0.00 |  33.33 |
 -----------+--------+--------+--------+--------+
 총합             35       31       24       30      120


           age * beverage 테이블에 대한 통계량

통계량                          자유도         값     확률값
--------------------------------------------------------
카이제곱                           6     32.3072    <.0001
우도비 카이제곱                    6     41.7330    <.0001
Mantel-Haenszel 카이제곱           1      2.8583    0.0909
파이 계수                                 0.5189
분할 계수                                 0.4606
크래머의 V                                0.3669
                   Fisher의 정확 검정
               ----------------------------
               테이블 확률 (P)    2.039E-12
               Pr <= P            1.584E-06
```

먼저 교차표에는 각 셀에서의 빈도, 기대빈도($e_{ij} = n_{i.}n_{.j}/n$), 행 백분율이 출력되어 있는 것을 알 수 있는데(NOCOL과 NOPERCENT 옵션을 지정하여 열 백분율과 각 셀의 백분율을 출력하지 않도록 하였다), 행 백분율을 살펴보면 20대는 'fanta'(40%)를 선호하는 반면 30대와 40대는 'coke'(30대: 43.33%, 40대: 40%)를 선호한다는 것을 알 수 있다.

또한, 카이제곱검정의 결과를 살펴보면(카이제곱 통계량을 출력하기 위해서는 TABLES 명령문에서 CHISQ 옵션을 지정해야만 한다), Pearson 카이제곱값이 32.31, 우도비 카이제곱값이 41.73이고 각각의 통계량에 대한 유의확률(p-값)이 모두 0.0001 미만이므로 '연령대에 따라 청량음료 선호도의 분포가 같다'라는 귀무가설이 기각됨을 알 수 있다. 한편, Fisher의 정확검정(EXACT 명령문에 FISHER 옵션을 지정하여 얻을 수 있다)에 의한 유의확률은 1.584E-06= 0.000001584로 출력되어 있다.

9.3 카이제곱 적합도검정

크기 n개의 표본을 상호배반인 c개의 범주로 분류했을 때 각 범주별 관측도수(observed frequency) $(n_1, n_2, \cdots, n_c)$를 얻었다고 하자. 여기서 $n = \sum_{i=1}^{c} n_i$라 하고 p_i를 각 개체가 범주 i에 소속할 확률이라고 할 때, 다음과 같은 귀무가설을 고려해 보자.

$$H_0 : p_1 = p_{10}, p_2 = p_{20}, \cdots, p_c = p_{c0}. \tag{9.8}$$

이 때, 관측도수 $(n_1, n_2, \cdots, n_c)$이 다항분포 $m(n, p_1, p_2, \cdots, p_c)$를 따른다는 사실에 기초하면(단, $\sum_{i=1}^{c} p_i = 1$), 검정통계량

$$\chi^2 = \sum_{i=1}^{c} \frac{(n_i - np_{i0})^2}{np_{i0}} \tag{9.9}$$

은 귀무가설 하에서 자유도 $c-1$인 카이제곱분포(chi-square distribution)에 근사적으로 따른다. 여기서 $e_i = np_{i0}$는 귀무가설 하에서 i번째 범주에 대한 기대도수(expected frequency)가 된다.

적합도검정의 예를 하나 들어보도록 하자. <표 9.4>의 데이터는 완두콩의 교배실험을 통해서 얻은 것으로, 총 556개 중 둥근 노란 완두콩(type=1)이 315개, 둥근 녹색 완두콩(type=2)이 108개, 모난 노란 완두콩(type=3)이 101개, 모난 녹색 완두콩(type=4) 이 32개이다. 멘델의 법칙에 의하면 네 종류의 완두콩이 나타날 비가 9:3:3:1이고, 교배실험을 통해서 얻은 완두콩들의 비율이 멘 델의 법칙에 따

<표 9.4> '완두콩' 데이터

완두콩의 형태(type)	1	2	3	4	합계
도수	315	108	101	32	556

르는지를 알아보고자 한다. 이 경우 귀무가설은 $H_0 : p_1 = 9/16, p_2 = 3/16, p_3 = 3/16, p_4 = 1/16$ 이 된다.

<예 9.2> 완두콩 데이터에 대한 적합도검정

```
DATA exam.bean;
    INPUT type count @@;
CARDS;
1 315 2 108 3 101 4 32
;
RUN;

PROC FREQ DATA=exam.bean;
    WEIGHT count;
    TABLES type / NOCUM TESTP=(0.5625 0.1875 0.1875 0.0625);
RUN;
```

```
                FREQ 프로시저

                                      검정
type        빈도          백분율      백분율
---------------------------------------------
   1           315        56.65       56.25
   2           108        19.42       18.75
   3           101        18.17       18.75
   4            32         5.76        6.25

    지정 비율에 대한 카이제곱 검정
           ---------------------
           카이제곱         0.4700
           자유도                3
           Pr > ChiSq       0.9254

              표본 크기 = 556
```

<예 9.2>는 '완두콩' 데이터에 대해 카이제곱 적합도검정을 수행한 것으로, TABLES 명령문에서 TESTP 옵션을 사용하여 귀무가설 하에서의 각 범주에 대한 확률 9/16=0.5625, 3/16=0.1875, 3/16=0.1875, 1/16=0.0625을 지정하였다. 이

출력결과를 살펴보면, 카이제곱값이 0.47이고 이에 대응되는 유의확률이 0.9254라는 것을 알 수 있다. 따라서 귀무가설을 채택하여 관측된 완두콩들의 비율은 멘델의 법칙을 따른다고 할 수 있다.

9.4 연관성의 측도

연관성의 측도(measure of association)는 두 범주형 변수 간의 결합도(관련성의 정도)를 나타내는 기술통계량이다. 앞의 <예 9.1>에서와 같이 CHISQ 옵션을 사용하여 카이제곱 독립성 또는 동일성검정을 수행하면, 기본적으로 카이제곱 통계량으로부터 계산되는 다음과 같은 세 가지 연관성의 측도들이 출력된다.

- 파이계수(Phi Coefficient): $\varphi = (\chi^2/n)^{1/2}$.
- 분할계수(Contingency Coefficient): $P = \left[\chi^2/(\chi^2+n)\right]^{1/2}$.
- 크라머의 V(Cramer's V): $V = \left[(\chi^2/n)/\min(r-1, c-1)\right]^{1/2}$.

이들의 범위는 다음과 같고, $0 \le \varphi \le \min(\sqrt{r-1}, \sqrt{c-1})$(단, 2×2 분할표에 대해서는 $-1 \le \varphi \le 1$), $0 \le P \le \sqrt{(m-1)/m}$(단, $m = \min(r, c)$), $0 \le V \le 1$(단, 2×2 분할표에 대해서는 $-1 \le V \le 1$), 절대값이 클 수록 두 범주형 변수 간의 연관성이 크다는 것을 의미한다. 이들 세 가지 연관성의 측도들은 카이제곱검정의 부산물로써 쉽게 계산할 수 있다는 장점이 있으나, 어떤 행태적 특성을 가지고 있지 않아서 해석하기가 곤란하다는 단점을 가지고 있다.

따라서 감마(gamma)나 람다(lambda)와 같은 다른 연관성의 측도들이 보다 많이 사용되는데, 이러한 연관성의 측도들을 출력하기 위해서는 다음 <예 9.3>에서와 같이 MEASURES(또는 ALL) 옵션을 지정하면 된다. 이들은 행과 열이 순서형일 때 적합한 것과 행과 열이 명목형일 때 적합한 것으로 구분할 수 있는데, 이와 같은 연관성의 측도들을 간단히 나열하면 다음과 같다(이들에 대해서 보다 자세한 설명을 원하는 독자는 허명회(1998), 박태성·이승연(1998), 정광모·최용석(2002) 등을 참조하기 바란다).

한편, <예 9.3>의 결과에서 계산된 연관성 측도값과 점근표준오차를 사용하여 두 범주형 변수간의 연관성에 대한 검정을 할 수가 있다. 연관성 측도값을 이에 대응하는 점근표준오차로 나눈 값, 즉 '연관성 측도값/점근표준오차'는 '모집단 연관성이 0'이라는 귀무가설 하에서 근사적으로 표준정규분포 $N(0,1)$에 따르게 되므로 표본이 클 때 '연관성 측도값/점근표준오차'의 절대값이 대략 2 이상이면, 연관성의 측도는 근사적으로 5% 수준에서 유의하며 연관성은 0이 아니다라고 할 수 있다.

<예 9.3> 연관성의 측도

```
DATA exam.edueco;
    INPUT edu eco count @@;
CARDS;
1 1 255   1 2 105   1 3  81
2 1 110   2 2  92   2 3  66
3 1  90   3 2 113   3 3  88
;
RUN;

PROC FREQ DATA=exam.edueco ORDER=DATA;
    WEIGHT count;
    TABLES edu*eco/NOCOL NOPERCENT CHISQ MEASURES;
RUN;
```

```
                    FREQ 프로시저

                   edu * eco 교차표

     edu           eco

           빈도|
     행 백분율|        1|        2|        3|   총합
     -----------+--------+--------+--------+
              1 |    255 |    105 |     81 |    441
                |  57.82 |  23.81 |  18.37 |
     -----------+--------+--------+--------+
              2 |    110 |     92 |     66 |    268
                |  41.04 |  34.33 |  24.63 |
     -----------+--------+--------+--------+
              3 |     90 |    113 |     88 |    291
                |  30.93 |  38.83 |  30.24 |
     -----------+--------+--------+--------+
     총합            455      310      235     1000

              edu * eco 테이블에 대한 통계량
통계량                            자유도          값     확률값
-------------------------------------------------------------
카이제곱                              4      54.2539    <.0001
우도비 카이제곱                       4      54.9719    <.0001
Mantel-Haenszel 카이제곱              1      42.4012    <.0001
파이 계수                                     0.2329
분할 계수                                     0.2269
크래머의 V                                    0.1647
```

통계량	값	점근표준오차
감마	0.2926	0.0404
Kendall의 타우-b	0.1935	0.0276
Stuart 타우-c	0.1873	0.0267
Somers D C|R	0.1924	0.0274
Somers D R|C	0.1946	0.0278
Pearson 상관계수	0.2060	0.0307
Spearman 상관계수	0.2158	0.0307
람다 비대칭 C|R	0.0422	0.0256
람다 비대칭 R|C	0.0268	0.0347
람다 대칭	0.0344	0.0255
불확실 계수 C|R	0.0259	0.0069
불확실 계수 R|C	0.0256	0.0068
불확실 계수 대칭	0.0257	0.0068

표본 크기 = 1000

순서형 변수들 간의 연관성 측도

- 감마(Gamma) : $\gamma = (P-Q)/(P+Q)$. 여기서 P는 일치쌍(concordant pair)의 수이고 Q는 비일치쌍의 수이다[1]. γ가 0에 가까우면 두 변수간의 연관성이 작은 경우이고 γ가 1(또는 -1)에 가까우면 양(또는 음)의 연관성이 큰 경우라고 할 수 있다($-1 \le \gamma \le 1$).
- 켄달의 타우-b(Kendall's Tau-b) : 감마를 tie[2]를 이루는 쌍의 경우에 대하여 약간 수정한 것이다. τ_b는 $-1 \le \tau_b \le 1$을 만족하며 행변수와 열변수가 같은 척도를 갖는 경우에 적합하다.
- 스튜어트의 타우-c(Stuart's Tau-c) : 감마를 tie를 이루는 쌍의 경우와 분할표의 크기를 이용하여 수정한 것이다. τ_c는 $-1 \le \tau_c \le 1$을 만족하며 행변수와 열변수가 같은 척도를 갖는 경우에 적합하다.
- 소머즈의 D(Somers' D) : $D(C|R)$과 $D(R|C)$는 켄달의 타우-b를 비대칭적 관계를 고려하여 수정한 것이다.

순서형 변수들 간의 연관성 측도로는 이 외에도 피어슨 상관계수(Pearson Correlation Coefficient)와 스피어만 상관계수(Spearman Correlation Coefficient)가 있

[1] 일치쌍이란 $i_1 < i_2$이며 $j_1 < j_2$인 조건을 만족하는 셀(cell)들의 쌍 $((i_1, i_2), (j_1, j_2))$을 말하고, 비일치쌍이란 $i_1 < i_2$이나 $j_1 > j_2$인 셀들의 쌍을 말한다.

[2] 즉, $i_1 = i_2$이거나 $j_1 = j_2$인 쌍 $((i_1, i_2),(j_1, j_2))$의 경우.

는데, 이들에 대해서는 제7장을 참고하기 바란다.

명목형 변수들 간의 연관성 측도

- 비대칭 람다($C|R$)(Lambda Asymmetric C|R) : 비대칭 람다($C|R$)은 행이 주어질 때 열에 대한 예측타당성을 재는 측도이다($0 \leq \lambda(C|R) \leq 1$). 즉, 행에 대한 정보가 있을 경우 그렇지 않은 경우에 비해 열에 대한 예측에서 얼마나 오류의 수가 감소하는 지를 나타내는 상대비율이다.
- 비대칭 람다($R|C$)(Lambda Asymmetric R|C) : 비대칭 람다($R|C$)는 열이 주어질 때 행에 대한 예측타당성을 재는 측도이다($0 \leq \lambda(R|C) \leq 1$).
- 대칭 람다(Lambda Symmetric) : 대칭 람다는 행과 열의 독립·종속의 구분을 필요로 하지 않는 상황에 적합한 측도이다.

명목형 변수늘 간의 연관성 측도로는 엔트로피에 기초한 불확실성 계수(Uncertainty Coefficient) 등도 있다.

9.5 FREQ 프로시저의 일반적 사용형식

앞에서 살펴본 바와 같이 FREQ 프로시저에서는 빈도표(frequency table) 및 다차원 분할표(contingency table)를 작성할 수 있으며, 범주형 데이터의 분포와 범주형 변수들 간의 연관성(association)에 관한 정보들을 계산할 수 있다. 또한 일차원 빈도표에서 이항비율에 대한 검정(test of binomial proportion) 및 적합도 검정(goodness of fit test), 다항분포 하에서의 동질성(homogeneity)에 관한 검정, 두 범주형 변수 간의 독립성(independence)에 관한 검정 등 범주형 데이터에 대한 다양한 검정을 수행할 수 있다. FREQ 프로시저의 일반적 사용형식은 다음과 같다.

```
PROC FREQ DATA=SAS-data-set options;
     BY variables;
     EXACT statistic-keywords / options;
     OUTPUT OUT=SAS-data-set statistic-keywords;
     TABLES requests / options;
     TEST statistic-keywords;
     WEIGHT variable;
RUN;
```

PROC FREQ 명령문

FREQ 프로시저를 호출하기 위한 명령문으로 주로 사용되는 옵션으로는 다음과 같은 것들이 있다.

- FORMCHAR (position)='formatting-characters' : 분할표에서 각 셀에 대한 수직선, 수평선, 교차선을 그리는데 사용될 문자를 지정한다. 여기서 position은 1, 2, 7의 값을 가지는데 1은 수직선, 2는 수평선, 3은 교차선의 위치를 나타낸다. 예를 들어, FORMCHAR(2,7)='*&'로 지정하면 수평선은 *를 사용하고 수평선과 수직선이 교차하는 부분은 &를 사용하여 그리게 된다.
- NOPRINT : 계산결과를 출력하지 않는다.
- ORDER=DATA|FORMATTED|FREQ|INTERNAL : 빈도표 및 분할표에서 각 변수의 범주들을 출력할 순서를 지정한다. DATA는 데이터세트에 입력된 순서에 의해서, FORMATTED는 외부에서 정한 출력포맷에 의해서, FREQ는 도수가 많은 범주 순으로, INTERNAL은 SAS 내부의 규칙(이를테면 알파벳 순)에 의해서 범주를 출력한다. 디폴트는 INTERNAL이다.
- PAGE : OUTPUT 윈도우에 한 페이지당 하나의 표만 출력된다.

EXACT 명령문

통계량에 대해 정확검정(exact test)을 수행하거나 몬테카를로(Monte Carlo) 방법에 기초한 유의확률을 계산하고자 할 때 사용되며, 다음과 같은 옵션들을 지정할 수 있다.

- ALPHA=α : 신뢰수준을 지정하는 것으로, 디폴트는 ALPHA=0.01이다.
- MC : 몬테카를로 방법을 이용하여 통계량에 대한 유의확률값을 구하도록 한다. 이 옵션은 중심어 BINOMIAL, MNNEM, OR 등과는 함께 사용할 수 없다.
- N=n : 몬테카를로 표본의 크기를 지정하는 것으로, 디폴트는 N=10000이다.
- SEED : 몬테카를로 방법에서 난수에 대한 초기값을 지정한다.

OUTPUT 명령문

계산된 통계량들을 새로운 SAS-데이테세트에 저장하고자 할 때 사용된다. OUTPUT 명령문에는 <표 9.5>의 중심어들을 포함하여 연관성의 측도에 관련된 여러 가지 통계량 등을 지정할 수 있다.

<표 9.5> EXACT 명령문에서 사용할 수 있는 통계량들의 중심어

AGREE	2 × 2 분할표에 대한 맥네머의 검정(McNemar's test), 단순 및 가중 카파계수(Kappa coefficient)에 대한 검정
BINOMIAL	일차원 빈도표에 대한 이항비율검정
CHISQ	일차원 빈도표에 대한 카이제곱 적합도검정, 이차원 분할표에 대한 피어슨 및 우도비 카이제곱검정
FISHER	피셔의 정확검정(Fisher's exact test)
JT	Jonckheere-Terpstra 검정
KAPPA	단순 카파계수에 대한 검정
LRCHI	우도비 카이제곱검정
MCNEM	2 × 2 분할표에 대한 맥네머의 검정
MEASURES	피어슨 및 스피어만 상관계수에 대한 검정, 2 × 2 분할표에 대한 오즈비의 신뢰구간 출력
MHCHI	Mantel-Haenszel 카이제곱검정
OR	2 × 2 분할표에 대한 오즈비의 신뢰구간 출력
PCHI	일차원 빈도표에 대한 카이제곱 적합도검정, 2 × 2 분할표에 대한 피어슨 카이제곱검정
PCORR	피어슨 상관계수에 대한 검정
SCORR	스피어만 상관계수에 대한 검정
TREND	추세에 대한 Cochran-Armitage 검정
WTKAP	가중 카파계수에 대한 검정

TABLES 명령문

TABLES 명령문은 빈도표 또는 분할표를 작성하기 위해 사용될 변수들과 분할표의 형식을 지정하는 것으로, 하나의 FREQ 프로시저 에서 여러 개의 TABLES 명령문을 사용할 수 있고 하나의 TABLES 명령문 내에서 여러 개의 분할표 형식을 지정할 수도 있다. 다음은 TABLES 명령문을 사용하는 몇 가지 예이다.

TABLES age; 변수 age에 관한 일차원 빈도표.

TABLES age*sex; 변수 age와 sex의 각 수준에 대한 이차원 분할표.

TABLES a*b*c*d*; 4차원 분할표.

TABLES a*(b c); a*b와 a*c의 분할표.

TABLES (a b)*(c d); a*c, a*d, b*c, b*d의 분할표.

TABLES (a b c)*d; a*d, b*d, c*d의 분할표.

TABLES a-c; a, b, c 각각의 빈도표.

TABLES (a-c)*d; (a b c)*d와 동일.

또한, TABLES 명령문에는 검정통계량 및 연관성의 측도에 관련된 통계량과 출력결과를 조절하기 위해 사용할 수 있는 여러 가지 옵션들이 있다. 주로 사용되는 통계량의 중심어 및 옵션은 다음과 같다.

- AGREE(WT=type): 카파(Kappa) 등 일치성 측도들을 출력한다.
- ALL: 기본적인 연관성 측도들을 모두 출력한다.
- ALPHA=p: 신뢰수준을 지정하는 것으로, 디폴트는 ALPHA=0.01이다.
- BINOMIAL(P=value): 모비율에 대한 이항비율검정을 한다.
- CELLCHI2: 각 셀에 대한 카이제곱값을 출력한다.
- CHISQ: 카이제곱검정 결과를 출력한다.
- CI: 연관성 측도들의 신뢰구간을 출력한다.
- CUMCOL: 누적(cumulative) 열도수(column frequency)의 백분율을 출력한다.
- EXPECTED: 각 셀에 대한 기대도수를 출력한다.
- DEVIATION: 각 셀에 대한 '관찰도수−기대도수'를 출력한다.
- FISHER 피셔의 정확검정을 실시한다.
- JT: Jonckheere-Terpstra 검정을 실시한다.
- LIST: 다차원 분할표를 나열(list)형식으로 출력한다.
- MEASURES: 감마(Gamma), 켄달(Kendal) 등 연관성 측도들을 출력한다.
- MISSING: 결측값을 하나의 범주로 처리한다.
- MISSPRINT: 결측값의 도수를 출력한다.
- NOCOL: 열도수(column frequency)의 백분율을 출력하지 않는다.
- NOCUM: 누적도수 및 누적백분율을 출력하지 않는다.
- NOFREQ: 각 셀의 도수를 출력하지 않는다.
- NOPERCENT: 각 셀에 대한 백분율을 출력하지 않는다.
- NOPRINT: 빈도표 또는 분할표를 출력하지 않는다.
- NOROW: 행도수(row frequency)의 백분율을 출력하지 않는다.
- OUT=SAS-data-set: 도수를 저장하여 새로운 SAS-데이터세트를 생성한다.
- PLCORR: 다연(polychoric) 상관계수를 계산한다.
- SPARSE: 모든 가능한 범주조합에 관해 정보를 출력한다.

- TESTF=(values): 적합도검정에서 귀무가설에 대한 도수를 지정한다.
- TESTP=(values): 적합도검정에서 귀무가설에 대한 비율값을 지정한다.

TEST 명령문

이 명령문은 연관성 측도(measure of association)와 일치성 측도(measure of agreement)에 대한 근사적 검정(asymptotic test)을 수행하고자 할 때 사용된다. 여기서 사용할 수 있는 연관성 및 일치성 측도들은 다음과 같다.

- AGREE: 단순 및 가중 카파계수
- GAMMA: 감마계수
- KAPPA: 단순 카파계수
- KENTB: 켄달(Kendall)의 τ_b
- MEASURES: 여러 가지 연관성 측도
- PCORR: 피어슨(Pearson) 상관계수
- SCORR: 스피어만(Spearman) 상관계수
- SMDCR: 소머즈(Sommers)의 $D(C|R)$
- SMDRC: 소머즈의 $D(R|C)$
- STUTC: 스튜어트(Stuart)의 τ_c
- WTKAP: 가중 카파계수

WEIGHT 명령문

WEIGHT 명령문은 데이터가 이미 빈도표 또는 분할표 형식으로 요약되어 있을 때 도수를 나타내는 변수를 지정하기 위해 사용된다.

9.6 연습문제

9-1. 어떤 자동차보험상품에 대한 보험청구회수는 평균(μ)이 2인 포아송분포를 따른다고 알려져 있다. 이를 확인하기 위해 보험가입자 200명을 랜덤추출하여 청구회수를 조사해 보았더니 다음과 같았다. 자동차보험 청구회수가 포아송분포를 따른다는 가정 하에 기대도수를 계산하여라. 또한 자동차보험청구회수가 포아송분포를 따른다고 할 수 있는지를 유의수준 5%로 검정하여라.

청구회수	0	1	2	3	4	5 이상
관측도수	22	53	58	39	20	8
$f(x) = (e^{-\mu}\mu^x)/x!$	0.135	0.271	0.271	0.180	0.090	0.053

9-2. 한 가전제품회사에서 두 가지 형태의 새로운 냉장고를 개발하였다. 어느 형태의 냉장고를 소비자들이 더 선호하는가를 알아보기 위해 서울에서 90명, 충청도에서 92명, 전라도에서 118명, 경상도에서 135명을 임의로 추출한 뒤 설문조사를 통해 다음과 같은 결과를 얻었다. 지역에 따른 냉장고의 선호에 차이가 있는지를 유의수준 5%로 검정하여라.

	냉장고	
지역	A	B
서울	48	42
충청도	43	49
전라도	65	53
경상도	59	76

9-3. 다음은 13대 대통령선거에서 각 후보들이 5대 도시에서 얻은 득표수를 조사한 뒤 얻은 분할표이다. 지역과 후보자에 대한 지지 간에 관계가 있는지를 유의수준 5%로 검정하고 연관성 측도들을 구하여라.

	후보자			
지역	노태우	김영삼	김대중	김종필
서울	1683	1637	1833	461
부산	641	1117	182	52
대구	800	275	30	23
인천	326	249	177	76
광주	23	2	450	1

9-4. 다음은 어떤 회사에서 고려하고 있는 3가지 유형의 연금계획에 대한 피고용자들의 4개 직급별 선호도를 600명의 종업원에게 조사한 것이다.

직급	연금계획		
	A	B	C
Clerical	140	40	20
Executive	70	20	10
Factory	160	30	10
Supervisor	80	10	10

(가) 이 분할표가 나타내는 내용을 포괄적으로 요약하여라.

(나) 연구목적에 대한 가설들(귀무가설 및 대립가설)을 구체적으로 세워라.

(다) (나)에 대한 검정결과를 정확히 서술하여라.

(라) 셀(Executive, A)가 두 변수 간의 연관관계에 공헌하는 정도는 어느 정도라고 생각되는가? 그 이유는 무엇인가?(CELLCHI2와 EXPECTED 옵션을 사용하여 그 결과를 살펴보아라.)

(마) 두 변수 간에 유의적인 연관관계가 있다면 그 정도에 관한 추론을 시도하여라.

9-5. 가정용 세탁기의 색상에 대한 주부들의 선호도를 조사하기 위하여 어느 세탁기 회사에서 최근 260명의 구매자가 구입한 세탁기의 색상을 정리해 보니 다음과 같았다. 세탁기 색상에 대한 주부들의 선호도에 차이가 있는지를 유의수준 5% 하에서 검정하여 보아라.

세탁기 색상	흰색	상아색	올리브색	회색	합계
관측도수	69	75	67	49	260

9-6. 대기오염이 야채 종류에 따라 영향을 미치는 정도가 차이가 나는지 검정하고자 양상추 40, 시금치 40, 토마토 40개를 조사한 결과 다음과 같은 데이터를 얻었다. 귀무가설과 대립가설을 서술하고 유의수준 5% 하에서 검정하여 보아라.

	심각	보통	합계
양상추	32	8	40
시금치	28	12	40
토마토	19	21	40

9-7. 어느 공항의 주차장에는 5개의 출입구가 있다. 일정시간 동안에 각 입구를 통해 주차장에 들어온 자동차의 수는 다음과 같다. 주차장에 들어온 자동차의 수는 주차장 출입구의 위치와는 관계 없이 동일한지를 유의수준 5% 하에서 검정하여 보아라.

주차장 입구	입구 A	입구 B	입구 C	입구 D	입구 E
자동차 수	238	216	302	294	199

9-8. 학업성적과 학생의 성별이 어떤 관계가 있는지 알아보기 위하여 대학생 200명을 무작위 추출하여 조사한 결과 다음과 같은 데이터를 얻었다. 학업성적과 학생의 성별이 어떤 관계가 있는지 유의수준 5% 하에서 검정하여 보아라.

	A	B	C	D	합계
여학생	19	44	13	3	79
남학생	19	58	31	13	121
합계	38	102	44	16	200

9-9. 다음은 지역에 따른 소득수준에 어떠한 차이가 존재하는지를 알아보기 위하여 도시와 농촌에서 800명의 표본을 무작위 추출하여 조사한 데이터이다. 적당한 가설을 설정하고 유의수준 5% 하에서 검정하여 보아라.

	소득수준				
	상	중상	중하	하	합계
도시	76	53	59	48	236
농촌	124	147	141	152	564
합계	200	200	200	200	800

제 10 장
비모수적 검정

대부분의 통계적 추론에서는 모집단의 분포에 대한 정규성(normality)을 가정한 경우가 많다. 예를 들어, 5장에서 설명한 t-검정이나 6장의 분산분석에서는 데이터값들이 정규분포에 따르는 모집단으로부터 얻어졌다는 가정 하에서 검정통계량과 그의 분포를 도출하였다. 그러나 이와 같은 정규성 가정이 불합리한 경우가 많이 있으며, 경우에 따라서는 특정한 확률분포를 가정하기 어려울 때도 있다. 이러한 경우에 데이터의 분포에 대한 강한 가정없이 이용할 수 있는 방법으로서 모수를 매개로 하지 않는 **비모수적 방법**(non-parametric method), 또는 모집단의 분포로부터 자유로운 분포무관 방법(distribution free method)을 고려할 수 있다.

비모수적 방법은 모수적 방법과 비교하여 다음과 같은 몇 가지 특성을 가지고 있다; (1) 일반적으로 모수적 방법에 비해 분포에 대한 가정이 완화되거나 또는 가정이 거의 없으며, 표본의 크기가 작은 경우에도 안정적이다. (2) 대부분의 비모수적 방법들은 부호 또는 상대크기의 순위 등 직관적이고 이해하기 쉬운 정보를 사용한다. (3) 많은 경우에 모수적 방법과 비교하여 표본이 정규분포에 따를 때에도 효율이 크게 떨어지지 않으며, 표본의 분포가 정규분포로부터 멀리 이탈한 경우에는 비모수적 방법의 효율이 훨씬 좋다.

이 장에서는 정규성에 대한 검정과 모집단의 위치모수(location parsmeter)와 척도모수(scale parameter) 등에 관한 여러 가지 비모수적 검정에 대해서 예를 통해 설명할 것이다. 비모수적 경정방법에 대한 보다 자세한 설명은 이재창·송일성(1990) 또는 송문섭·박창순(1993) 등을 참조하기 바란다.

10.1 분포가정에 대한 검정

통계적 추론에서는 일반적으로 모집단에 대해 특정한 분포를 가정한 후 이에 기초하여 통계량의 분포를 유도한다. 따라서 통계적 추론에 앞서 데이터의 분포를 살펴보는 것은 매우 중요하다고 할 수 있는데, 이 절에서는 데이터의 분포를 검토하는 몇 가지 방법들을 간단히 소개한다.

10.1.1 정규성에 대한 검정

대부분의 통계적 추론에서는 모집단의 분포에 대해 정규성을 가정하고 있다. 표본크기가 큰 경우에는 중심극한정리와 같은 이론에 의해서 분포 가정이 크게 문제가 되지 않는 경우가 많지만, 표본크기가 작을 때는 잘못된 분포 가정이 결과를 크게 왜곡시키는 경우가 종종 있다. 따라서 특정 분석을 수행하기에 앞서 주어진 데이터가 정규분포를 따른다고 할 수 있는지를 검토해야 할 필요가 종종 있게 되는데, 여기서는 데이터의 정규성을 확인하기 위한 몇 가지 방법들을 살펴보도록 하자.

앞의 2장에서 설명한 바 있는 UNIVARIATE 프로시저에서는 기술통계량뿐만 아니라 모집단 분포에 관한 여러가지 통계추론의 결과를 제공는데, 모집단 분포의 정규분포성은 물론 베타(beta), 지수(exponential), 감마(gamma), 와이블(weibull) 등의 분포에 대해 그의 확률도(probability plot)와 검정통계량을 출력해 준다.

PROC UNIVARIATE 명령문에 다음 <예 10.1>에서와 같이 NORMAL 옵션을 사용하면 정규성을 검정하기 위한 여러 가지 통계량들을 출력한다. 또한 PLOT 옵션을 사용하면 줄기-잎 그림(stem-and-leaf plot; 2.3.7절 참조), 상자그림(box plot; 2.4절 참조), 정규확률도(normal probability plot; 10.1.2절 참조) 등을 출력한다.

<예 10.1> 정규성 검정: UNIVARIATE 프로시저

```
DATA exam.diff;
    INPUT diff @@;
CARDS;
-21.7  8.8  9.6  3.1  4.1  0.8
  1.8  3.3  0.7 10.3  1.4  2.5
;
RUN;

PROC UNIVARIATE DATA=exam.diff NORMAL PLOT;
    VAR diff;
RUN;
```

```
                    UNIVARIATE 프로시저

                       변수:  diff

                         적률

N                   12    가중합                    12
평균         2.05833333    관측치 합               24.7
표준편차     8.23313244    분산              67.7844697
왜도         -2.3669359    첨도              7.23440822
제곱합           796.47    수정 제곱합       745.629167
변동계수      399.99024    평균의 표준오차   2.37670061
```

```
                    기본 통계 측도

          위치측도                     변이측도

        평균       2.058333     표준편차           8.23313
        중간값     2.800000     분산              67.78447
        최빈값      .           범위              32.00000
                                사분위 범위        5.35000

                          정규성 검정

검정                        ----통계량----      -------p-값-------

Shapiro-Wilk            W       0.705766     Pr < W        0.0010
Kolmogorov-Smirnov      D       0.351145     Pr > D       <0.0100
Cramer-von Mises        W-Sq    0.238532     Pr > W-Sq    <0.0050
Anderson-Darling        A-Sq    1.358824     Pr > A-Sq    <0.0050

    줄기 잎                         #             상자그림
       1 00                         2                |
       0 9                          1             +-----+
       0 11122334                   8             *--+--*
      -0
      -0
      -1
      -1
      -2 2                          1                *
         ----+----+----+----+
            값 : (줄기.잎)*10**+1

                          정규 확률도
  12.5+                                       +++++++*
       |                                 ++++++* *
       |                  *  *  * ******** *
       |                     ++++++
       |                ++++++
       |           ++++++
       |+++++
 -22.5+           *
        +----+----+----+----+----+----+----+----+----+----+
            -2        -1         0        +1        +2
```

위의 출력결과에서 볼 수 있듯이 UNIVARIATE 프로시저에서는 **정규성 검정**(test of normality)을 위해 네 가지 검정통계량을 제공하는데, 이 때 귀무가설은 "H_0: 모집단의 분포가 정규분포이다"(즉, $H_0 : x_1, x_2, \cdots, x_n \sim N(\mu, \sigma^2)$)가

된다. 따라서 이들 통계량에 의한 유의확률(p-값)이 유의수준(α)보다 작으면 모집단의 분포가 정규분포라는 가설을 받아들일 수 없게 된다.

네 가지 통계량 중 샤피로-윌크(Shapiro-Wilk) 통계량은 표본의 크기가 2000 이하일 때, 그리고 콜모고로프-스미르노프(Kolmogorov-Smirnov) 통계량은 표본의 크기가 2000 이상일 때 유용한 것으로 알려져 있다. 다른 두 통계량(Cramer-von Mises, Anderson-Darling)은 콜모고로프-스미르노프 통계량을 변형한 것이다.

<예 10.1>에서는 네 가지 통계량에 대한 유의확률(p-값)이 매우 작아서 이 데이터가 정규분포를 따른다는 가설을 받아들이기가 어렵다는 것을 알 수 있다. 또한 줄기-잎 그림과 상자그림을 살펴보면 데이터의 분포가 한쪽으로 치우쳐져 있고 매우 작은 극단값(-21.7)이 존재한다는 것을 알 수 있다.

참조: 정규성 검정을 위한 방법들

정규성 가설에 대한 모수적 검정은 오랫동안 많은 연구자들에 의해 개발되어 왔고, 근래에는 분포가정 하에서의 이론적 분포함수 $F_0(x_i)$와 주어진 데이터로부터 구한 경험적 분포함수 $\hat{F}(x_i)$의 차이를 고려한 적합도검정(goodness-of-fit test)도 활발한 연구가 이루어지고 있다. 고전적인 일표본 콜모고로프-스미르노프 검정을 포함한 정규분포에 대한 적합도검정으로는 크래머-미제스(Cramér-von Mises), 왓슨(Watson), 앤더슨-달링(Anderson-Darling) 검정 등이 있고 이들 방법의 수행절차는 다음과 같다.

먼저 표본 $x_1, x_2, \cdots, x_n$을 사용하여 μ와 σ^2의 추정치로 표본평균 $\bar{x}$와 표본분산 s^2을 계산한다. 그런 다음 표본의 순서통계량 $x_{(1)} \leq x_{(2)} \leq \cdots, \leq x_{(n)}$에 대해서 $z_{(i)} = \Phi(t_i)$, $i = 1, \cdots, n$을 얻는다. 여기서 $\Phi(\cdot)$는 표준정규분포의 누적분포함수이고 $t_i = (x_{(i)} - \bar{x})/s$이다. 이와 같은 $z_{(i)}$에 기초한 크래머-미제스 통계량(T_{CM}), 왓슨 통계량(T_W), 앤더슨-달링 통계량(T_{AD})은

$$T_{CM} = \sum_{i=1}^{n} \left\{ \frac{z_{(i)} - (2i-1)}{2n} \right\}^2 + \frac{1}{12}, \tag{10.1}$$

$$T_W = T_{CM} - n\left(\bar{z} - \frac{1}{2}\right)^2, \tag{10.2}$$

$$T_{AD} = -n - \frac{1}{n}\sum_{i=1}^{n}(2i-1)\log\left(z_{(i)}\right) + (2n-2i+1)\log\left(1 - z_{(i)}\right) \tag{10.3}$$

가 된다. 여기서 $\bar{z}$는 $z_{(i)}$들의 평균이다.

한편, $D^{+} = \max_i \left\{i/n - z_{(i)}\right\}$, $D^{-} = \max_i \left\{z_{(i)} - (i-1)/n\right\}$라고 할 때 콜모고로프-스미르노프 통계량($T_{KS}$)은

$$T_{KS} = \sqrt{n}D = \max(D^{+}, D^{-}) \tag{10.4}$$

가 된다. 귀무가설 하에서 이 통계량들의 정확한 분포는 알 수 없지만 대표본에서의 점근분포(asymptotic distribution)는 제시되어 있으므로 이 분포를 이용하여 통계량에 대한 유의확률을 구하게 되고, 따라서 이 값이 유의수준 α보다 크게 되면 귀무가설을 채택하게 된다.

정규성에 대한 모수적인 검정 중에서 보편적으로 가장 널리 사용되는 검정법은 샤피로-윌크(Shapiro-Wilk) 검정이다. 이 방법은 표준정규분포를 따르는 순서통계량을 독립변수로 하고 관측된 표본의 순서통계량을 종속변수로 하는 회귀모형 $x_{(i)} = \mu + \sigma E(z_{(i)}) + \epsilon_i$, $i = 1, \cdots, n$을 고려한 다음 σ^2의 가중최소제곱 추정치 $\hat{\sigma}_w^2$와 표본분산 s^2의 비를 사용한

$$W = \frac{(\sum_{i=1}^{n} a_i x_{(i)})^2}{\sum_{i=1}^{n}(x_i - \bar{x})} \tag{10.5}$$

를 검정통계량으로 사용한다. 여기서 a_i는 $\hat{\sigma}_w^2$을 얻기 위한 최적의 가중치를 나타내며 $\bar{x}$는 표본평균이다. 샤피로-윌크 통계량 W는 0과 1사이의 값을 가지게 되고 W가 1에 가까우면 귀무가설을 채택하게 된다.

10.1.2 확률도와 히스토그램

데이터의 정규성 여부를 알아보기 위해 주로 많이 사용하는 방법 중의 하나는 확률도(probability plot) 또는 히스토그램(histogram)을 그려보는 것이다. 여기서는 UNIVARIATE 프로시저의 PROBPLOT, QQPLOT, HITOGRAM 명령문을 이용하여 주어진 분포에 대해 확률도 및 히스토그램을 작성하는 방법을 다루어 보도록 하자.

확률도: PROBPLOT과 QQPLOT 명령문

UNIVARIATE 프로시저의 NORMAL 옵션이 텍스트 형식의 정규확률도만을 출력해주는데 반해서, PROBPLOT과 QQPLOT 명령문은 여러 가지 다양한 분포에 대해 P-P 플롯(percent-percent plot)과 Q-Q 플롯(quantile-quantile plot)을 그래픽 형식으로 출력하는 것으로 일반적 사용형식은 다음과 같다.

```
PROBPLOT variables / < BETA(distribution-suboptions) |
                       EXPONENTIAL(distribution-suboptions) |
                       GAMMA(distribution-suboptions) |
                       LOGNORMAL(distribution-suboptions) |
                       NORMAL(distribution-suboptions) |
                       WEIBULL(distribution-suboptions) |
                       WEIBULL2(distribution-suboptions) |
                       graphic-options >;
```

확률도(probability plot)는 가정된 분포와 표본의 정보에 기초한 분포가 얼마나 일치하는 지를 나타내 주는 그림으로, P-P 플롯과 Q-Q 플롯 중 어느 것을 사용하든 데이터값을 나타내는 점들이 확률도 상에서 직선형태로부터 크게 이탈되어 있으면 데이터의 분포가 가정된 분포와 다르다는 것을 의미한다.

위의 사용형식에서 distribution-suboptions는 각 분포에 대한 위치모수(location parameter), 척도모수(scale parameter), 분계모수(threshold parameter), 형상모수(shape parameter) 등을 특정 값으로 직접 지정하기 위해 사용하는 것으로, 만약 이를 지정하지 않거나 <예 10.2>에서와 같이 EST로 지정하면 데이터로부터 추정된 값을 사용한다. 다만, GAMMA, LOGNORMAL, WEIBULL에 대해서는 GAMMA(ALPHA=), LOGNORMAL(SIGMA=), WEIBULL(C=)와 같은 형식으로 형상모수의 값을 지정해 주어야 한다.

<예 10.2> P-P 플롯과 Q-Q 플롯

```
PROC UNIVARIATE DATA=exam.cholest;
    BY gender;
    PROBPLOT age / NORMAL(MU=EST SIGMA=EST);
    INSET MAX MIN MEAN MEDIAN STD;
RUN;

PROC UNIVARIATE DATA=exam.cholest;
    BY gender;
    QQPLOT age / NORMAL(MU=EST SIGMA=EST);
    INSET MAX MIN MEAN MEDIAN STD;
RUN;
```

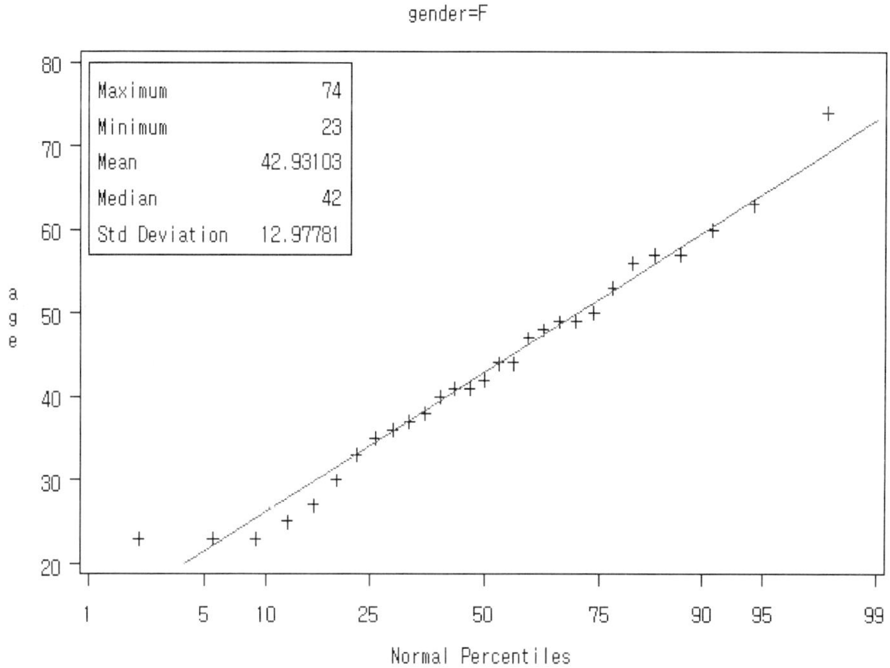

<그림 10.1> 여자집단의 나이에 대한 P-P 플롯

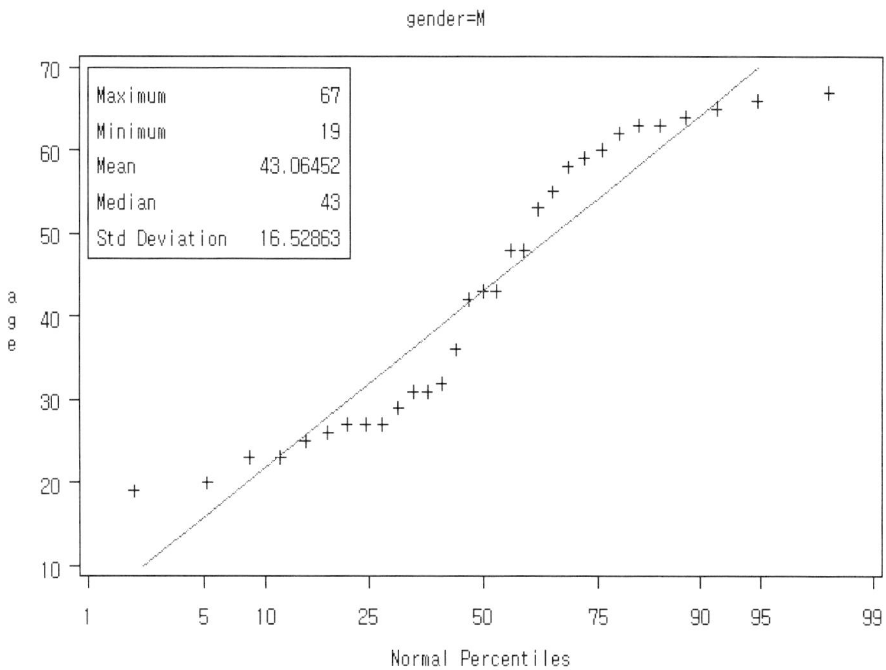

<그림 10.2> 남자집단의 나이에 대한 P-P 플롯

<예 10.2>는 2장에서 다루었던 '콜레스테롤 과포화율' 데이터의 변수 age(나이)에 대해서 P-P 플롯과 Q-Q 플롯을 작성하기 위한 예이다. <그림 10.1>과 <그림 10.2>는 이 프로그램에 의해서 출력된 것으로, 이를 살펴보면 여자집단의 경우 나이의 분포가 정규분포와 잘 부합된다고 할 수 있지만 남자집단의 경우에는 데이터값을 나타내는 점들이 직선으로부터의 이탈정도가 심하여 정규분포에 따른다고 가정하기가 어렵다는 것을 알 수 있다.

한편, <예 10.1>에서 사용된 INSET 명령문은 여러 가지 통계량들을 P-P 플롯, Q-Q 플롯, 막대그래프 등에 삽입하고자 할 때 사용된다(INSET 명령문에는 2.3절의 <표 2.1>에 제시된 대부분의 통계량들을 지정할 수 있다).

히스토그램: HISTOGRAM 명령문

HISTOGRAM 명령문은 히스토그램과 특정한 분포곡선을 겹쳐 그리기 위한 것으로, 다양한 분포에 대해 경험적 분포함수(EDF; empirical distribution function)에 기초한 적합도검정(goodness of fit test)도 수행할 수 있다(즉, 데이터가 가정된 특정 분포에 잘 부합되는지를 검정할 수 있다).

예를 들어, <예 10.3>의 결과에서 각 퍼센트에 대해 추정된 분위수(estimated quantile)는 데이터가 정규분포에 따른다는 가정 하에 계산된 분위수(즉, 경험적 분포함수)이다. 따라서 데이터가 정규분포에 잘 따른다면 실제 분위수(observed quantile)들과 정규분포 하에서 추정된 분위수들이 비슷하게 될 것이고, 그렇지 않다면 실제 분위수들과 추정된 분위수들이 큰 차이를 보이게 될 것이므로, 이를 이용해 적합도검정을 수행하는 것이다

<예 10.3> HISTOGRAM 명령문

```
PROC UNIVARIATE DATA=exam.cholest;
    CLASS gender;
    HISTOGRAM age / NORMAL(MU=EST SIGMA=EST)
                    OUTHISTOGRAM=outhisto
                    CFILL=ORANGE
                    VAXIS=0 TO 40 BY 5
                    MIDPOINTS=10 to 80 by 10;
    INSET NORMAL(KSD KSDPVAL);
RUN;
PROC UNIVARIATE DATA=exam.cholest;
    CLASS gender;
```

```
    QQPLOT age / NORMAL(MU=EST SIGMA=EST) NROW=1 NCOL=2;
    INSET MEAN STD;
RUN;
```

```
                    The UNIVARIATE Procedure

                   Fitted Distribution for age

                          gender = F

                Parameters for Normal Distribution

                 Parameter   Symbol   Estimate

                 Mean        Mu       42.93103
                 Std Dev     Sigma    12.97781

          Goodness-of-Fit Tests for Normal Distribution

 Test                  ---Statistic----   -----p Value-----

 Kolmogorov-Smirnov    D     0.06260755   Pr > D      >0.150
 Cramer-von Mises      W-Sq  0.01770537   Pr > W-Sq   >0.250
 Anderson-Darling      A-Sq  0.18080141   Pr > A-Sq   >0.250

                Quantiles for Normal Distribution

                          ------Quantile------
                 Percent   Observed   Estimated

                    1.0    23.0000     12.7401
                    5.0    23.0000     21.5844
                   10.0    23.0000     26.2993
                   25.0    35.0000     34.1776
                   50.0    42.0000     42.9310
                   75.0    50.0000     51.6844
                   90.0    60.0000     59.5628
                   95.0    63.0000     64.2776
                   99.0    74.0000     73.1219

                          gender = M

                Parameters for Normal Distribution

                 Parameter   Symbol   Estimate

                 Mean        Mu       43.06452
```

```
                    Std Dev      Sigma     16.52863

          Goodness-of-Fit Tests for Normal Distribution

    Test                  ---Statistic----   -----p Value-----

    Kolmogorov-Smirnov    D     0.16773947   Pr > D       0.024
    Cramer-von Mises      W-Sq  0.17962678   Pr > W-Sq    0.009
    Anderson-Darling      A-Sq  1.15283375   Pr > A-Sq   <0.005

              Quantiles for Normal Distribution

                           ------Quantile------
               Percent     Observed   Estimated

                   1.0      19.0000     4.61317
                   5.0      20.0000    15.87733
                  10.0      23.0000    21.88222
                  25.0      27.0000    31.91612
                  50.0      43.0000    43.06452
                  75.0      60.0000    54.21291
                  90.0      64.0000    64.24681
                  95.0      66.0000    70.25170
                  99.0      67.0000    81.51587
```

<예 10.3>의 결과를 살펴보면, 여자집단의 경우 나이의 실제 분위수와 추정된 분위수들 간에 큰 차이를 보이지 않으며 검정통계량들의 p-값이 비교적 커서 정규분포에 잘 부합된다고 할 수 있다. 반면에 남자집단의 경우는 실제 분위수와 추정된 분위수들 간에 큰 차이를 보이고 있으며 검정통계량들의 p-값이 매우 작으므로 정규분포에 잘 따른다고 할 수 없다.

HISTOGRAM 명령문의 사용형식은 PROBPLOT 및 QQPLOT 명령문에서와 거의 유사하며, 이 명령문을 사용하는 경우 INSET 명령문에 가정되는 분포의 이름과 검정방법을 추가로 지정할 수 있다. 적합도검정과 관련하여 INSET 명령문에 지정할 수 있는 옵션들을 다음과 같다; Kolmogorov-Smirnov 통계량 및 p-값(KSD, KSDPVAL), Cramer-von Mises 통계량 및 p-값(CVM, CVMPVAL), Anderson-Darling 통계량 및 p-값(AD, ADPVAL).

또한 HISTOGRAM, PROBPLOT, QQPLOT 명령문에는 그래프의 출력형태를 조절할 수 있는 다양한 옵션들을 사용할 수 있으며, 하나 이상의 분류변수를 지정하면 각 분류변수의 범주별 그림들을 <그림 10.3> 및 <그림 10.4>에서와 같이 한 화면에 출력해 준다(2.3.6절 참조).

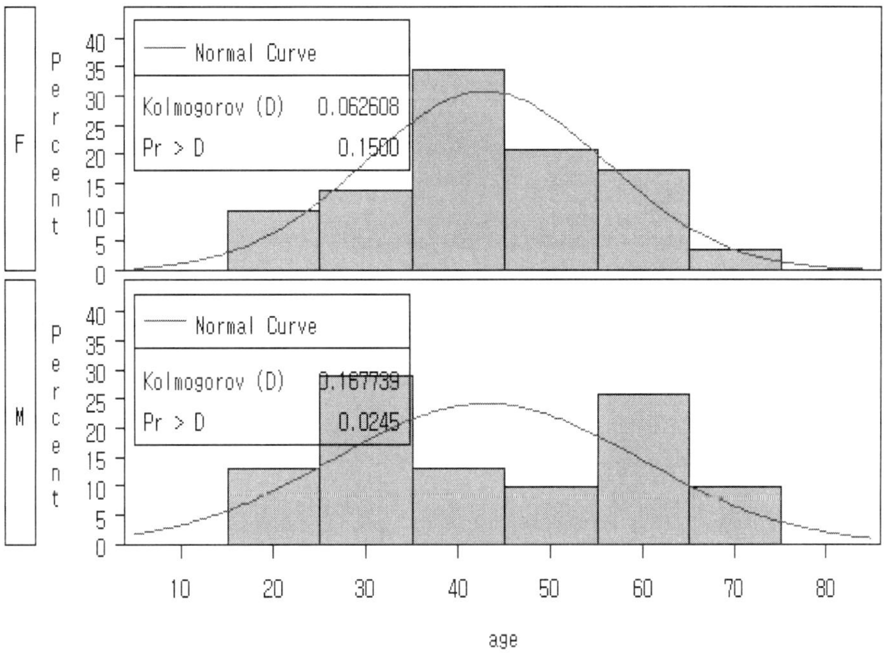

<그림 10.3> CLASS 명령문에 의한 막대그래프

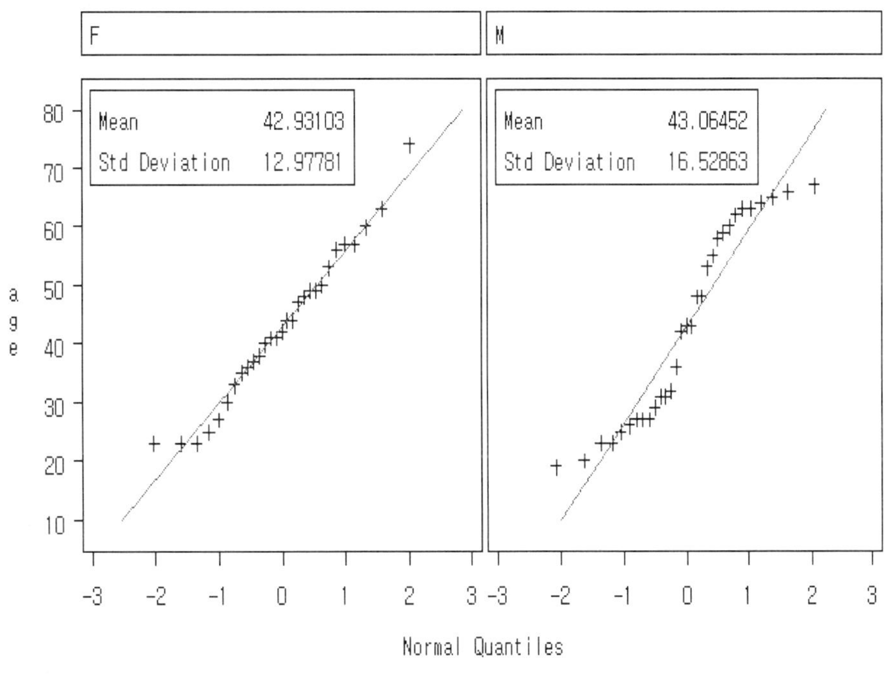

<그림 10.4> CLASS 명령문에 의한 Q-Q 플롯

10.2 단일 모집단에 대한 검정

모집단으로부터 추출된 n개의 표본에 대한 정규성 가정이 충족된다면 모평균에 대한 검정은 4.3절에서 소개한 단일표본 t-검정을 이용하면 된다. 만약 정규성 가정이 위배되더라도 표본의 크기가 충분히 크다면 중심극한정리에 의해 표본평균은 정규분포를 따르게 되므로 t-검정을 사용하는 데에는 큰 문제가 없다.

그러나 표본의 크기가 작고 표본이 정규분포를 따른다는 확신이 서지 않는다면 어떻게 해야 할 까? 이런 경우, 모수적 방법보다는 비모수적 방법의 적용을 고려하는 것이 오히려 설득력을 가지게 된다. 이제 단일 모집단에 대해 부호 및 순위를 이용하는 비모수적 검정방병을 다루어 보도록 한다.

10.2.1 부호검정 (Sign Test)

위치모수 θ를 가지는 임의의 확률분포를 따르는 모집단으로부터 n개의 표본 x_1, x_2, $\cdots$, x_n을 얻었다고 하자. 사전에 알려져 있는 위치모수값 θ_0에 대해 귀무가설 '$H_0 : \theta = \theta_0$'와 대립가설 '$H_1 : \theta \neq \theta_0$'를 검정하는 문제를 고려해 보자.

부호검정(sign test)은 가장 오래된 비모수적 검정법으로 위의 귀무가설 H_0를 검정하기 위해 각 표본에 대해 $d_i = x_i - \theta_0$의 부호만을 이용하는 것이다. 변수 d_i가 양(+)의 값을 가지는 것들의 개수를 n^+, 그리고 음(−)의 값을 가지는 것들의 개수를 n^-라고 할 때, 검정통계량으로

$$M = \min(n^+,\ n^-) \tag{10.6}$$

를 사용한다. 귀무가설이 사실이라면 M은 이항분포 $B(n, 0.5)$를 따르고, m을 표본으로부터 구한 통계량값이라 하면 단측검정에 대한 유의확률은

$$P(M \le m) = \sum_{k=0}^{m} \binom{n}{k} 0.5^k (1-0.5)^{n-k} = \sum_{k=0}^{m} \binom{n}{k} 0.5^n$$

로 계산된다. 또한 양측검정에 대한 유의확률은 위의 단측검정에 대한 확률을 2배로 하면 된다.

그런데 n이 클 경우에는 유의확률을 계산하는 것은 쉽지가 않다(왜냐하면 이항계수를 구할 때 계승(factorial)의 처리가 어렵기 때문이다). 이 경우 이항분포의 정규근사

$$Z = \frac{M + 0.5 - 0.5n}{0.5\sqrt{n}} \tag{10.7}$$

를 이용하여 유의확률을 표준정규분포로부터 구할 수 있다.

이제 UNIVARIATE 프로시저를 사용하여 부호검정을 수행하여 보도록 하자. 앞의 <예 10.1>에서 다루었던 데이터는 어떤 건강보조음료의 효능을 알아보기 위하여 12명의 사람으로부터 실험 전(pre)과 후(post)의 신체특성의 차이를 계산한 것이다(즉, diff=post-pre).

<예 10.4> 부호검정

```
PROC UNIVARIATE DATA=exam.diff NORMAL MU0=0;
    VAR diff;
RUN;
```

```
                    UNIVARIATE 프로시저
                       변수:  diff

                          적률

N                    12     가중합                    12
평균         2.05833333     관측치 합               24.7
표준편차     8.23313244     분산              67.7844697
왜도         -2.3669359     첨도              7.23440822
제곱합           796.47     수정 제곱합       745.629167
변동계수      399.99024     평균의 표준오차   2.37670061


                      기본 통계 측도

          위치측도                    변이측도

     평균      2.058333     표준편차           8.23313
     중간값    2.800000     분산              67.78447
     최빈값     .           범위              32.00000
                            사분위 범위        5.35000


                 위치모수 검정: Mu0=0

  검정              --통계량---      -------p-값-------

  스튜던트의 t      t  0.866047      Pr >  |t|   0.4050
  부호              M         5      Pr >= |M|   0.0063
  부호 순위         S        27      Pr >= |S|   0.0342


                       정규성 검정
```

```
검 정                  ----통 계량----      -------p-값-------

Shapiro-Wilk         W      0.705766    Pr < W       0.0010
Kolmogorov-Smirnov   D      0.351145    Pr > D      <0.0100
Cramer-von Mises     W-Sq   0.238532    Pr > W-Sq   <0.0050
Anderson-Darling     A-Sq   1.358824    Pr > A-Sq   <0.0050
```

여기서는 실험 후의 수치가 실험 전의 수치보다 커졌는지를 검정해 보자(즉, 귀무가설 '$H_0 : \theta = 0$'와 대립가설 '$H_1 : \theta > 0$'를 고려해 보자). 귀무가설에서 설정한 θ_0는 옵션 MU0를 사용하여 지정하면 되는데, 따라서 <예 10.4>에서는 MU0=0으로 지정되어 있다.

먼저 부호검정의 결과를 살펴보면 통계량 M의 값이 5로 출력되어 있고(SAS에서는 '$M = (n^+ - n^-)/2$'를 사용한다), 양측검정 유의확률(Pr>=|M|)이 0.0063(단측검정 유의확률은 0.0063/2=0.0032이다)이므로 귀무가설 '$H_0 : \theta = 0$'를 유의수준 5% 하에서 기각할 수 있다.

한편, 이 데이터에 대한 t-검정의 결과를 살펴보면 양측검정 유의확률(Pr>|t|) 0.4050(단측검정 유의확률은 0.4050/2=0.2025)을 얻을 수 있는데, 따라서 대응표본 t-검정에 의하면 귀무가설을 기각할 수 없게 된다.

사실, 이 데이터를 살펴보면 12개의 표본 중 첫 번째 표본의 경우만 실험 후의 수치가 실험 전보다 작으며(−21.7), 수치의 차이가 다른 표본들에 비해서 매우 크다는 것을 알 수 있다. 즉 첫 번째 표본은 일종의 특이치(outlier)로 간주할 수 있는데, 이 경우 t-검정의 결과는 첫 번째 표본에 큰 영향을 받는다는 것을 알 수 있다. 반면에 부호검정에서는 부호만을 이용하기 때문에 이러한 특이치에 큰 영향을 받지 않는다.

10.2.2 부호순위검정 (Signed Rank Test)

앞에서 설명한 부호검정은 부호만을 고려하여 검정통계량을 계산하지만, 윌콕슨(Wilcoxon)의 **부호순위검정**(signed rank test)은 부호와 함께 순위(rank)를 고려하여 데이터가 가지고 있는 정보를 더 많이 사용한다. 이와 같은 부호순위검정은 정규성을 가정하는 t-검정에 비해 데이터의 분포형태가 단지 대칭이라는 완화된 가정하에서 사용될 수 있는 비모수적 검정방법이다. 윌콕슨 부호순위 통계량을 구하는 절차는 다음과 같다(표 10.1 참조).

(1) 각 표본에 대해 $d_i = x_i - \theta_0$를 계산한다.

<표 10.1> 변수 diff에 대한 부호, 절대순위, 부호순위

Obs	diff(d_i)	sign	rank(R_i)	signed rank	
1	-21.7	−	12	-12	
2	8.8	+	9	9	
3	9.6	+	10	10	
4	3.1	+	6	6	
5	4.1	+	8	8	
6	0.8	+	2	2	$W^+ = 66$
7	1.8	+	4	4	$S = 66 - 39 = 27$
8	3.3	+	7	7	
9	0.7	+	1	1	
10	10.3	+	11	11	
11	1.4	+	3	3	
12	2.5	+	5	5	

(2) d_i의 절대값 $|d_i|$를 오름차순으로 나열하여 작은 것부터 순위 R_i^+를 부여한 다음 각 표본의 순위에 d_i의 부호를 붙인다(이 때 $d_i = 0$인 표본은 제외한다).
(3) 양의 부호를 가지는 순위의 합 W^+를 검정통계량으로 사용하고 W^+의 분포표에서 유의확률을 구한다.

표본크기(n)가 충분히 큰 경우에는 정규근사 방법을 이용하여 유의확률을 계산할 수도 있는데, 귀무가설 $H_0 : \theta = \theta_0$ 하에서 검정통계량 W^+의 평균과 분산은 각각

$$E(W^+) = \frac{n(n+1)}{4}, \quad Var(W^+) = \frac{n(n+1)(2n+1)}{24} \tag{10.8}$$

이 되므로 W^+를 표준화시킨 통계량

$$Z = \frac{W^+ - n(n+1)/4}{\sqrt{n(n+1)(2n+1)/24}} \tag{10.9}$$

을 사용하면 되고 유의확률은 표준정규분포에서 구하면 된다. 한편, 부호순위검정의 통계량으로 다음과 같은 S가 사용되기도 한다.

$$S = W^+ - \frac{n(n+1)}{4} \tag{10.10}$$

<예 10.4>의 결과에서 부호순위검정의 결과를 살펴보면 통계량 S의 값이 27로 출력되어 있고, 양측검정 유의확률(Pr>=|S|)이 0.0342(단측검정 유의확률

은 0.0342/2=0.0171이다)이므로 귀무가설 '$H_0 : \theta = 0$'를 유의수준 5% 하에서 기각할 수 있다.

10.3 두 모집단에 대한 검정

독립적인 두 모집단으로부터 표본이 추출된 경우 5장에서 설명한 독립표본 t-검정은 두 모집단의 분포가 모두 정규분포에 따른다는 가정 하에 유도된 방법이다. 따라서 특히 표본크기가 작을 때 정규성이나 등분산성 등의 가정이 만족스럽지 않은 경우에는 이러한 방법을 수행하는 것이 바람직하지 않을 수 있다. 이 절에서는 두 모집단으로부터 독립표본을 얻었을 때 모수적 방법에서 요구되는 정규성 등의 가정에 의존하지 않는 비모수적 검정을 다루어 보도록 하자.

10.3.1 순위합검정 (Rank Sum Test)

위치모수가 θ_1, θ_2인 두 개의 독립적인 모집단으로부터 추출된 표본을 각각 $x_1, x_2, \cdots, x_{n_1}$과 $y_1, y_2, \cdots, y_{n_2}$라고 할 때, 윌콕슨의 **순위합검정**(rank sum test)은 순위를 기초로 두 모집단의 위치모수에 대한 가설검정을 수행하는 것으로서, 정규성과 같은 분포가정을 필요로 하지 않는다. 윌콕슨의 순위합 검정통계량 W를 계산하는 방법은 다음과 같다.

(1) 두 표본의 관측치를 혼합하여 크기 순으로 배열하고 차례로 순위를 매긴다.
(2) x들의 순위합 W_X와 y들의 순위합을 W_Y를 계산한다.
(3) W_X와 W_Y 중 더 작은 값을 순위합 통계량 W로 하고, W의 분포표에서 유의확률을 구한다.

표본크기(n)가 충분히 큰 경우에는 정규근사 방법을 이용하여 유의확률을 계산할 수도 있는데, W의 평균과 분산은 귀무가설 하에서 각각

$$E(W) = \frac{n_2(n_1 + n_2 + 1)}{2}, \quad Var(W) = \frac{n_1 n_2(n_1 + n_2 + 1)}{12}. \tag{10.11}$$

가 되므로 다음과 같이 표준화된 통계량

$$Z = \frac{W - n_2(n_1 + n_2 + 1)/2}{\sqrt{n_1 n_2(n_1 + n_2 + 1)/12}} \tag{10.12}$$

를 이용하면 된다.

한편, 맨-휘트니(Mann-Whitney) U 통계량은 다음과 같으며($W = W_x$인 경우)

$$U = W - \frac{n_1(n_1 + 1)}{2} \tag{10.13}$$

맨-휘트니의 U 통계량을 사용해도 윌콕슨의 W 통계량을 이용하는 것과 동일한 결과를 얻게 된다.

다음 <예 10.5>의 데이터는 두 개의 약품(drug: A, B)을 각각 5마리와 6마리의 쥐에게 투여한 후 생존시간(days)을 측정한 것이다. 윌콕슨의 순위합검정을 하기 위해서는 SAS의 NPAR1WAY 프로시저에서 WILCOXON 옵션을 지정하면 된다. 이제 이 데이터에 대해 두 약품에 대한 평균 생존시간이 동일한지를 검정해 보도록 하자.

<예 10.5> 윌콕슨 순위합검정

```
DATA exam.mice;
    INPUT drug $ days @@;
CARDS;
A  1  A  1  A  3  A  3  A  4
B  3  B  4  B  4  B 10  B 10  B 26
;
RUN;

PROC NPAR1WAY DATA=exam.mice WILCOXON;
    EXACT WILCOXON;
    CLASS drug;
    VAR days;
RUN;
```

```
                          The NPAR1WAY Procedure

              Wilcoxon Scores (Rank Sums) for Variable days
                       Classified by Variable drug

                          Sum of      Expected      Std Dev          Mean
drug          N           Scores      Under H0      Under H0         Score
-------------------------------------------------------------------------
A             5             18.0          30.0      5.351296          3.60
B             6             48.0          36.0      5.351296          8.00

                     Average scores were used for ties.


                       Wilcoxon Two-Sample Test

                  Statistic (S)                  18.0000
```

```
Normal Approximation
Z                              -2.1490
One-Sided Pr <  Z               0.0158
Two-Sided Pr > |Z|              0.0316

t Approximation
One-Sided Pr <  Z               0.0286
Two-Sided Pr > |Z|              0.0572

Exact Test
One-Sided Pr <=  S              0.0216
Two-Sided Pr >= |S - Mean|      0.0281

Z includes a continuity correction of 0.5.


Kruskal-Wallis Test

Chi-Square          5.0286
DF                       1
Pr > Chi-Square     0.0249
```

출력된 검정결과를 살펴보면 W의 분포로부터 구한 양측검정(two-sided) 정확한(exact) 유의확률은 0.0281로서 유의수준 5%에서 귀무가설을 기각하여 '두 약품에 대한 평균 생존시간이 동일하지 않다'고 결론지을 수 있다(정확검정의 결과를 얻기 위해서는 EXACT 명령문에서 WILCOXON 옵션을 지정해야 한다). 또한 정규근사(normal approximation, 식 (10.12)를 이용하여 근사적으로 유의확률을 계산하는 방법) 유의확률은 0.0316으로서 동일한 결론을 얻을 수 있다.

한편, 이 데이터에 대해 독립표본 t-검정을 수행하면 유의확률 0.106을 얻을 수 있는데, 따라서 t-검정에 의하면 유의수준 5% 하에서 귀무가설을 기각할 수 없게 된다.

10.3.2 척도모수의 동일성 검정

분산의 동일성에 대한 가설 $H_0 : \sigma_1^2 = \sigma_2^2$와 $H_1 : \sigma_1^2 \neq \sigma_2^2$를 검정하기 위해서는 5.5절에서 설명한 바와 같이 모수적 방법인 F-검정을 사용하면 되지만, 이러한 F-검정의 기본 가정에도 역시 정규성이 포함되어 있다. 여기서는 비모수적인 방법에 의해 두 척도모수의 동일성을 검정하는 문제를 생각해 보도록 하자.

가설 $H_0 : \sigma_1^2 = \sigma_2^2$를 검정하는 것은 $H_0 : \eta(= \sigma_1^2/\sigma_2^2) = 1$을 검정하는 것과

같으며, 두 모집단의 위치모수의 차 $\theta_1 - \theta_2$가 알려져 있는 경우에 이 가설을 검정하기 위해 사용할 수 있는 대표적인 검정방법으로는 앤사리-브래들리(Ansari-Bradley) 검정을 들 수 있다. 앤사리-브래들리 검정을 수행하는 절차를 알아보면 다음과 같다.

두 모집단으로부터 얻은 표본들의 관측치를 혼합하여 작은 값부터 크기순으로 나열한 뒤 제일 작은 값과 큰 값에는 순위 1을, 두 번째 작은 값과 큰 값에는 순위 2를 부여한다. 이런 방식으로 모든 관측치에 순위를 매긴다. 그런 다음 R_i를 i번째 관측치 x_i에 부여된 순위라 하고 이들 순위를 다 합한 $T_{AB} = \sum_{i=1}^{n_1} R_i$를 검정통계량으로 사용한다.

유의수준 $\alpha\%$ 하에서의 검정규칙은 다음과 같다. 단측검정의 경우 $H_1 : \eta > 1$에 대해서 $T_{AB} \geq t_{AB,n_1,n_2}(\alpha/2)$이면 귀무가설을 기각하고, $H_1 : \eta < 1$에 대해서 $T_{AB} < t_{AB,n_1,n_2}(1-\alpha/2)$이면 귀무가설을 기각한다. 양측검정의 경우에는 귀무가설을 $T_{AB} \geq t_{AB,n_1,n_2}(\alpha/2)$ 또는 $T_{AB} < t_{AB,n_1,n_2}(1-\alpha/2)$이면 기각하게 된다. 여기서 $t_{AB,n_1,n_2}(\alpha/2)$는 표본의 크기가 n_1,n_2일 때 귀무가설 하에서 검정통계량의 분포에서 상위 100α 백분위수를 나타내고 이 값은 T_{AB}의 분포표에서 찾으면 된다.

표본크기(n)가 충분히 큰 경우에는 정규근사 방법을 이용하여 유의확률을 계산할 수도 있는데, n이 짝수인 경우에는

$$T^*_{AB} = \frac{T_{AB} - n_1(n+2)/4}{\sqrt{n_1 n_2 (n+2)(n-2)/48(n-1)}}, \tag{10.14}$$

를 그리고 n이 홀수인 경우에는

$$T^*_{AB} = \frac{T_{AB} - n_1(n+1)^2/4n}{\sqrt{n_1 n_2 (n+2)(n^2+3)/48n^2}} \tag{10.15}$$

를 사용하여 검정하면 된다.

<예 10.6> 앤사리-브래들리 검정

```
DATA exam.perfume;
    INPUT company $ weight @@;
CARDS;
A 117.1 A 121.3 A 127.8 A 121.9
A 117.4 A 124.5 A 119.5 A 115.1
B 123.5 B 125.3 B 126.5 B 127.9
B 122.1 B 125.6 B 129.8 B 117.2
;
RUN;
```

```
PROC NPAR1WAY DATA=exam.perfume AB;
    EXACT AB;
    CLASS company;
    VAR weight;
RUN;
```

```
                       The NPAR1WAY Procedure

            Ansari-Bradley Scores for Variable weight
                  Classified by Variable company

                        Sum of      Expected       Std Dev          Mean
company        N        Scores      Under H0      Under H0         Score
--------------------------------------------------------------------------
A              8          35.0          36.0      4.732864        4.3750
B              8          37.0          36.0      4.732864        4.6250


                  Ansari-Bradley Two-Sample Test

                Statistic (S)                  35.0000

                Normal Approximation
                Z                              -0.2113
                One-Sided Pr <  Z               0.4163
                Two-Sided Pr > |Z|              0.8327

                Exact Test
                One-Sided Pr <=  S              0.4587
                Two-Sided Pr >= |S - Mean|      0.9173


                   Ansari-Bradley One-Way Analysis

                     Chi-Square            0.0446
                     DF                         1
                     Pr > Chi-Square       0.8327
```

<예 10.6>에서는 두 회사(company; A, B)에서 제조한 계피향료의 무게를 조사한 데이터에 대해 무게(weight)의 분산이 같은지를 알아보고자 한다. 앤사리-브래들리 검정을 수행한 결과를 얻기 위해서는 NPAR1WAY 프로시저에서 AB 옵션을 지정하면 된다. 검정결과를 살펴보면 검정통계량은 35로 계산이 되었고 양측검정에 대한 정확한 유의확률은 0.9173(정규근사 유의확률은 0.8327)으로 유의수준 5%에서 귀무가설을 기각하게 된다. 따라서 두 회사에서 제조한 향료무게의 분산은 동일하지 않다는 결론을 얻을 수 있다.

앤사리-브래들리 검정 이외에도 무드 검정(Mood test), 시겔-튜키 검정(Siegel-Turkey test), 정규점수 검정(normal scores test) 등의 검정법이 제안되어 있고, 두 위치모수의 차이가 알려져 있지 않은 경우에 적용할 수 있는 검정으로는 모제스 검정(Moses test)이 있다.

10.3.3 대응표본에 의한 검정

정규모집단으로부터 n개의 대응표본 (x_1, y_1), $(x_2, y_2), \cdots$, (x_n, y_n)을 얻었을 때 두 반응값의 평균에 대한 가설 '$H_0 : \mu_x = \mu_y$'의 검정은 $H_0 : \mu_d = 0$(여기서 $\mu_d = \mu_x - \mu_y$)을 검정하는 것과 같기 때문에 두 반응값의 차이 $d_i = x_i - y_i (i = 1, \cdots , n)$를 이용하여 단일표본에 대한 모평균의 검정(단일표본 t-검정)을 수행하면 된다는 것을 5.2절에서 설명한 바 있다. 대응표본에 의한 비모수적 검정은 d_i의 부호 및 순위를 고려하면 단일표본에서 위치모수의 검정문제와 동일하므로 10.2절의 검정방법을 그대로 이용하면 된다.

다음 <예 10.7>의 '건강음료' 데이터는 어떤 건강보조음료의 효능을 알아보기 위하여 12명의 사람으로부터 음료를 투여하기 전(pre)과 투여한 후(post)의 신체특성을 수치화하여 얻은 것이다. 건강음료의 효능에 차이가 있는지를 알아보기 위해 사후 수치와 사전 수치의 차이(diff=post-pre)를 이용하여 부호검정과 부호순위검정을 수행하는 프로그램은 다음과 같다. 이 프로그램의 출력결과에 대한 해석은 앞의 <예 10.4> 및 10.2.1절, 10.2.2절을 참조하기 바란다.

<예 10.7> 대응표본에 의한 부호검정 및 부호순위검정

```
DATA exam.health;
    INPUT pre post @@;
    diff=post-pre;
CARDS;
63.1 41.4 46.5 55.3 40.1 49.7 48.5 51.6
33.2 37.3 38.8 39.6 48.3 50.1 40.5 43.8
36.9 37.6 40.5 50.8 42.2 43.6 34.9 37.4
;
RUN;

PROC UNIVARIATE DATA=exam.health;
    VAR diff;
RUN;
```

위치모수 검정: Mu0=0

검정	--통계량---		-------p-값-------	
스튜던트의 t	t	0.866047	Pr > |t|	0.4050
부호	M	5	Pr >= |M|	0.0063
부호 순위	S	27	Pr >= |S|	0.0342

10.4 독립 k-표본에 의한 검정

앞에서 다른 두 독립표본에 의한 윌콕슨의 순위합검정을 $k(\geq 2)$개의 독립표본에 의한 위치모수의 차이를 검정하는 문제로 확장한 것이 크러스칼-왈리스(Kruskal-Wallis) 검정이다. 즉 크러스칼-왈리스 검정은 6장에서 설명한 일원분류 분산분석에 대응되는 비모수적 검정방법이라고 할 수 있으며, 등분산성 또는 정규성과 같은 가정을 필요로 하지 않는다.

n_j개의 표본 x_{i1}, x_{i2}, $\cdots$, x_{in_j}가 위치모수 θ_j를 가지는 k개의 모집단에서 각각 추출되었다고 하자($j = 1, 2, \cdots, k$). 이 경우 관심이 되는 가설 중 하나는 $H_0 : \theta_1 = \theta_2 = \cdots \theta_k$이고, 이를 검정하기 위한 크러스칼-왈리스 통계량은 다음의 절차에 따라 계산된다. 먼저, 모든 표본들의 관측치를 혼합하여 제일 작은 것부터 제일 큰 것까지 크기순으로 나열한 뒤 순위를 매긴다. R_{ij}를 x_{ij}의 순위라 하면 각 집단별 순위 합 $R_{\cdot j} = \sum_{i=1}^{n_j} x_{ij}$을 구한 다음

$$T_{KW} = \frac{12}{n(n+1)} \sum_{j=1}^{k} \frac{R_{\cdot j}^2}{n_j} - 3(n+1) \tag{10.16}$$

을 검정통계량으로 사용한다.

유의수준 $\alpha\%$ 하에서 $T_{KW} \geq c(\alpha)$이면 귀무가설을 기각하게 되는데, $c(\alpha)$는 귀무가설 하의 T_{KW}분포에서 100α가 되는 백분위수로 크러스칼-왈리스 분포표에서 구할 수 있다. 그러나 분포표에 제시되어 있는 값들은 극히 제한적이어서 대개의 경우에는 $\min(n_1, \cdots, n_k)$가 충분히 클 때 귀무가설 H_0 하에서 크러스칼-왈리스 통계량 T_{KW}가 자유도 $k-1$인 카이제곱분포를 따른다는 사실을 이용하여 검정하게 된다.

다음 <예 10.8>은 세 종류의 파리약(type; A, B, C)의 살충효과(effect, %)를 조사한 데이터에 대해, 파리약의 종류에 따른 살충효과의 차이를 알아보고자 크러스칼-왈리스 검정을 실시한 것이다.

NPAR1WAY 프로시저에서 WILCOXON 옵션을 사용하면 크러스칼-왈리스 검정결과를 출력할 수가 있는데, 이 출력결과를 살펴보면 크러스칼-왈리스 검정통계량의 값은 4.363 이고 정확한 유의확률이 0.1101(정규근사 유의확률은 0.1129)이므로 유의수준 5% 하에서 귀무가설 $H_0 : \theta_1 = \theta_2 = \cdots \theta_k$을 기각할 수가 없다는 것을 알 수 있다. 따라서 파리약의 종류에 따른 살충효과의 위치모수들에는 유의한 차이가 없다고 할 수 있다.

<예 10.8> 크러스칼-왈리스 검정

```
DATA exam.fly;
    INPUT type $ effect @@;
CARDS;
A 72 A 65 A 67 A 75 A 62 A 73
B 55 B 59 B 68 B 70 B 53 B 50
C 64 C 74 C 61 C 58 C 51 C 69
;
RUN;

PROC NPAR1WAY DATA=exam.fly WILCOXON;
    EXACT WILCOXON;
    CLASS type;
    VAR effect;
RUN;
```

```
                    The NPAR1WAY Procedure

         Wilcoxon Scores (Rank Sums) for Variable effect
                 Classified by Variable type

                      Sum of      Expected      Std Dev          Mean
type        N         Scores      Under H0      Under H0         Score
------------------------------------------------------------------------
A           6           78.0          57.0     10.677078     13.000000
B           6           40.0          57.0     10.677078      6.666667
C           6           53.0          57.0     10.677078      8.833333

                    Kruskal-Wallis Test

            Chi-Square                        4.3626
            DF                                     2
            Asymptotic Pr >  Chi-Square       0.1129
            Exact       Pr >= Chi-Square      0.1101
```

10.5 NPAR1WAY 프로시저의 일반적 사용형식

NPAR1WAY 프로시저는 다중모집단의 모수에 대한 비모수적 검정을 수행해 주는 것으로, 반응변수의 값을 윌콕슨(Wilcoxon), 중위수(median), 반 데르 배르덴(Van der Waerden), 새비지(Savage) 등의 점수로 변환하고 이를 기초로 하여 위치(location)나 척도(scale)모수에 대한 검정을 수행한다. NPAR1WAY 프로시저의 일반적 사용형식은 다음과 같다.

```
PROC NPAR1WAY DATA=SAS-data-set options;
    BY variables;
    CLASS variable;
    EXACT statistic-options / computation-options;
    FREQ variable;
    OUTPUT OUT=SAS-data-set options;
    VAR variables;
RUN;
```

이러한 사용형식에서 CLASS 명령문은 분류변수를 지정하는 것으로 반드시 사용되어야 한다.

PROC NPAR1WAY 명령문

NPAR1WAY 프로시저를 호출하여 특정한 비모수적 검정결과를 얻기 위해 사용하는 명령문으로, 선택할 수 있는 옵션은 다음과 같은 것들이 있다.

- MISSING : 결측값을 분류변수에 대해서 하나의 범주로 사용한다.
- NOPRINT : 분석결과를 출력하지 않는다.
- AB : 앤사리-브래들리 검정(Ansary-Bradley test)을 수행한다.
- ANOVA : 일반적인 분산분석을 실시한다.
- EDF : 경험적 확률분포에 기초한 통계량들을 구한다.
- KLOTZ : 클로츠(Klotz) 점수를 이용하여 분석한다.
- MEDIAN : 중위수 점수를 이용하여 분석한다.
- MOOD : 무드 검정(Mood test)을 수행한다.
- SAVAGE : 새비지(Savage) 점수를 이용하여 분석한다.
- ST : 시겔-튜키 검정(Siegel-Tukey test)을 수행한다.

- VW : 반 데르 배르덴(Van der Waerden) 점수를 이용하여 분석한다.
- WILCOXON : 순위를 이용하여 집단이 두 개인 경우는 윌콕슨의 순위합검정(rank-sum test)을, 집단이 셋 이상인 경우는 크러스칼-왈리스 검정(Kruskal-Wallis test)을 수행한다.

EXACT 명령문

지정된 통계량에 대해 정확검정을 실시하거나 몬테카를로(Monte Carlo) 방법을 이용하여 유의확률을 계산하도록 요청하기 위한 명령문으로, 앞에서 나열한 통계량들과 더불어 다음 옵션들을 사용할 수 있다.

- ALPHA=α : 몬테카를로 방법에 의한 신뢰구간의 신뢰수준을 지정한다. 디폴트는 ALPHA=0.01이다.
- MC : 몬테카를로 방법에 의한 유의확률을 구하도록 한다.
- N=n : 몬테카를로 방법의 표본크기(n)를 지정한다. 디폴트는 N=10000이다.
- SEED : 몬테카를로 방법에서 사용할 난수의 초기값(seed)를 지정한다.

10.6 연습문제

10-1. 17명의 정상인에 대해 피부생체조직의 아연집중도를 조사하여 다음의 데이터를 얻었다(단위 : μ/g). 아연집중도는 정규분포를 따른다고 할 수 있는지를 알아보기 위해 적합도검정을 실시하여라.

아연집중도	437 358 72 43 107 223 60 72 54 35 70 20 34 24 24 51 23

10-2. 한 페인트 제조업자는 새로운 첨가제를 넣어서 만든 자사 페인트가 기존의 다른 페인트보다 더 빨리 마른다고 주장한다. 이를 확인해 보기 위해 12개씩의 페인트를 임의로 추출하여 마르는 시간을 조사해 보았더니 다음과 같은 데이터를 얻었다. t-검정과 윌콕슨의 순위합검정을 이용하여 이 데이터를 분석하여라.

기존의 페인트	6.6 5.8 7.8 5.7 6.0 8.4 8.8 8.4 7.3 5.8 5.8 6.5
새로운 페인트	6.4 5.8 7.4 5.5 6.3 7.8 8.6 8.2 7.0 4.9 5.9 6.5

10-3. 위 10-2의 데이터에 대해 앤사리-브래들리 검정을 이용하여 두 페인트의 건조시간의 분산에 차이가 있는지를 검정하여라.

10-4. 다음은 세 그룹의 학생들에게 시험을 치른 다음 얻은 성적에 관한 데이터이다. 일원분류 분산분석과 크러스칼-왈리스 검정을 이용하여 이 데이터를 분석하여 보아라.

A 그룹	772 764 600 564
B 그룹	792 612 592
C 그룹	752 680 624 580 572

부록
통계분포표

부표 1. 이항분포

부표 2. 포아송분포

부표 3. 표준정규분포

부표 4. t-분포

부표 5. 카이제곱분포

부표 6. F-분포

부표 1. 이항분포

$$P(X \le x) = \sum_{k=0}^{x} \binom{n}{k} p^k (1-p)^{n-k}$$

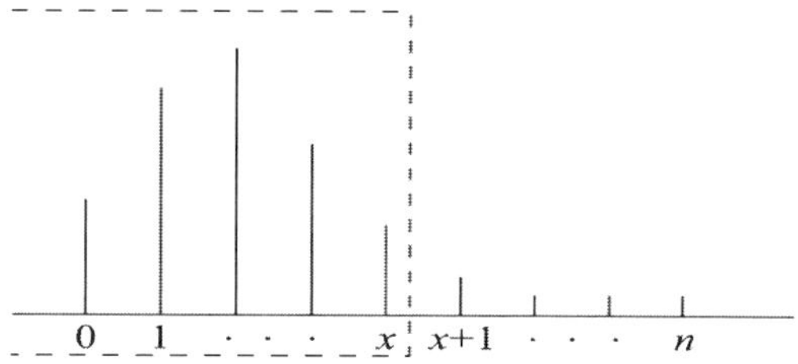

(a) $n = 5$

$x \setminus p$	0.01	0.05	0.10	0.20	0.30	0.40	0.50	0.60	0.70	0.80	0.90	0.95	0.99
0	.951	.774	.590	.328	.168	.078	.031	.010	.002	.000	.000	.000	.000
1	.999	.977	.919	.737	.528	.337	.188	.087	.031	.007	.000	.000	.000
2	1.00	.999	.991	.942	.837	.683	.500	.317	.163	.058	.009	.001	.000
3	1.00	1.00	1.00	.993	.969	.913	.813	.663	.472	.263	.081	.023	.001
4	1.00	1.00	1.00	1.00	.998	.990	.969	.922	.832	.672	.410	.226	.049

(b) $n = 10$

$x \setminus p$	0.01	0.05	0.10	0.20	0.30	0.40	0.50	0.60	0.70	0.80	0.90	0.95	0.99
0	.904	.599	.349	.107	.028	.006	.001	.000	.000	.000	.000	.000	.000
1	.996	.914	.736	.376	.149	.046	.011	.002	.000	.000	.000	.000	.000
2	1.00	.988	.930	.678	.383	.167	.055	.012	.002	.000	.000	.000	.000
3	1.00	.999	.987	.879	.650	.382	.172	.055	.011	.001	.000	.000	.000
4	1.00	1.00	.998	.967	.850	.633	.377	.166	.047	.006	.000	.000	.000
5	1.00	1.00	1.00	.994	.953	.834	.623	.367	.150	.033	.002	.000	.000
6	1.00	1.00	1.00	.999	.989	.945	.828	.618	.350	.121	.013	.001	.000
7	1.00	1.00	1.00	1.00	.998	.988	.945	.833	.617	.322	.070	.012	.000
8	1.00	1.00	1.00	1.00	1.00	.998	.989	.954	.851	.624	.264	.086	.004
9	1.00	1.00	1.00	1.00	1.00	1.00	.999	.994	.972	.893	.651	.401	.096

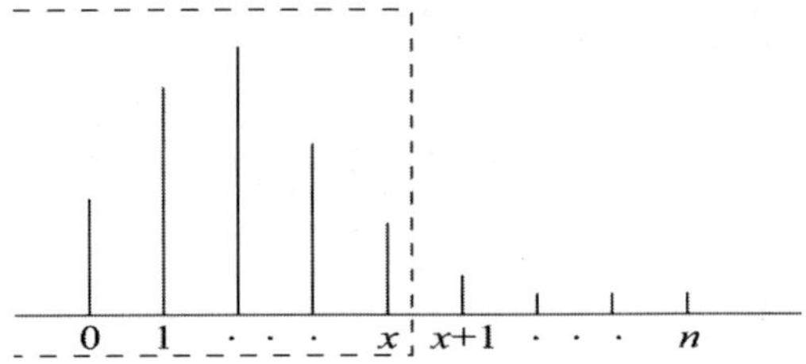

(c) $n = 15$

$x \setminus p$	0.01	0.05	0.10	0.20	0.30	0.40	0.50	0.60	0.70	0.80	0.90	0.95	0.99
0	.860	.463	.206	.035	.005	.000	.000	.000	.000	.000	.000	.000	.000
1	.990	.829	.549	.167	.035	.005	.000	.000	.000	.000	.000	.000	.000
2	1.00	.964	.816	.398	.127	.027	.004	.000	.000	.000	.000	.000	.000
3	1.00	.995	.944	.648	.297	.091	.018	.002	.000	.000	.000	.000	.000
4	1.00	.999	.987	.836	.515	.217	.059	.009	.001	.000	.000	.000	.000
5	1.00	1.00	.998	.939	.722	.403	.151	.034	.004	.000	.000	.000	.000
6	1.00	1.00	1.00	.982	.869	.610	.304	.095	.015	.001	.000	.000	.000
7	1.00	1.00	1.00	.996	.950	.787	.500	.213	.050	.004	.000	.000	.000
8	1.00	1.00	1.00	.999	.985	.905	.696	.390	.131	.018	.000	.000	.000
9	1.00	1.00	1.00	1.00	.996	.966	.849	.597	.278	.061	.002	.000	.000
10	1.00	1.00	1.00	1.00	.999	.991	.941	.783	.485	.164	.013	.001	.000
11	1.00	1.00	1.00	1.00	1.00	.998	.982	.909	.703	.352	.056	.005	.000
12	1.00	1.00	1.00	1.00	1.00	1.00	.996	.973	.873	.602	.184	.036	.000
13	1.00	1.00	1.00	1.00	1.00	1.00	1.00	.995	.965	.833	.451	.171	.010
14	1.00	1.00	1.00	1.00	1.00	1.00	1.00	1.00	.995	.965	.794	.537	.140

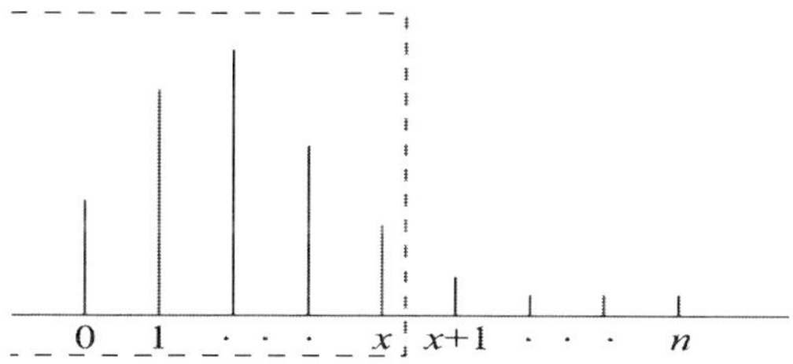

(d) $n = 20$

$x \setminus p$	0.01	0.05	0.10	0.20	0.30	0.40	0.50	0.60	0.70	0.80	0.90	0.95	0.99
0	.818	.358	.122	.012	.001	.000	.000	.000	.000	.000	.000	.000	.000
1	.983	.736	.392	.069	.008	.001	.000	.000	.000	.000	.000	.000	.000
2	.999	.925	.677	.206	.035	.004	.000	.000	.000	.000	.000	.000	.000
3	1.00	.984	.867	.411	.107	.016	.001	.000	.000	.000	.000	.000	.000
4	1.00	.997	.957	.630	.238	.051	.006	.000	.000	.000	.000	.000	.000
5	1.00	1.00	.989	.804	.416	.126	.021	.002	.000	.000	.000	.000	.000
6	1.00	1.00	.998	.913	.608	.250	.058	.006	.000	.000	.000	.000	.000
7	1.00	1.00	1.00	.968	.772	.416	.132	.021	.001	.000	.000	.000	.000
8	1.00	1.00	1.00	.990	.887	.596	.252	.057	.005	.000	.000	.000	.000
9	1.00	1.00	1.00	.997	.952	.755	.412	.128	.017	.001	.000	.000	.000
10	1.00	1.00	1.00	.999	.983	.872	.588	.245	.048	.003	.000	.000	.000
11	1.00	1.00	1.00	1.00	.995	.943	.748	.404	.113	.010	.000	.000	.000
12	1.00	1.00	1.00	1.00	.999	.979	.868	.584	.228	.032	.000	.000	.000
13	1.00	1.00	1.00	1.00	1.00	.994	.942	.750	.392	.087	.002	.000	.000
14	1.00	1.00	1.00	1.00	1.00	.998	.979	.874	.584	.196	.011	.000	.000
15	1.00	1.00	1.00	1.00	1.00	1.00	.994	.949	.762	.370	.043	.003	.000
16	1.00	1.00	1.00	1.00	1.00	1.00	.999	.984	.893	.589	.133	.016	.000
17	1.00	1.00	1.00	1.00	1.00	1.00	1.00	.996	.965	.794	.323	.075	.001
18	1.00	1.00	1.00	1.00	1.00	1.00	1.00	.999	.992	.931	.608	.264	.017
19	1.00	1.00	1.00	1.00	1.00	1.00	1.00	1.00	.999	.988	.878	.642	.182

부표 2. 포아송분포

$$P(X \leq x) = \sum_{k=0}^{x} \frac{e^{-\mu}\mu^k}{k!}$$

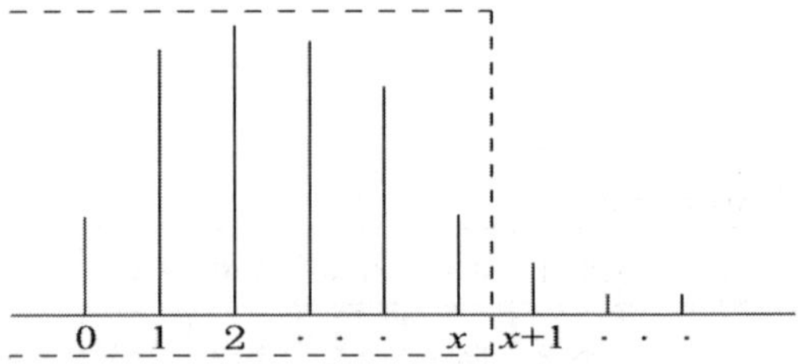

$x \setminus \mu$	0.1	0.2	0.3	0.4	0.5	0.6	0.7	0.8	0.9	1.0
0	0.905	0.819	0.741	0.670	0.607	0.549	0.497	0.449	0.407	0.368
1	0.995	0.982	0.963	0.938	0.910	0.878	0.844	0.809	0.772	0.736
2	1.000	0.999	0.996	0.992	0.986	0.977	0.966	0.953	0.937	0.920
3	1.000	1.000	1.000	0.999	0.998	0.997	0.994	0.991	0.987	0.981
4	1.000	1.000	1.000	1.000	1.000	1.000	0.999	0.999	0.998	0.996
5	1.000	1.000	1.000	1.000	1.000	1.000	1.000	1.000	1.000	0.999
6	1.000	1.000	1.000	1.000	1.000	1.000	1.000	1.000	1.000	1.000

$x \setminus \mu$	1.1	1.2	1.3	1.4	1.5	1.6	1.7	1.8	1.9	2.0
0	0.333	0.301	0.273	0.247	0.223	0.202	0.183	0.165	0.150	0.135
1	0.699	0.663	0.627	0.592	0.558	0.525	0.493	0.463	0.434	0.406
2	0.900	0.879	0.857	0.833	0.809	0.783	0.757	0.731	0.704	0.677
3	0.974	0.966	0.957	0.946	0.934	0.921	0.907	0.891	0.875	0.857
4	0.995	0.992	0.989	0.986	0.981	0.976	0.970	0.964	0.956	0.947
5	0.999	0.998	0.998	0.997	0.996	0.994	0.992	0.990	0.987	0.983
6	1.000	1.000	1.000	0.999	0.999	0.999	0.998	0.997	0.997	0.995
7	1.000	1.000	1.000	1.000	1.000	1.000	1.000	0.999	0.999	0.999
8	1.000	1.000	1.000	1.000	1.000	1.000	1.000	1.000	1.000	1.000

$x \setminus \mu$	2.2	2.4	2.6	2.8	3.0	3.2	3.4	3.6	3.8	4.0
0	0.111	0.091	0.074	0.061	0.050	0.041	0.033	0.027	0.022	0.018
1	0.355	0.308	0.267	0.231	0.199	0.171	0.147	0.126	0.107	0.092
2	0.623	0.570	0.518	0.469	0.423	0.380	0.340	0.303	0.269	0.238
3	0.819	0.779	0.736	0.692	0.647	0.603	0.558	0.515	0.473	0.433
4	0.928	0.904	0.877	0.848	0.815	0.781	0.744	0.706	0.668	0.629
5	0.975	0.964	0.951	0.935	0.916	0.895	0.871	0.844	0.816	0.785
6	0.993	0.988	0.983	0.976	0.966	0.955	0.942	0.927	0.909	0.889
7	0.998	0.997	0.995	0.992	0.988	0.983	0.977	0.969	0.960	0.949
8	1.000	0.999	0.999	0.998	0.996	0.994	0.992	0.988	0.984	0.979
9	1.000	1.000	1.000	0.999	0.999	0.998	0.997	0.996	0.994	0.992
10	1.000	1.000	1.000	1.000	1.000	1.000	0.999	0.999	0.998	0.997
11	1.000	1.000	1.000	1.000	1.000	1.000	1.000	1.000	0.999	0.999
12	1.000	1.000	1.000	1.000	1.000	1.000	1.000	1.000	1.000	1.000

$x \setminus \mu$	4.2	4.4	4.6	4.8	5.0	5.2	5.4	5.6	5.8	6.0
0	0.015	0.012	0.010	0.008	0.007	0.006	0.005	0.004	0.003	0.002
1	0.078	0.066	0.056	0.048	0.040	0.034	0.029	0.024	0.021	0.017
2	0.210	0.185	0.163	0.143	0.125	0.109	0.095	0.082	0.072	0.062
3	0.395	0.359	0.326	0.294	0.265	0.238	0.213	0.191	0.170	0.151
4	0.590	0.551	0.513	0.476	0.440	0.406	0.373	0.342	0.313	0.285
5	0.753	0.720	0.686	0.651	0.616	0.581	0.546	0.512	0.478	0.446
6	0.867	0.844	0.818	0.791	0.762	0.732	0.702	0.670	0.638	0.606
7	0.936	0.921	0.905	0.887	0.867	0.845	0.822	0.797	0.771	0.744
8	0.972	0.964	0.955	0.944	0.932	0.918	0.903	0.886	0.867	0.847
9	0.989	0.985	0.980	0.975	0.968	0.960	0.951	0.941	0.929	0.916
10	0.996	0.994	0.992	0.990	0.986	0.982	0.977	0.972	0.965	0.957
11	0.999	0.998	0.997	0.996	0.995	0.993	0.990	0.988	0.984	0.980
12	1.000	0.999	0.999	0.999	0.998	0.997	0.996	0.995	0.993	0.991
13	1.000	1.000	1.000	1.000	0.999	0.999	0.999	0.998	0.997	0.996
14	1.000	1.000	1.000	1.000	1.000	1.000	1.000	0.999	0.999	0.999
15	1.000	1.000	1.000	1.000	1.000	1.000	1.000	1.000	1.000	0.999
16	1.000	1.000	1.000	1.000	1.000	1.000	1.000	1.000	1.000	1.000

$x \setminus \mu$	6.5	7.0	7.5	8.0	8.5	9.0	9.5	10.0	10.5	11.0
0	0.002	0.001	0.001	0.000	0.000	0.000	0.000	0.000	0.000	0.000
1	0.011	0.007	0.005	0.003	0.002	0.001	0.001	0.000	0.000	0.000
2	0.043	0.030	0.020	0.014	0.009	0.006	0.004	0.003	0.002	0.001
3	0.112	0.082	0.059	0.042	0.030	0.021	0.015	0.010	0.007	0.005
4	0.224	0.173	0.132	0.100	0.074	0.055	0.040	0.029	0.021	0.015
5	0.369	0.301	0.241	0.191	0.150	0.116	0.089	0.067	0.050	0.038
6	0.527	0.450	0.378	0.313	0.256	0.207	0.165	0.130	0.102	0.079
7	0.673	0.599	0.525	0.453	0.386	0.324	0.269	0.220	0.179	0.143
8	0.792	0.729	0.662	0.593	0.523	0.456	0.392	0.333	0.279	0.232
9	0.877	0.830	0.776	0.717	0.653	0.587	0.522	0.458	0.397	0.341
10	0.933	0.901	0.862	0.816	0.763	0.706	0.645	0.583	0.521	0.460
11	0.966	0.947	0.921	0.888	0.849	0.803	0.752	0.697	0.639	0.579
12	0.984	0.973	0.957	0.936	0.909	0.876	0.836	0.792	0.742	0.689
13	0.993	0.987	0.978	0.966	0.949	0.926	0.898	0.864	0.825	0.781
14	0.997	0.994	0.990	0.983	0.973	0.959	0.940	0.917	0.888	0.854
15	0.999	0.998	0.995	0.992	0.986	0.978	0.967	0.951	0.932	0.907
16	1.000	0.999	0.998	0.996	0.993	0.989	0.982	0.973	0.960	0.944
17	1.000	1.000	0.999	0.998	0.997	0.995	0.991	0.986	0.978	0.968
18	1.000	1.000	1.000	0.999	0.999	0.998	0.996	0.993	0.988	0.982
19	1.000	1.000	1.000	1.000	0.999	0.999	0.998	0.997	0.994	0.991
20	1.000	1.000	1.000	1.000	1.000	1.000	0.999	0.998	0.997	0.995
21	1.000	1.000	1.000	1.000	1.000	1.000	1.000	0.999	0.999	0.998
22	1.000	1.000	1.000	1.000	1.000	1.000	1.000	1.000	0.999	0.999
23	1.000	1.000	1.000	1.000	1.000	1.000	1.000	1.000	1.000	1.000

부표 3. 표준정규분포

$$P(0 < Z < z) = \int_0^z \frac{1}{\sqrt{2\pi}} e^{-t^2/2} dt$$

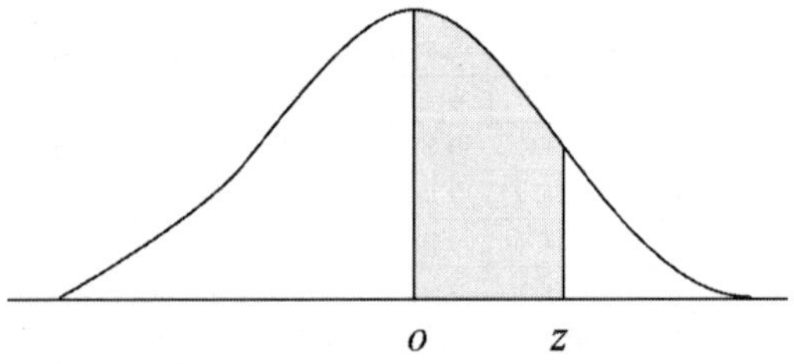

z	.00	.01	.02	.03	.04	.05	.06	.07	.08	.09
0.0	.0000	.0040	.0080	.0120	.0160	.0199	.0239	.0279	.0319	.0359
0.1	.0398	.0438	.0478	.0517	.0557	.0596	.0636	.0675	.0714	.0753
0.2	.0793	.0832	.0871	.0910	.0948	.0987	.1026	.1064	.1103	.1141
0.3	.1179	.1217	.1255	.1293	.1331	.1368	.1406	.1443	.1480	.1517
0.4	.1554	.1591	.1628	.1664	.1700	.1736	.1772	.1808	.1844	.1879
0.5	.1915	.1950	.1985	.2019	.2054	.2088	.2123	.2157	.2190	.2224
0.6	.2257	.2291	.2324	.2357	.2389	.2422	.2454	.2486	.2517	.2549
0.7	.2580	.2611	.2642	.2673	.2704	.2734	.2764	.2794	.2823	.2852
0.8	.2881	.2910	.2939	.2967	.2995	.3023	.3051	.3078	.3106	.3133
0.9	.3159	.3186	.3212	.3238	.3264	.3289	.3315	.3340	.3365	.3389
1.0	.3413	.3438	.3461	.3485	.3508	.3531	.3554	.3577	.3599	.3621
1.1	.3643	.3665	.3686	.3708	.3729	.3749	.3770	.3790	.3810	.3830
1.2	.3849	.3869	.3888	.3907	.3925	.3944	.3962	.3980	.3997	.4015
1.3	.4032	.4049	.4066	.4082	.4099	.4115	.4131	.4147	.4162	.4177
1.4	.4192	.4207	.4222	.4236	.4251	.4265	.4279	.4292	.4306	.4319
1.5	.4332	.4345	.4357	.4370	.4382	.4394	.4406	.4418	.4429	.4441
1.6	.4452	.4463	.4474	.4484	.4495	.4505	.4515	.4525	.4535	.4545
1.7	.4554	.4564	.4573	.4582	.4591	.4599	.4608	.4616	.4625	.4633
1.8	.4641	.4649	.4656	.4664	.4671	.4678	.4686	.4693	.4699	.4706
1.9	.4713	.4719	.4726	.4732	.4738	.4744	.4750	.4756	.4761	.4767
2.0	.4772	.4778	.4783	.4788	.4793	.4798	.4803	.4808	.4812	.4817
2.1	.4821	.4826	.4830	.4834	.4838	.4842	.4846	.4850	.4854	.4857
2.2	.4861	.4864	.4868	.4871	.4875	.4878	.4881	.4884	.4887	.4890
2.3	.4893	.4896	.4898	.4901	.4904	.4906	.4909	.4911	.4913	.4916
2.4	.4918	.4920	.4922	.4925	.4927	.4929	.4931	.4932	.4934	.4936
2.5	.4938	.4940	.4941	.4943	.4945	.4946	.4948	.4949	.4951	.4952
2.6	.4953	.4955	.4956	.4957	.4959	.4960	.4961	.4962	.4963	.4964
2.7	.4965	.4966	.4967	.4968	.4969	.4970	.4971	.4972	.4973	.4974
2.8	.4974	.4975	.4976	.4977	.4977	.4978	.4979	.4979	.4980	.4981
2.9	.4981	.4982	.4982	.4983	.4984	.4984	.4985	.4985	.4986	.4986
3.0	.4987	.4987	.4987	.4988	.4988	.4989	.4989	.4989	.4990	.4990

α	0.005	0.01	0.025	0.05	0.10
z_α	2.576	2.326	1.960	1.645	1.282

부표 4. t-분포

$P(t > t_\alpha) = \alpha$: t-분포의 우측 확률점

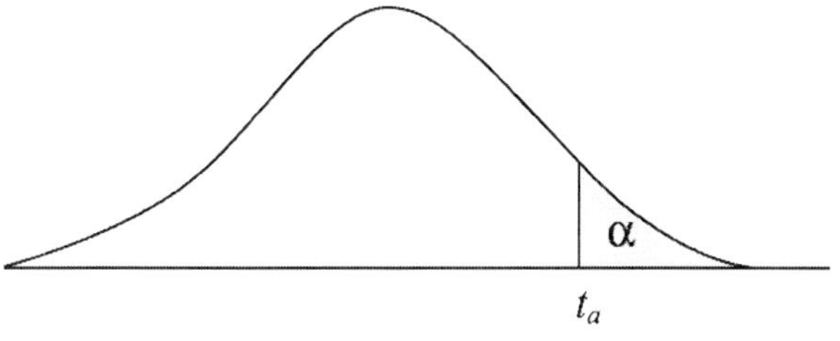

df(자유도)	$t_{0.100}$	$t_{0.050}$	$t_{0.025}$	$t_{0.010}$	$t_{0.005}$
1	3.078	6.314	12.71	31.82	63.66
2	1.886	2.920	4.303	6.965	9.925
3	1.638	2.353	3.182	4.541	5.841
4	1.533	2.132	2.776	3.747	4.604
5	1.476	2.015	2.571	3.365	4.032
6	1.440	1.943	2.447	3.143	3.707
7	1.415	1.895	2.365	2.998	3.499
8	1.397	1.860	2.306	2.896	3.355
9	1.383	1.833	2.262	2.821	3.250
10	1.372	1.812	2.228	2.764	3.169
11	1.363	1.796	2.201	2.718	3.106
12	1.356	1.782	2.179	2.681	3.055
13	1.350	1.771	2.160	2.650	3.012
14	1.345	1.761	2.145	2.624	2.977
15	1.341	1.753	2.131	2.602	2.947
16	1.337	1.746	2.120	2.583	2.921
17	1.333	1.740	2.110	2.567	2.898
18	1.330	1.734	2.101	2.552	2.878
19	1.328	1.729	2.093	2.539	2.861
20	1.325	1.725	2.086	2.528	2.845
21	1.323	1.721	2.080	2.518	2.831
22	1.321	1.717	2.074	2.508	2.819
23	1.319	1.714	2.069	2.500	2.807
24	1.318	1.711	2.064	2.492	2.797
25	1.316	1.708	2.060	2.485	2.787
26	1.315	1.706	2.056	2.479	2.779
27	1.314	1.703	2.052	2.473	2.771
28	1.313	1.701	2.048	2.467	2.763
29	1.311	1.699	2.045	2.462	2.756
∞	1.282	1.645	1.960	2.326	2.576

부표 5. 카이제곱분포

$P(\chi^2 > \chi^2_\alpha) = \alpha$: 카이제곱분포의 우측 확률점

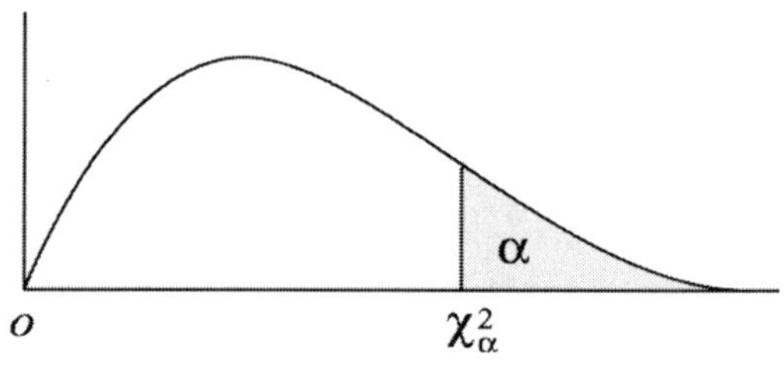

df(자유도)	$\chi^2_{0.995}$	$\chi^2_{0.990}$	$\chi^2_{0.975}$	$\chi^2_{0.950}$	$\chi^2_{0.900}$
1	0.0000	0.0002	0.0010	0.0039	0.0158
2	0.0100	0.0201	0.0506	0.1026	0.2107
3	0.0717	0.1148	0.2158	0.3518	0.5844
4	0.2070	0.2971	0.4844	0.7107	1.0636
5	0.4117	0.5543	0.8312	1.1455	1.6103
6	0.6757	0.8721	1.2373	1.6354	2.2041
7	0.9893	1.2390	1.6899	2.1673	2.8331
8	1.3444	1.6465	2.1797	2.7326	3.4895
9	1.7349	2.0879	2.7004	3.3251	4.1682
10	2.1559	2.5582	3.2470	3.9403	4.8652
11	2.6032	3.0535	3.8157	4.5748	5.5778
12	3.0738	3.5706	4.4038	5.2260	6.3038
13	3.5650	4.1069	5.0088	5.8919	7.0415
14	4.0747	4.6604	5.6287	6.5706	7.7895
15	4.6009	5.2293	6.2621	7.2609	8.5468
16	5.1422	5.8122	6.9077	7.9616	9.3122
17	5.6972	6.4078	7.5642	8.6718	10.0852
18	6.2648	7.0149	8.2307	9.3905	10.8649
19	6.8440	7.6327	8.9065	10.1170	11.6509
20	7.4338	8.2604	9.5908	10.8508	12.4426
21	8.0337	8.8972	10.2829	11.5913	13.2396
22	8.6427	9.5425	10.9823	12.3380	14.0415
23	9.2604	10.1957	11.6886	13.0905	14.8480
24	9.8862	10.8564	12.4012	13.8484	15.6587
25	10.5197	11.5240	13.1197	14.6114	16.4734
26	11.1602	12.1981	13.8439	15.3792	17.2919
27	11.8076	12.8785	14.5734	16.1514	18.1139
28	12.4613	13.5647	15.3079	16.9279	18.9392
29	13.1211	14.2565	16.0471	17.7084	19.7677
30	13.7867	14.9535	16.7908	18.4927	20.5992
40	20.7065	22.1643	24.4330	26.5093	29.0505
50	27.9907	29.7067	32.3574	34.7643	37.6886
60	35.5345	37.4849	40.4817	43.1880	46.4589
70	43.2752	45.4417	48.7576	51.7393	55.3289
80	51.1719	53.5401	57.1532	60.3915	64.2778
90	59.1963	61.7541	65.6466	69.1260	73.2911
100	67.3276	70.0648	74.2219	77.9295	82.3581

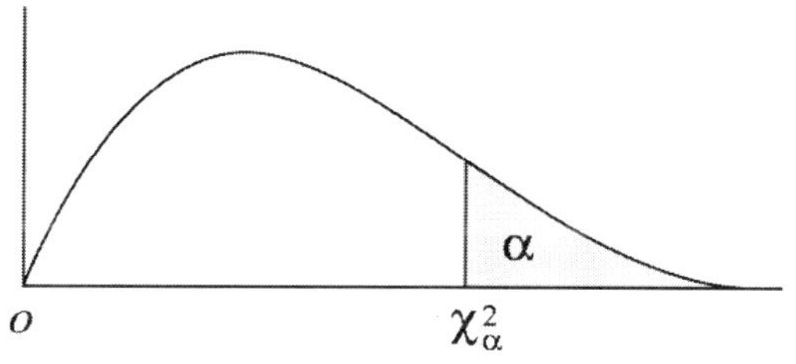

df(자유도)	$\chi^2_{0.100}$	$\chi^2_{0.050}$	$\chi^2_{0.025}$	$\chi^2_{0.010}$	$\chi^2_{0.005}$
1	2.7055	3.8415	5.0239	6.6349	7.8794
2	4.6052	5.9915	7.3778	9.2103	10.5966
3	6.2514	7.8147	9.3484	11.3449	12.8382
4	7.7794	9.4877	11.1433	13.2767	14.8603
5	9.2364	11.0705	12.8325	15.0863	16.7496
6	10.6446	12.5916	14.4494	16.8119	18.5476
7	12.0170	14.0671	16.0128	18.4753	20.2777
8	13.3616	15.5073	17.5345	20.0902	21.9550
9	14.6837	16.9190	19.0228	21.6660	23.5894
10	15.9872	18.3070	20.4832	23.2093	25.1882
11	17.2750	19.6751	21.9200	24.7250	26.7568
12	18.5493	21.0261	23.3367	26.2170	28.2995
13	19.8119	22.3620	24.7356	27.6882	29.8195
14	21.0641	23.6848	26.1189	29.1412	31.3193
15	22.3071	24.9958	27.4884	30.5779	32.8013
16	23.5418	26.2962	28.8454	31.9999	34.2672
17	24.7690	27.5871	30.1910	33.4087	35.7185
18	25.9894	28.8693	31.5264	34.8053	37.1565
19	27.2036	30.1435	32.8523	36.1909	38.5823
20	28.4120	31.4104	34.1696	37.5662	39.9968
21	29.6151	32.6706	35.4789	38.9322	41.4011
22	30.8133	33.9244	36.7807	40.2894	42.7957
23	32.0069	35.1725	38.0756	41.6384	44.1813
24	33.1962	36.4150	39.3641	42.9798	45.5585
25	34.3816	37.6525	40.6465	44.3141	46.9279
26	35.5632	38.8851	41.9232	45.6417	48.2899
27	36.7412	40.1133	43.1945	46.9629	49.6449
28	37.9159	41.3371	44.4608	48.2782	50.9934
29	39.0875	42.5570	45.7223	49.5879	52.3356
30	40.2560	43.7730	46.9792	50.8922	53.6720
40	51.8051	55.7585	59.3417	63.6907	66.7660
50	63.1671	67.5048	71.4202	76.1539	79.4900
60	74.3970	79.0819	83.2977	88.3794	91.9517
70	85.5270	90.5312	95.0232	100.425	104.215
80	96.5782	101.879	106.629	112.329	116.321
90	107.565	113.145	118.136	124.116	128.299
100	118.498	124.342	129.561	135.807	140.169

부표 6. F-분포

$P(F > F_\alpha) = \alpha$: F-분포의 우측 확률점

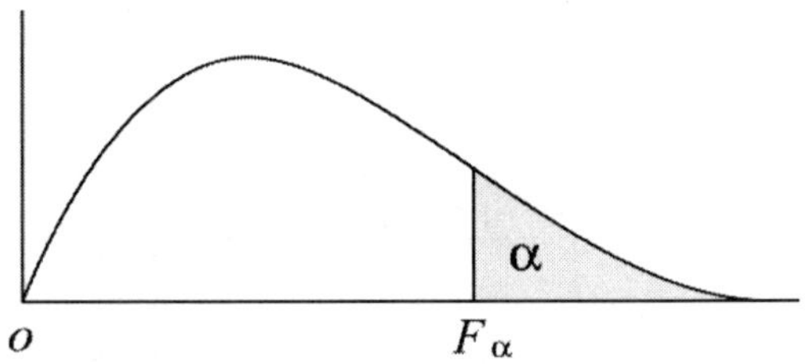

$(\alpha = 0.05)$

$v_2 \setminus v_1$	1	2	3	4	5	6	7	8	9
1	161.4	199.5	215.7	224.6	230.2	234.0	236.8	238.9	240.5
2	18.51	19.00	19.16	19.25	19.30	19.33	19.35	19.37	19.38
3	10.13	9.55	9.28	9.12	9.01	8.94	8.89	8.85	8.81
4	7.71	6.94	6.59	6.39	6.26	6.16	6.09	6.04	6.00
5	6.61	5.79	5.41	5.19	5.05	4.95	4.88	4.82	4.77
6	5.99	5.14	4.76	4.53	4.39	4.28	4.21	4.15	4.10
7	5.59	4.74	4.35	4.12	3.97	3.87	3.79	3.73	3.68
8	5.32	4.46	4.07	3.84	3.69	3.58	3.50	3.44	3.39
9	5.12	4.26	3.86	3.63	3.48	3.37	3.29	3.23	3.18
10	4.96	4.10	3.71	3.48	3.33	3.22	3.14	3.07	3.02
11	4.84	3.98	3.59	3.36	3.20	3.09	3.01	2.95	2.90
12	4.75	3.89	3.49	3.26	3.11	3.00	2.91	2.85	2.80
13	4.67	3.81	3.41	3.18	3.03	2.92	2.83	2.77	2.71
14	4.60	3.74	3.34	3.11	2.96	2.85	2.76	2.70	2.65
15	4.54	3.68	3.29	3.06	2.90	2.79	2.71	2.64	2.59
16	4.49	3.63	3.24	3.01	2.85	2.74	2.66	2.59	2.54
17	4.45	3.59	3.20	2.96	2.81	2.70	2.61	2.55	2.49
18	4.41	3.55	3.16	2.93	2.77	2.66	2.58	2.51	2.46
19	4.38	3.52	3.13	2.90	2.74	2.63	2.54	2.48	2.42
20	4.35	3.49	3.10	2.87	2.71	2.60	2.51	2.45	2.39
21	4.32	3.47	3.07	2.84	2.68	2.57	2.49	2.42	2.37
22	4.30	3.44	3.05	2.82	2.66	2.55	2.46	2.40	2.34
23	4.28	3.42	3.03	2.80	2.64	2.53	2.44	2.37	2.32
24	4.26	3.40	3.01	2.78	2.62	2.51	2.42	2.36	2.30
25	4.24	3.39	2.99	2.76	2.60	2.49	2.40	2.34	2.28
26	4.23	3.37	2.98	2.74	2.59	2.47	2.39	2.32	2.27
27	4.21	3.35	2.96	2.73	2.57	2.46	2.37	2.31	2.25
28	4.20	3.34	2.95	2.71	2.56	2.45	2.36	2.29	2.24
29	4.18	3.33	2.93	2.70	2.55	2.43	2.35	2.28	2.22
30	4.17	3.32	2.92	2.69	2.53	2.42	2.33	2.27	2.21
40	4.08	3.23	2.84	2.61	2.45	2.34	2.25	2.18	2.12
60	4.00	3.15	2.76	2.53	2.37	2.25	2.17	2.10	2.04
120	3.92	3.07	2.68	2.45	2.29	2.18	2.09	2.02	1.96
∞	3.84	3.00	2.60	2.37	2.21	2.10	2.01	1.94	1.88

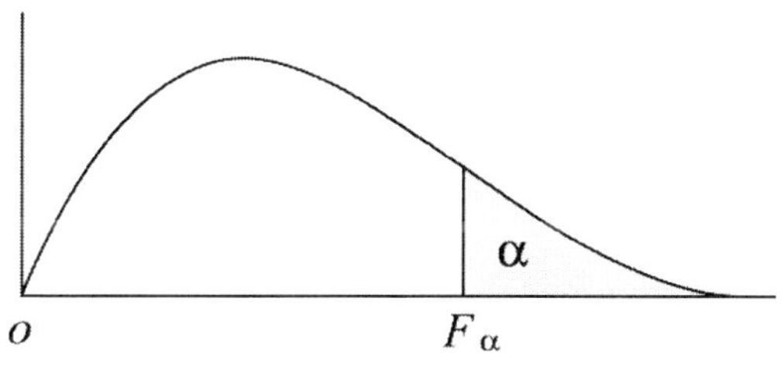

($\alpha = 0.05$)

$v_2 \setminus v_1$	10	12	15	20	24	30	40	60	120	∞
1	241.9	243.9	245.9	248.0	249.1	250.1	251.1	252.2	253.3	254.3
2	19.40	19.41	19.43	19.45	19.45	19.46	19.47	19.48	19.49	19.50
3	8.79	8.74	8.70	8.66	8.64	8.62	8.59	8.57	8.55	8.53
4	5.96	5.91	5.86	5.80	5.77	5.75	5.72	5.69	5.66	5.63
5	4.74	4.68	4.62	4.56	4.53	4.50	4.46	4.43	4.40	4.37
6	4.06	4.00	3.94	3.87	3.84	3.81	3.77	3.74	3.70	3.67
7	3.64	3.57	3.51	3.44	3.41	3.38	3.34	3.30	3.27	3.23
8	3.35	3.28	3.22	3.15	3.12	3.08	3.04	3.01	2.97	2.93
9	3.14	3.07	3.01	2.94	2.90	2.86	2.83	2.79	2.75	2.71
10	2.98	2.91	2.85	2.77	2.74	2.70	2.66	2.62	2.58	2.54
11	2.85	2.79	2.72	2.65	2.61	2.57	2.53	2.49	2.45	2.41
12	2.75	2.69	2.62	2.54	2.51	2.47	2.43	2.38	2.34	2.30
13	2.67	2.60	2.53	2.46	2.42	2.38	2.34	2.30	2.25	2.21
14	2.60	2.53	2.46	2.39	2.35	2.31	2.27	2.22	2.18	2.13
15	2.54	2.48	2.40	2.33	2.29	2.25	2.20	2.16	2.11	2.07
16	2.49	2.42	2.35	2.28	2.24	2.19	2.15	2.11	2.06	2.01
17	2.45	2.38	2.31	2.23	2.19	2.15	2.10	2.06	2.01	1.96
18	2.41	2.34	2.27	2.19	2.15	2.11	2.06	2.02	1.97	1.92
19	2.38	2.31	2.23	2.16	2.11	2.07	2.03	1.98	1.93	1.88
20	2.35	2.28	2.20	2.12	2.08	2.04	1.99	1.95	1.90	1.84
21	2.32	2.25	2.18	2.10	2.05	2.01	1.96	1.92	1.87	1.81
22	2.30	2.23	2.15	2.07	2.03	1.98	1.94	1.89	1.84	1.78
23	2.27	2.20	2.13	2.05	2.01	1.96	1.91	1.86	1.81	1.76
24	2.25	2.18	2.11	2.03	1.98	1.94	1.89	1.84	1.79	1.73
25	2.24	2.16	2.09	2.01	1.96	1.92	1.87	1.82	1.77	1.71
26	2.22	2.15	2.07	1.99	1.95	1.90	1.85	1.80	1.75	1.69
27	2.20	2.13	2.06	1.97	1.93	1.88	1.84	1.79	1.73	1.67
28	2.19	2.12	2.04	1.96	1.91	1.87	1.82	1.77	1.71	1.65
29	2.18	2.10	2.03	1.94	1.90	1.85	1.81	1.75	1.70	1.64
30	2.16	2.09	2.01	1.93	1.89	1.84	1.79	1.74	1.68	1.62
40	2.08	2.00	1.92	1.84	1.79	1.74	1.69	1.64	1.58	1.51
60	1.99	1.92	1.84	1.75	1.70	1.65	1.59	1.53	1.47	1.39
120	1.91	1.83	1.75	1.66	1.61	1.55	1.50	1.43	1.35	1.26
∞	1.83	1.75	1.67	1.57	1.52	1.46	1.40	1.32	1.22	1.03

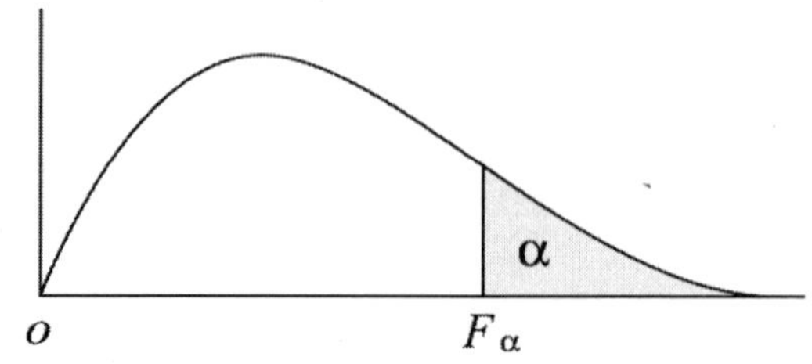

($\alpha = 0.01$)

$v_2 \setminus v_1$	1	2	3	4	5	6	7	8	9
1	4052	5000	5403	5625	5764	5859	5928	5981	6022
2	98.50	99.00	99.17	99.25	99.30	99.33	99.36	99.37	99.39
3	34.12	30.82	29.46	28.71	28.24	27.91	27.67	27.49	27.35
4	21.20	18.00	16.69	15.98	15.52	15.21	14.98	14.80	14.66
5	16.26	13.27	12.06	11.39	10.97	10.67	10.46	10.29	10.16
6	13.75	10.92	9.78	9.15	8.75	8.47	8.26	8.10	7.98
7	12.25	9.55	8.45	7.85	7.46	7.19	6.99	6.84	6.72
8	11.26	8.65	7.59	7.01	6.63	6.37	6.18	6.03	5.91
9	10.56	8.02	6.99	6.42	6.06	5.80	5.61	5.47	5.35
10	10.04	7.56	6.55	5.99	5.64	5.39	5.20	5.06	4.94
11	9.65	7.21	6.22	5.67	5.32	5.07	4.89	4.74	4.63
12	9.33	6.93	5.95	5.41	5.06	4.82	4.64	4.50	4.39
13	9.07	6.70	5.74	5.21	4.86	4.62	4.44	4.30	4.19
14	8.86	6.51	5.56	5.04	4.69	4.46	4.28	4.14	4.03
15	8.68	6.36	5.42	4.89	4.56	4.32	4.14	4.00	3.89
16	8.53	6.23	5.29	4.77	4.44	4.20	4.03	3.89	3.78
17	8.40	6.11	5.18	4.67	4.34	4.10	3.93	3.79	3.68
18	8.29	6.01	5.09	4.58	4.25	4.01	3.84	3.71	3.60
19	8.18	5.93	5.01	4.50	4.17	3.94	3.77	3.63	3.52
20	8.10	5.85	4.94	4.43	4.10	3.87	3.70	3.56	3.46
21	8.02	5.78	4.87	4.37	4.04	3.81	3.64	3.51	3.40
22	7.95	5.72	4.82	4.31	3.99	3.76	3.59	3.45	3.35
23	7.88	5.66	4.76	4.26	3.94	3.71	3.54	3.41	3.30
24	7.82	5.61	4.72	4.22	3.90	3.67	3.50	3.36	3.26
25	7.77	5.57	4.68	4.18	3.85	3.63	3.46	3.32	3.22
26	7.72	5.53	4.64	4.14	3.82	3.59	3.42	3.29	3.18
27	7.68	5.49	4.60	4.11	3.78	3.56	3.39	3.26	3.15
28	7.64	5.45	4.57	4.07	3.75	3.53	3.36	3.23	3.12
29	7.60	5.42	4.54	4.04	3.73	3.50	3.33	3.20	3.09
30	7.56	5.39	4.51	4.02	3.70	3.47	3.30	3.17	3.07
40	7.31	5.18	4.31	3.83	3.51	3.29	3.12	2.99	2.89
60	7.08	4.98	4.13	3.65	3.34	3.12	2.95	2.82	2.72
120	6.85	4.79	3.95	3.48	3.17	2.96	2.79	2.66	2.56
∞	6.64	4.61	3.78	3.32	3.02	2.80	2.64	2.51	2.41

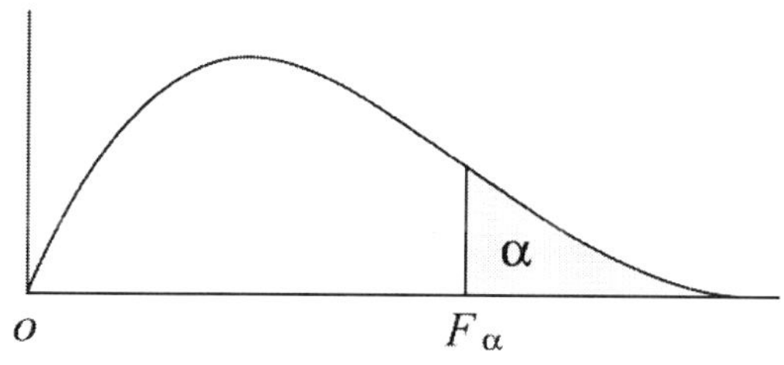

$(\alpha = 0.01)$

$v_2 \setminus v_1$	10	12	15	20	24	30	40	60	120	∞
1	6056	6106	6157	6209	6235	6261	6287	6313	6339	6366
2	99.40	99.42	99.43	99.45	99.46	99.47	99.47	99.48	99.49	99.50
3	27.23	27.05	26.87	26.69	26.60	26.50	26.41	26.32	26.22	26.13
4	14.55	14.37	14.20	14.02	13.93	13.84	13.75	13.65	13.56	13.46
5	10.05	9.89	9.72	9.55	9.47	9.38	9.29	9.20	9.11	9.02
6	7.87	7.72	7.56	7.40	7.31	7.23	7.14	7.06	6.97	6.88
7	6.62	6.47	6.31	6.16	6.07	5.99	5.91	5.82	5.74	5.65
8	5.81	5.67	5.52	5.36	5.28	5.20	5.12	5.03	4.95	4.86
9	5.26	5.11	4.96	4.81	4.73	4.65	4.57	4.48	4.40	4.31
10	4.85	4.71	4.56	4.41	4.33	4.25	4.17	4.08	4.00	3.91
11	4.54	4.40	4.25	4.10	4.02	3.94	3.86	3.78	3.69	3.60
12	4.30	4.16	4.01	3.86	3.78	3.70	3.62	3.54	3.45	3.36
13	4.10	3.96	3.82	3.66	3.59	3.51	3.43	3.34	3.25	3.17
14	3.94	3.80	3.66	3.51	3.43	3.35	3.27	3.18	3.09	3.01
15	3.80	3.67	3.52	3.37	3.29	3.21	3.13	3.05	2.96	2.87
16	3.69	3.55	3.41	3.26	3.18	3.10	3.02	2.93	2.84	2.75
17	3.59	3.46	3.31	3.16	3.08	3.00	2.92	2.83	2.75	2.65
18	3.51	3.37	3.23	3.08	3.00	2.92	2.84	2.75	2.66	2.57
19	3.43	3.30	3.15	3.00	2.92	2.84	2.76	2.67	2.58	2.49
20	3.37	3.23	3.09	2.94	2.86	2.78	2.69	2.61	2.52	2.42
21	3.31	3.17	3.03	2.88	2.80	2.72	2.64	2.55	2.46	2.36
22	3.26	3.12	2.98	2.83	2.75	2.67	2.58	2.50	2.40	2.31
23	3.21	3.07	2.93	2.78	2.70	2.62	2.54	2.45	2.35	2.26
24	3.17	3.03	2.89	2.74	2.66	2.58	2.49	2.40	2.31	2.21
25	3.13	2.99	2.85	2.70	2.62	2.54	2.45	2.36	2.27	2.17
26	3.09	2.96	2.81	2.66	2.58	2.50	2.42	2.33	2.23	2.13
27	3.06	2.93	2.78	2.63	2.55	2.47	2.38	2.29	2.20	2.10
28	3.03	2.90	2.75	2.60	2.52	2.44	2.35	2.26	2.17	2.07
29	3.00	2.87	2.73	2.57	2.49	2.41	2.33	2.23	2.14	2.04
30	2.98	2.84	2.70	2.55	2.47	2.39	2.30	2.21	2.11	2.01
40	2.80	2.66	2.52	2.37	2.29	2.20	2.11	2.02	1.92	1.81
60	2.63	2.50	2.35	2.20	2.12	2.03	1.94	1.84	1.73	1.60
120	2.47	2.34	2.19	2.03	1.95	1.86	1.76	1.66	1.53	1.38
∞	2.32	2.19	2.04	1.88	1.79	1.70	1.59	1.48	1.33	1.05

찾아보기

[ㅇ]

[ㅈ]

[ㅊ]

[Q]

[S]

[T]

[W]

참고문헌

[1] 강현철·최종후 (2001). 확산모형과 성장곡선모형을 이용한 중장기 수요예측에 관한 연구, "응용통계연구", 제14권 제2호, 233-243.

[2] 강현철·한상태·허명회 (2004). "예제로 배우는 SAS 분산분석 입문", 자유아카데미.

[3] 김기영·강현철·최병진 (2003). "예제로 배우는 SAS 입문 및 기초 프로그래밍", 자유아카데미.

[4] 김기영·전명식 공역 (1998). "예제를 통한 회귀분석", 자유아카데미.

[5] 박용규·송혜양 (1998). "반복측정과 교차계획 자료의 분석법", 자유아카데미.

[6] 박태성·이승연 공역 (1998). "범주형 자료분석 개론", 자유아카데미.

[7] 성내경 (1997). "반복측정 실험과 분석", 자유아카데미.

[8] 성내경 (2000). "SAS/STAT 회귀분석", 자유아카데미.

[9] 성내경 (2001). "SAS/STAT 분산분석", 자유아카데미.

[10] 성태제 (1995). "타당도와 신뢰도", 양서원.

[11] 손중권·김영훈 (1992). "분산분석을 통한 다중비교 방법론", 자유아카데미.

[12] 송문섭·박창순 (1993). "비모수 통계학 개론", 자유아카데미.

[13] 이재창·송일성 (1990). "SAS 비모수 통계분석", 자유아카데미.

[14] 정광모·최용석 (2002). "범주형 자료분석 개론 (SAS의 응용 및 해석)", 자유아카데미.

[15] 허명회 (1998). "SAS 범주형 자료분석", 자유아카데미.

[16] 허명회 (1992). "SAS 분산분석", 자유아카데미.

[17] 허명회·서혜선 (1993). "SAS 회귀분석", 자유아카데미.

|저자 소개|

김기영
고려대학교 통계학과 졸업
미 조지아대학교 대학원 통계학과(통계학 박사)
미 행동과학연구소(IBR) 연구조정관
현 : 고려대학교 통계학과 교수
e-mail : kykim@korea.ac.kr

강현철
고려대학교 통계학과 졸업
고려대학교 대학원 통계학과 박사
MillwadrBrown 미디어리서치 연구위원
현 : 호서대학교 정보통계학과 교수
e-mail : hychkang@hoseo.edu

한상태
고려대학교 통계학과 졸업
고려대학교 대학원 통계학과 박사
월드리서치 연구위원
현 : 호서대학교 정보통계학과 교수
e-mail : sthan@hoseo.edu

최병진
고려대학교 통계학과 졸업
고려대학교 대학원 통계학과 박사
(주)디앤아이컨설팅 정보분석연구소 연구위원
현 : 경기대학교 응용정보통계학과 교수
e-mail : bjchoi92@kyonggi.ac.kr

예제로 배우는
SAS 데이터 분석 입문 (개정판)

|저　　자 김기영 · 강현철 · 한상태 · 최병진
|발 행 인 김지영
|발 행 처 자유아카데미
|주　　소 경기도 파주시 회동길 37-42
파주출판도시
|전　　화 031-955-1321
|팩　　스 031-955-1322
|홈페이지 www.freeaca.com
|전자우편 main@freeaca.com(대표)
editor@freeaca.com(편집)
crm@freeaca.com(영업)
|등　　록 제406-2003-017호, 1980. 7. 12
|제2판1쇄 2009년 2월 28일 발행
|제2판13쇄 2023년 7월 5일 발행
|정　　가 22,000원

ISBN 978-89-7338-757-1 93310